LOCCUMER PROTOKOLLE 04/05

Herausgeber
Joachim Lange

Zucker: Markt oder Ordnung?

Die Reform der EU-Zuckermarktordnung

Joachim Lange (Hrsg.): Markt oder Ordnung? Die Reform der EU-Zuckermarktordnung, Rehburg-Loccum, 1. Auflage 2005.

Dokumentation einer Tagung der Evangelischen Akademie Loccum
vom 4. bis 6. Februar 2005.
Tagungsplanung und -leitung: Dr. Joachim Lange
Redaktion: Dr. Joachim Lange
Sekretariat: Karin Buhr
Endredaktion und Herstellung: Anne Sator

Das Loccumer Protokoll enthält Originalbeiträge der Tagung. Soweit diese auf Tonbandmitschnitten beruhen, wurden sie von den Autorinnen und Autoren überarbeitet und zur Veröffentlichung freigegeben.

Printed in Germany
Druck: Bertelsmann Media on Demand, Pößneck
ISSN 0177-1132
ISBN 3-8172-0405-1

Die Reihe LOCCUMER PROTOKOLLE wird herausgegeben von der Evangelischen Akademie Loccum. Bezug über den Buchhandel oder direkt über:
Evangelische Akademie Loccum
Protokollstelle
Postfach 2158
31545 Rehburg-Loccum
Telefon: 05766/81-119, Telefax: 05766/81-900
E-Mail: Protokoll.eal@evlka.de

Inhalt

Joachim Lange

Vorwort

Die EU-Zuckermarkordnung steht vor der Reform. War die Debatte um die Zuckermarktordnung schon mit den Vorschlägen der europäischen Kommission vom Juli 2004 voll entbrannt, so wird sich die Diskussion durch das Vorliegen des endgültigen Beschlusses des WTO-Panels von April 2005 nochmals zuspitzen.

Um die Vor- und Nachteile der Zuckermarktordnung und die erforderlichen Veränderungen zu diskutieren, vor allem aber um die Zielrichtung der Reform und deren Instrumente zu erörtern, veranstaltete die Evangelische Akademie Loccum im Februar 2005 eine Tagung, deren Ergebnisse der vorliegende Band einer breiteren Öffentlichkeit zur Verfügung stellen möchte.

An den Diskussionen der Tagung beteiligte sich ein breites Spektrum von Verantwortlichen aus landwirtschaftlichen Betrieben, Industrie, Politik und Verwaltung, Verbänden sowie der Wissenschaft. Dabei zeigten die Diskussionen, dass es bei der Reform der Zuckermarktordnung durchaus Spielräume für Kompromisse gibt, die die Interessen der vielfältigen Akteure berücksichtigen.

Allen, die konstruktiv an der Tagung mitgewirkt und Beiträge für den vorliegenden Band zur Verfügung gestellt haben, sei daher an dieser Stelle für ihr Engagement und ihre Kooperationsbereitschaft herzlich gedankt.

Loccum, im April 2005

Die EU-Zuckermarktordnung

Wo ist das Problem – gibt es ein Problem?

Harald von Witzke

Reform der EU-Zuckermarktordnung: Der globale Rahmen

1. Ende der „Landwirtschaftlichen Tretmühle"

Die „Landwirtschaftliche Tretmühle" 1870-2000

- rasch wachsende globale Nachfrage nach Nahrungsgütern (starkes Bevölkerungswachstum, Wachstum des Pro-Kopf-Verbrauchs in IL)
- noch stärker steigendes Angebot (Flächenausdehnung, Produktivitätssteigerung)
- trendmäßig sinkende Marktpreise für Agrargüter

Die landwirtschaftliche Tretmühle

Figure 1.1: Real international food prices, 1900 to 1987ᵃ (1977-79 = 100)

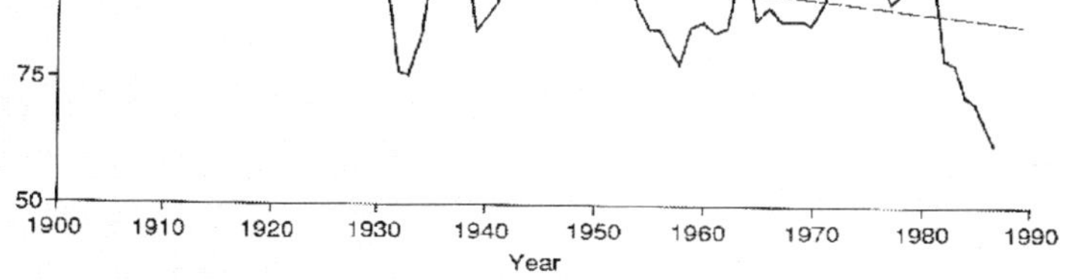

Quelle: Tyers and Anderson

An index of export prices in US$ for cereals, meals, dairy products and sugar, deflated by the US producer price index (primarily for industrial products), with weigths based on the importance of each product in global exports, 1977-79. Source: Authors calculations based mainly on price series made available by the World Bank´s Economic Analysis and Projections Department (see Grilli and Yang 1988)

2000-2030

- stark wachsende globale Nachfrage
- Angebotswachstum in Grenzen
- trendmäßig steigende Marktpreise
- neue Erwerbs- und Einkommenschancen in D und EU
- weniger Bedarf an Einkommensstützung in D und EU
- zunehmende Probleme der Welternährung

Der neue Megatrend: Steigende Weltmarktpreise

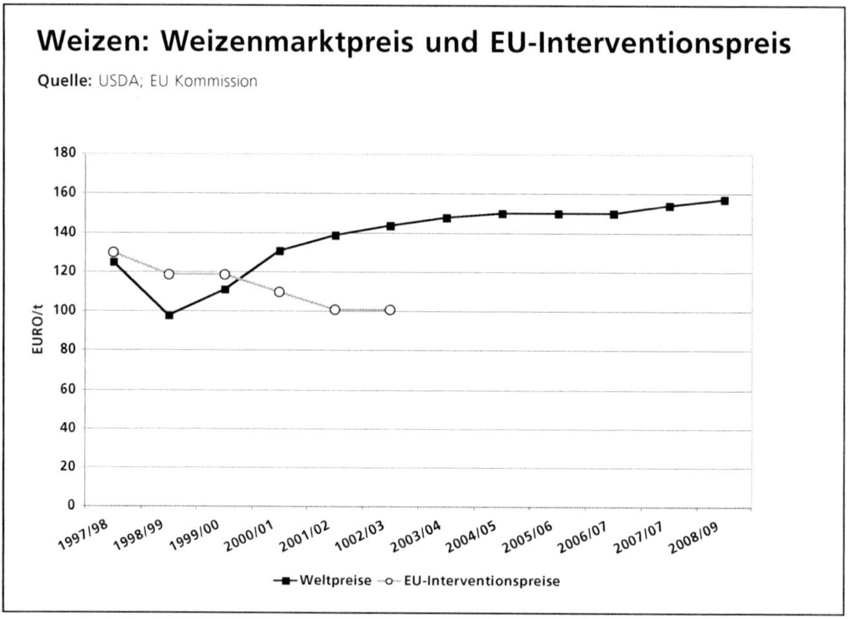

2. GAP Reform

Reform der GAP: Ein Prozess

- Reform von 1992
- Agenda 2000
- Luxemburger Beschlüsse 2003

Elemente

- zunehmende Marktliberalisierung und Entkopplung
- zunehmende Qualitätsorientierung

Qualitätsorientierung

- rasch wachsende Nachfrage nach Qualität in der Agrar- und Ernährungswirtschaft
- rasch wachsende Nachfrage nach staatlicher Regulierung von Qualität (z. B. Standards)
- Landwirtschaft der Zukunft: High-tech Produktion
- Nur eine high-tech Agrar- und Ernährungswirtschaft ist in der Lage, die Nachfrage nach Qualität zu befriedigen.
- Hightech Agrarproduktion:
  - kapitalintensiv
  - humankapitalintensiv
- Dies steigert die internationale Wettbewerbsfähigkeit der Industrieländer und schwächt die der Entwicklungsländer.

3. WTO: Doha Development Agenda (DDA)

- LDC Anliegen: zentrales Anliegen der WTO Doha Runde
- Agrarwirtschaft wichtig(st)er Wirtschaftsbereich der LDCs
- Daher DDA: Liberalisierung der Agrarmärkte zentrales Anliegen der Doha-Runde
- Traditionelles Paradigma des internationalen Agrarhandels
  - Agrargüterproduktion ist arbeitsintensiv (= benötigt viele ungelernte Arbeitskräfte)
  - Schlussfolgerung: LDCs haben relativ viel und preiswerte (= ungelernte) Arbeit.

→ LDCs haben komparative Kostenvorteile in der Agrarproduktion.

→ Sie sollten daher Nettoexporteure von Agrargütern sein.

- Traditionelles Paradigma: inkonsistent mit empirischer Evidenz
- LDCs sind Nettoimporteure

- Nettoimporte haben zugenommen und werden weiter zunehmen.
- Nettoimporte der LDCs von Nahrungsgütern (lfd, Mrd US $) (Quelle: FAO)
  1961-63: + 1.14
  1997-99: - 11.25
  2015: - 30.70
  2030: - 50.10
- Neues Paradigma: moderne Landwirtschaft (Qualität) ist kapital- und humankapitalintensiv
- Daher gilt:
  - Reiche Länder haben komparative Vorteile in der Nahrungsgüterproduktion (Qualität!)
  - Arme Länder haben komparative Nachteile.
- Konsequenz: Industrieländer sind Nettoexporteure und LDCs sind Nettoimporteure.

Begründung für das neue Paradigma des internationalen Agrarhandels

- LDCs: hohes Bevölkerungswachstum = Angebot an ungelernter Arbeit nimmt zu; dies senkt relativen Lohnsatz.
- Wenn Arbeitsreichtum der Schlüssel zu internationaler Wettbewerbsfähigkeit wäre, hätte sich die Nettohandelsposition der LDCs verbessern müssen.
- Das Gegenteil aber ist eingetreten.
- „Agrarprotektionismus der reichen Länder hat zum Außenhandelsdefizit der LDCs bei Nahrungsgütern geführt."
- Jedoch: Agrar- und -handelspolitik der reichen Länder ist liberalisiert worden.
- Auch viele LDCs haben liberalisiert.
- Nettohandelsposition der Entwicklungsländer hätte sich verbessern müssen.
- Das Gegenteil aber ist eingetreten.

Ergebnis:

- Liberalisierung der Agrarmärkte in reichen Ländern mag man aus vielerlei Gründen befürworten. Den LDCs hilft man damit jedoch wenig.
- Wichtiger für die LDCs sind: Ausbildung, marktwirtschaftliche Institutionen, good governance etc.

- Liberalisierung der Agrarmärkte in LDCs ist dennoch positiv für LDCs.
- Wohlfahrtseffekte von Liberalisierung des Handels steigen mit zunehmender Ähnlichkeit der Länder an.
- Liberalisierung der Agrarmärkte fördert den Handel zwischen den LDCs mehr als zwischen LDCs und den reichen Ländern.

4. Marktwirtschaft und EU-Zuckermarktordnung

- Marktwirtschaft ist eine zentrale Quelle des Wohlstands.
- Vollkommener Wettbewerb maximiert die soziale Wohlfahrt.
- Dies gilt auch für die Land- und Ernährungswirtschaft.
- Staatliche Markteingriffe lassen sich nur unter besonderen Umständen rechtfertigen.
- Der Zuckermarkt ist durch solche Umstände gekennzeichnet.
- Abweichungen auf dem Zuckermarkt vom Modell des vollkommenen Wettbewerbs
- Monopolstellung Brasiliens
- negative Umwelteffekte der Zuckerrohrproduktion (Regenwaldstandorte)
- Unterschiede in Qualitätsstandards
- Brasiliens Zuckerproduktion höher als bei vollkommenem Wettbewerb
- Weltmarktpreise geringer als bei vollkommenem Wettbewerb
- Kompensation im Prinzip gerechtfertigt (Niedersächsische Regierungskommission, 2001)
- Offene Frage: Form und Höhe der Kompensation.

5. EU Reformszenarien und EU Zuckerproduktion

- Vorschlag der Kommission von Juni 2004
  - Zusammenlegung von A und B Quote
  - Kürzung der Gesamtquote um 16 Prozent
  - Wegfall der C-Zuckerregelung
  - Reduzierung des Erzeugerpreises für Rüben um 37 Prozent sowie des Mindestpreises von Zucker um 33 Prozent

- Kompensation der Landwirte durch entkoppelte Direktzahlungen (60 Prozent der geschätzten Verluste)
- Handelbarkeit von Quoten über Ländergrenzen hinweg
- Beginn des Reformprozesses soll(te) auf 2005 vorgezogen werden

- Kommissionsvorschlag für 2007: P = EUR/t 421
- Bei diesem Preis wären nur noch die besten Standorte D, F, A und PL in der Produktion.
- Bei EUR/t 421 wäre die Quotenkürzung irrelevant; der preissenkungsbedingte Produktionsrückgang wäre größer als Quotenkürzung.

Zuckerproduktion in der EU (25)

Preisniveau (EUR / t)	**Produktion** (Mio. t)	**Bemerkungen**
725	20	Produktion in allen Ländern außer LUX, EST, MCT, CYP
625	18.5	I, GR, IRL scheiden aus
525	17	FIN, LV, LT, P, E, SL, SK scheiden aus
475	14	Produktion noch in GB, S, D, PL, F
400	8	Produktion nur noch in F
250	0	Brasilien stellt Produktion ein

- Weiterer Kommissionsvorschlag: Rückkauf der Anbaurechte für EUR/t 250
- Zukauf von Quoten in guten Standorten aus marginalen Anbaugebieten für mehr als EUR/t 250
- Konzentration der Produktion auf Standorte, die dafür am besten geeignet sind; v.a. D, F, A, PL

6. WTO und andere Abkommen

Abkommen mit Relevanz für den EU-Zuckermarkt

- WTO Regeln (C-Zucker, AKP Zucker, „sensibles Produkt")
- AKP

- EU-Mercosur
- WTO-Rahmenabkommen vom Juli 2004.

WTO Regeln

- C-Zuckerregelung: WTO Panel – Regelverletzung
- AKP-Zucker: WTO Panel – Regelverletzung
- Konzept des sensiblen Produkts: erlaubt Abweichungen von WTO Regeln, wenn ein Land die WTO überzeugen kann, dass die Produktion eines Gutes von besonderer Bedeutung ist.
- US Regierung hat sich bereits dafür ausgesprochen, dass US Zucker auch weiterhin ein sensibles Produkt bleiben soll.

AKP Zuckerregelung

- WTO Panel: Verstoß gegen WTO Regeln
- AKP Länder: Beibehaltung eines hohen EU Preises; Ausweitung der AKP Quote
- andere LDCs (u.a. LDC Brussels Sugar Group): Hohe EU Preise und Quoten für LDCs
- einige Mitglieder der LDC Brussels Sugar Group produzieren derzeit noch keinen Zucker

→ Addiert man sämtliche Forderungen nach präferentiellen Importquoten, ergibt sich etwa der EU Zuckerverbrauch.

EU-Mercosur-Verhandlungen dauern an

- Brasilien geht es um Zuckerrohr, nicht um Zucker.
- Brasilien hat offenbar nichts gegen die EU Zucker MO, solange die EU genug Ethanol abnimmt.

Das EBA Abkommen

- Einfuhrbeschränkungen der EU für die LLDCs werden bis 01.07.2009 ganz abgeschafft.
- Unbegrenzte Einfuhr auch von Zucker, wenn er in LLDCs erzeugt oder weiterverarbeitet (raffinieren, verpacken) wird.
- Konsequenz: Keine EU Zuckerproduktion mehr ab 2009!

WTO Rahmenabkommen vom Juli 2004

- WTO Rahmenabkommen: Richtungsentscheidung bzgl. DDA
- Inhalte sind in künftigen Verhandlungen zu spezifizieren
- Kernpunkte u.a.: Liberalisierung der Agrarmärkte in den reichen Ländern, Sonderbestimmungen für LDCs
- Weiterer Abbau der Amber Box Maßnahmen
- Blue Box bleibt erhalten: maximal fünf Prozent des Produktionswerts
- USA hat jetzt auch Blue Box Maßnahmen!
- Green Box: Erweiterung um non-trade concerns (Multifunktionalität, Verbraucherschutz, Tierschutz, Umweltschutz)
- Konzept der „sensiblen Produkte" bleibt erhalten
- Konzept der „speziellen Produkte" wird eingeführt für LDCs (Ernährungssicherheit, ländliche Entwicklung)

7. Schlussfolgerung

- EU Reform der Zuckermarktordnung ist redundant.
- EBA Abkommen führt zu einer vollständigen Aufgabe der Zuckerrübenproduktion in Europa.
- Ausweg: Zucker wird von der EU zum sensiblen Produkt erklärt.

Erich Schmidt[1]

Die Zuckermarktordnung: Ineffizienzen zu Lasten der Verbraucher?

1. Vorbemerkung

Die EU-Zuckermarktordnung (ZMO) wird seit Jahren nicht nur von Wissenschaftlern, sondern auch von der Zucker verarbeitenden Industrie, Politikern und Drittländern heftig kritisiert (E. Schmidt, 2004, S. 1f). Dennoch blieb sie bis heute von allen Reformen der Gemeinsamen Agrarpolitik der EU (GAP) verschont. Am 14. Juli 2004 hat nun die Kommission – endlich – konkrete Vorschläge für eine schrittweise Anpassung der ZMO an die EU-internen Ziele und Instrumente der GAP-Reform und an die internationalen Anforderungen vorgelegt (Europäische Kommission, 2004). Auf der Loccumer Tagung sollten die Auswirkungen der beabsichtigten Änderungen der bisherigen EU-Zuckerpolitik diskutiert werden. In diesem Zusammenhang ist die Kenntnis der Referenzsituation, insbesondere die Kenntnis der Funktionsweise und der Funktionsmängel des bisherigen Regimes, eine wichtige Voraussetzung; denn eine Reform sollte ja vor allem bestehende Mängel beseitigen oder doch zumindest deutlich reduzieren. Die Aufgabe der vorliegenden Ausarbeitung ist es daher, noch einmal kurz schwerwiegende Fehlentwicklungen aufzuzeigen, die von der derzeitigen ZMO verursacht worden sind.

Ökonomen bewerten die Auswirkungen von Politikeingriffen in der Regel mit Hilfe einer Nutzen-Kosten-Analyse. Ausgangspunkt einer solchen Analyse sind die politikinduzierten Änderungen von Preisen und Mengen auf Inlands- und Drittlandsmärkten. Darauf aufbauend werden dann die Wohlfahrtseffekte auf die wirtschaftlichen Aktivitäten und auf die Akteure abgeschätzt, wobei auch mögliche Rückwirkungen auf Umweltgüter einbezogen werden. Besonderes Augenmerk wird in der Analyse zudem auf die Budget- (und gegebenenfalls Devisenbilanz-)Effekte gelegt, weil sie zumeist eine wichtige politische Zielvariable sind. Darüber hinaus werden Nebeneffekte berücksichtigt, beispielsweise die mit der Administration der Politik verbundenen (Transaktions-)Kosten. Politische Eingriffe haben aber nicht nur Allokations-, sondern auch Distributionseffekte, die nicht selten sogar das eigentliche Motiv für staatliches Handeln sind. Aus diesem Grunde wird im Rahmen einer Nutzen-Kosten-Analyse ebenfalls geprüft, ob bzw. inwieweit die ausgelösten Einkommensänderungen mit den Prinzipien staatlicher Einkommensverteilungspolitik verträglich sind. Schließlich wird noch ganz allgemein die Vereinbarkeit der Politikeingriffe mit unserem System einer sozialen Marktwirtschaft – der Grad der ordnungspolitischen Kompatibilität der Politik – beurteilt.

Das vorliegende Referat kann diesen Kriterienkatalog allein aus Zeitgründen nicht umfassend abhandeln. Statt dessen werden im Folgenden einige wichtige Ineffizienzen im Sinne von Funktionsmängeln der nun schon seit 37 Jahren im Wesentlichen unverändert geltenden ZMO herausgearbeitet, die Ursachen dieser Defizite aufgezeigt und der im Thema enthaltenen Frage nachgegangen, wer denn die Nachteile (oder Lasten) dieser Fehlentwicklungen letztlich zu tragen hat[2]. Dabei wird ganz überwiegend auf die inländischen Wirtschaftssubjekte abgehoben, obwohl über den Außenhandel selbstverständlich auch Akteure (und Aktivitäten) in Drittländern betroffen sind.

2. Symptome der Fehlentwicklungen des heutigen Regimes[3]

2.1 Gravierende Angebotsüberhänge in der EU

Ein Blick auf die Zuckerversorgungslage in der EU offenbart einen gravierenden Angebotsüberhang, der unter Berücksichtigung der bestehenden Importverpflichtungen gut ein Drittel des inländischen Verbrauchs erreicht (vgl. Schaubild 1). Die EU-15 blieb mit einem Exortvolumen von rund fünf bis sechs Mio. t Weißwert (Ww) bis in die Gegenwart – nach Brasilien – der zweitgrößte Zuckerexporteur und – noch vor Brasilien – der bedeutendste Weißzuckerexporteur in der Welt. Eine grundlegende Änderung dieser Verhältnisse ist – ohne eine Reform der ZMO – auch unter der Berücksichtigung der EU-Erweiterung von Mai 2004 nicht zu erwarten (vgl. Übersicht 1).

Schaubild 1: **Zuckerversorgung der EU***

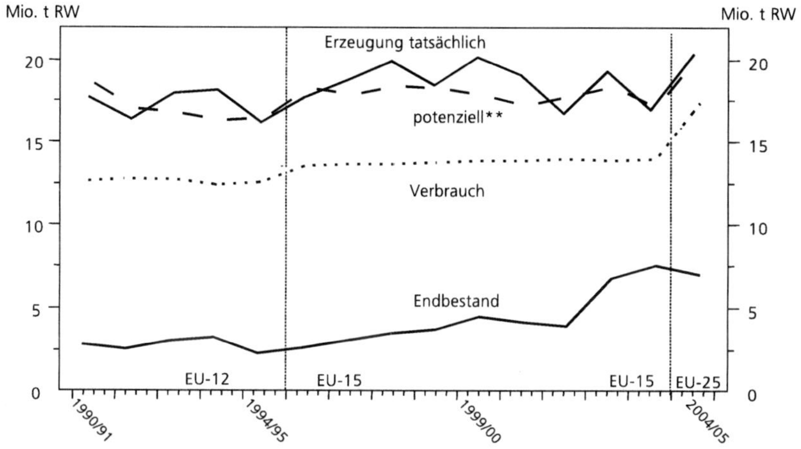

* Zuckerwirtschaftsjahr September/August, einschl. DOM und Futter- und Industriezucker.
** Rübenzuckerdurchschnittsertrag; Rohr- und Melassezucker durchschnittliche Erzeugung der jeweils vorangegangenen 5 Jahre. – Quelle: F.O. Licht; Sommer, 2005

Übericht 1:

Zuckerversorgung der EU-25 (1999/00-2001/02)

Mio. t Ww

Erzeugung		**20,00**
Einfuhren		**1,90**
Präferenzzucker	1,30	
Spezieller Präferenzzucker	0,20	
sonst. (Balkan, P/M/A)	0,40	
Verfügbar		**21,90**
Verbrauch		**16,30**
Überschuss		**5,60**
Ausfuhren		**5,60**
Quotenzucker/AKP-Zucker	2,50	
C-Zucker	2,70	
Nicht-Anhang-I		**0,40**

Quelle: EU-Kommission, Doc. 12672/04 v.14.07.2004.– Export = Überschuss gesetzt – C-Zuckerexporte als Differenz errechnet (Zuckerwirtschaft Europa: 2,63)

2.2 Sehr hohe und konstante Zuckerpreise in der EU

Diese Situation wäre unproblematisch, wenn die starke Exportposition der EU Ausdruck einer überlegenen internationalen Wettbewerbsfähigkeit wäre. Dies ist indessen ganz offensichtlich nicht der Fall. Auch weltweit eilt die Erzeugung dem Verbrauch tendenziell voraus (vgl. Schaubild 2). Die Folge dieser typischen Angebots-Nachfragesituation, die nur ganz selten einmal kurzfristig unterbrochen wird, sind hohe bzw. steigende Weltzuckerbestände und niedrige Preise. Die Preise sind aber nicht starr. Sie sind vielmehr erwartungsgemäß mit der Bestands-Verbrauchsrelation auffällig negativ korreliert (vgl. Schaubild 3).

Schaubild 2: **Zuckerversorgung der Welt***

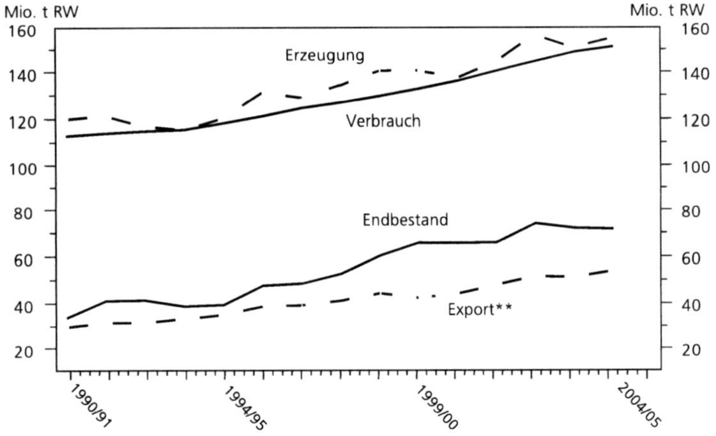

* Zuckerwirtschaftsjahr September/August; 96 S.
** Ab 1991/92 einschließl.Intrahandel der UdSSR-Nachfolgestaaten.

Quelle: F.O. Licht; Sommer, 2005

Die EU weist zwar über die letzen Jahre ebenfalls leicht steigende Bestände auf, die Preise blieben davon aber unberührt (vgl. Schaubild 4). Zudem liegt das (konstante) Niveau der EU-internen Preise bei dem Zwei- bis Vierfachen der (schwankenden) Weltmarktpreise (vgl. Schaubild 5). Beide Phänomene sind ein deutliches Indiz dafür, dass der EU-Zuckermarkt nicht nur vom Weltmarkt isoliert ist, sondern die Preise auf dem EU-Zuckermarkt ihre zentrale marktwirtschaftliche Steuerungs-

Schaubild 3:

Weltmarktpreis und Bestands-Verbrauchs-Relation

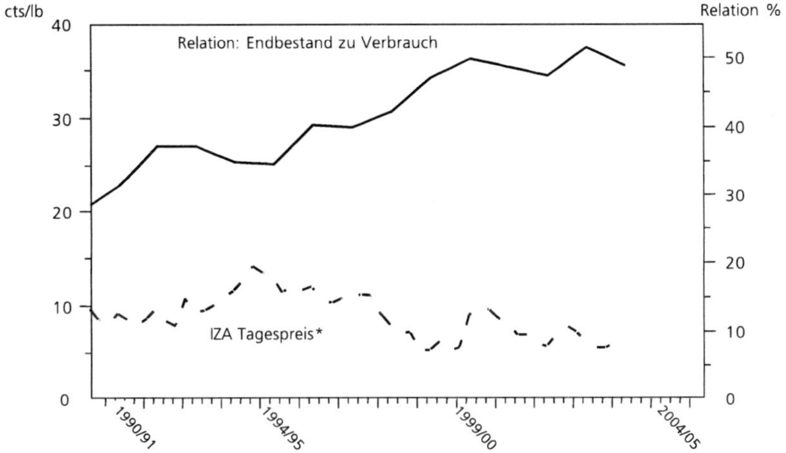

* Dreimonatsdurchschnitte September + Oktober + November usw. – Quelle: F.O. Licht; Sommer, 2005

Schaubild 4:

EU-Zuckerpreis und Bestands-Verbrauchs-Relation

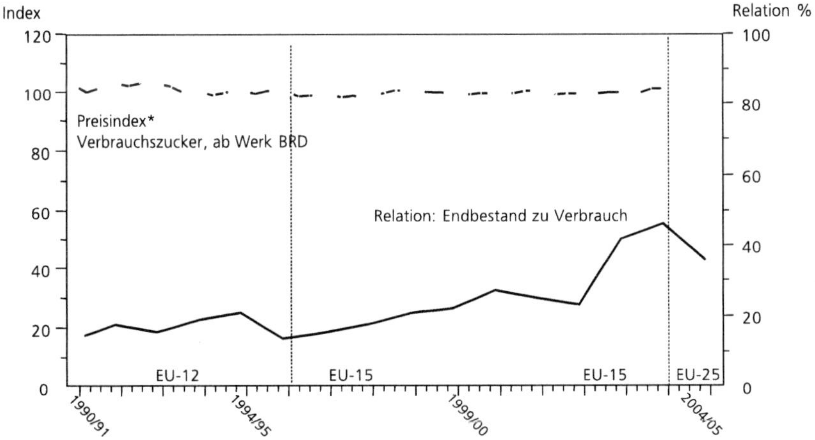

* Bis einschl. Dezember 1992 mit, danach ohne MwSt.; Dreimonatsdurchschnitte Okt.+ Nov.+ Dez. usw., neue Reihe ab 1995. – Quelle: F.O. Licht; Sommer, 2005

Schaubild 5:

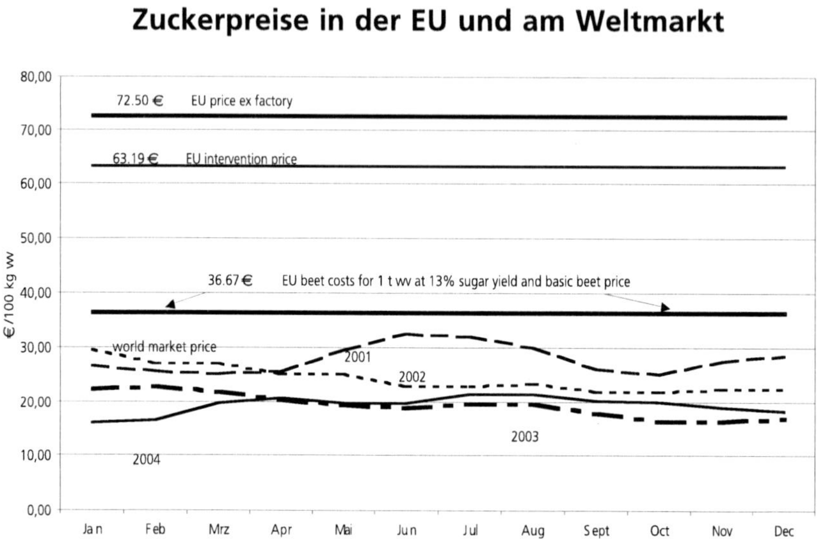

Source: SMR, Commission (2003a), CAOBISCO (02/2003, bulk ex factory 5-10 000 t); Zuckerrübe Nr. 6/2004 (London, fob&stowed gunnysacks, european ports)

funktion für Produktion, Verbrauch, Außenhandel und Einkommen nicht erfüllen können. Sie sind offenbar von den Angebots-Nachfrageverhältnissen praktisch vollständig entkoppelt.

2.3 Hohe EAGFL-Ausgaben für die ZMO und internationale Handelsprobleme

Die hohen Zuckerüberschüsse trotz (oder gerade wegen; vgl. Kapitel 3) der Kontingentierung von Produktion und Importen und der sehr große Preisabstand zwischen EU-Binnenmarkt und Weltmarkt sind mit zwei auffälligen Folgesymptomen der verfehlten Zuckerpolitik verbunden.

Zum einen müssen die Angebotsüberhänge „beseitigt" werden, wobei in erster Linie der Export genutzt wird. Die „Verwertung" der großen Überschüsse verursacht nicht nur große „unsichtbare" volkswirtschaftliche Verluste in Form von Fehlallokationen, also entgangenen (relativ sehr großen) Spezialisierungs- und (relativ kleinen) Handelsvorteilen. Sie ist auch mit erheblichen „sichtbaren" Ausgaben des Europäischen Ausgleichs- und Garantiefonds für die Landwirtschaft (EAGFL) verbunden (vgl. Übersicht 2). Allein die im EAGFL verbuchten Ausgaben für die Zuckerpolitik der Gemeinschaft beliefen sich im Durchschnitt der letzten Jahre auf rund 1,7 Mrd. EUR. Hinzu kommen noch einmal 250 bis 300 Mio. EUR, die den Mitgliedstaaten für die Erhebung der sog. Produktionsabgaben pauschal (mit 25 Prozent des Aufkommens) vergütet, aber nicht im EAGFL verbucht werden[4].

Übersicht 2

EU-Haushaltsbelastung durch die EU-Zuckerpolitik
Mio. EUR

Ausgaben des EAGFL	**2002**	**2003**	**2004**	**2005**
Ausfuhrerstattungen [1)]	1 168,2	1 021,3	1 285,0	1 331,0
Nicht-Anhang-I [2)]	190,1	162,8	183,0	193,0
Chemische Industrie	156,7	200,3	194,0	232,0
Absatzförderung DOM [3)]	13,7	19,7	18,0	18,0
sonst. Interventionen Zucker [4)]	33,5	40,4	41,0	41,0
agromonetäre Maßnahmen [5)]	165,8	-	-	-
Gesamtausgaben für den Zuckersektor	**1 728,0**	**1 444,5**	**1 721,0**	**1 815,0**
./. Produktionsabgabe [6)]	864,8	546,6	360,0	793,6
Nettoausgaben (Differenz)	**863,2**	**897,9**	**1 361,0**	**1 021,4**

1) Zucker, Isoglukose. - 2) Zuckeranteil. - 3) Art. 7 (4) ZMO: Transport, Lagerhaltung, Raffination. - 4) Art. 7 (4),2 und Art. 32 (2) und Art. 38 (Raffination von Präferenzzucker). - 5) Übergang zum EUR VO 2799/98; 2800/98. - 6) Bedarf: Exporterstattungen Zucker 499, (WTO-Obergrenze) und Nicht-Anhang-I-Erzeugnisse zzgl. Produktionserstattungen Chemiezucker. Die erhobenen Produktionsabgabe iegen um 33,3% höher als die hier ausgewiesenen Beträge (25% Erhebungskosten der EU-Länder, ca 250 - 300 Mio EUR p.a.)

Quelle: HH-Voranschlag 2005, Vol. 0, S. 165f. u. Vol 4/1, S. 223ff.. - 2002 u.Produktionsabgabe 2003 HH-Voranschlag 2004, S. 253

Zum anderen ist die seit Jahrzehnten praktizierte Überschussbeseitigung durch Dumping erheblicher Zuckermengen auf den Weltmarkt verständlicherweise bei (nicht durch die EU-Zuckerpolitik begünstigten) internationalen Handelspartnern auf heftige Kritik gestoßen. So ist die EU wiederholt vor dem GATT bzw. der WTO verklagt worden (zum jüngsten Panelverfahren vgl. WTO, 2004).

3. Ursachen der Fehlentwicklungen des derzeitigen Regimes

Eine Ursachenanalyse für die augenfälligen negativen Symptome der EU-Zuckerpolitik führt zu der Erkenntnis, dass die mit Abstand wichtigsten Ursachen für die Fehlentwicklungen in der ZMO selbst und in ihrer Handhabung, der Administration, liegen[5]. Hinzu kommen Aktivitäten der privaten Akteure, die bestehende Spielräume in der ZMO ausnutzen, um eigene Interessen zu verfolgen. Dies führt zu einer erheblichen Verschärfung der unmittelbar marktordnungsbedingten Probleme. Eine Änderung der Verhältnisse ist indessen nur schwer zu realisieren, weil die bestehenden Regeln intransparent sind und auch sonst Anreizmechanismen in den institutionellen und organisatorischen Bestimmungen fehlen, um den Fehlentwicklungen gegenzusteuern oder gar eine Reform zu befördern.

3.1 Grundsätzliche Konstruktionsfehler der ZMO

3.1.1 Das Quotensystem der ZMO

Der EU-Zuckermarkt wird durch ein System von Produktions- (und Import-)Quoten mit Preisdifferenzierung geregelt. Selbst ohne Berücksichtigung der eingegangenen Importverpflichtungen überschreitet aber die EU-Zuckerproduktion innerhalb der Quoten (A+B) bereits ständig den Verbrauch, und dies, obwohl die B-Quote im Vergleich zur A-Quote mit einer stark verminderten Preisgarantie ausgestattet worden ist (vgl. Schaubild 6 und weiter unten, Abschnitt 3.3). Noch erstaunlicher ist, dass bisher auch noch über die A- und B-Quote hinaus regelmäßig eine beachtliche Zuckermenge ohne staatliche Preis- und Absatzgarantien (C-Zucker) erzeugt worden ist, die nicht selten sogar die B-Zuckererzeugung überstieg. Dies ist umso bemerkenswerter, als die Weltmarktpreise im Durchschnitt nur etwa ein Drittel des EU-Preisniveaus betragen.

Die Kontingentsregelungen der ZMO sind folglich ganz offensichtlich nicht in der Lage, die Zuckererzeugung und das Zuckerangebot in der EU wirksam zu begrenzen – obwohl doch gerade dieses die Aufgabe einer Angebotskontingentierung sein sollte.

3.1.2 Das Preissystem der ZMO

Selbstverständlich wird – in einer ansonsten marktwirtschaftlich organisierter Umgebung – eine Quote nur dann genutzt, wenn es privatwirtschaftlich „interessant" ist. Dies ist im Wesentlichen eine Frage der Preise – im vorliegenden Fall für Zucker und dessen Rohstoffe – vor allem im Vergleich zu Substituten. In diesem Zusam-

Schaubild 6: **Das Produktionsquotensystem für Zucker EU-25**

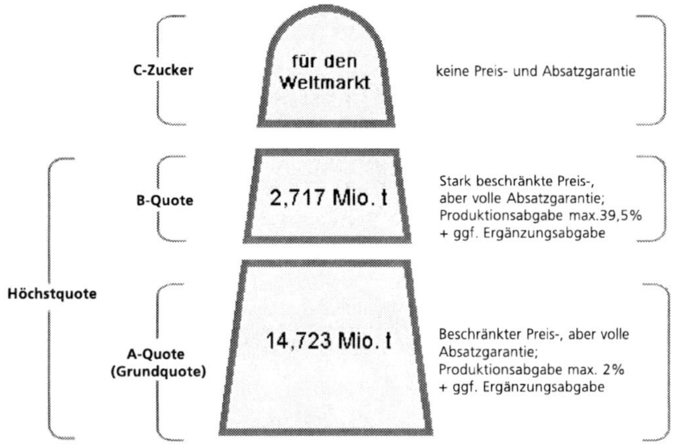

Quelle: WVZ-Internetseite

menhang ist zunächst einmal wichtig, dass die ZMO als einzige der Agrarmarktordnungen die Hersteller umfassend in die strengen staatlichen Regelungen einbezieht (vgl. Übersicht 3)[6]. Schlüsselelement im Preissystem für den Zuckermarkt ist der Interventionspreis für Zucker, der als Preisuntergrenze vom Staat garantiert wird. Er wurde ursprünglich unter Berücksichtigung verschiedener Kostenelemente „kalkuliert" und später im Zuge der Agrarpreispolitik der EU mehr oder weniger pauschal fortgeschrieben. Die beiden wichtigsten Bestandteile dieses Preises sind der Mindestpreis für Rüben und die den Herstellern garantierte Verarbeitungsspanne, die damit ebenfalls einen Mindestpreischarakter hat (vgl. Übersicht 4).

Wegen der an den Absatzmöglichkeiten zum EU-Preis bei weitem zu groß dimensionierten Quoten wurde bereits mit der Verabschiedung der ersten ZMO ab 1968/69 das Instrument der sog. „Produktionsabgabe" (zunächst allerdings nur auf B-Zucker) eingeführt, aus deren Aufkommen Ausgaben für die Beseitigung der Angebotsüberhänge finanziert werden sollen. (vgl. Übersicht 2 und zur Bewertung der Produktionsabgabe Kapitel 4). Die Abgaben sind im Prinzip variabel und führen in der Regel zu einer starken Preisdifferenzierung zwischen dem innerhalb der A- und der B-Quote erzeugten Zucker und dessen Rohstoffen.

Übersicht 3

Erwägungsgründe zur VO (EG) Nr. 1260/2001 des Rates vom 19.06.2001

(1) ...Der Interventionspreis ist so festzusetzen, dass

- den Erzeugern von Zuckerrüben oder Zuckerrohr
- unter Wahrung der Verbraucherinteressen
- ein angemessener Erlös gesichert wird

(2) Es ist erforderlich, dass diese Regelung

- sowohl Zuckerherstellern als auch
- den Erzeugern der Grundstoffe angemessene Garantien bietet.
- Es ist daher angebracht, Mindestpreise...festzusetzen...

(3) Die Gründe... eine Quotenregelung beizubehalten, bestehen derzeit immer noch....

(4) ...der Gemeinschaft Mittel an die Hand zu geben,...um auf gerechte, aber wirksame Art die volle Finanzierung der Kosten durch die Erzeuger selbst sicherzustellen

Übersicht 4

Aufbau des EU-Interventionspreises für Weißzucker

- Zuckerwirtschaftsjahr 2001/02 -

Preiselement	**EUR/dt**	
Grundpreis Zuckerrüben (16% ZG bei Anlieferung)*	4,767	
7,6923 dt Zuckerrüben/dt Ww (13% Ausbeute)	36,67	58%
Transport- und Annahmenkosten für 7,6923 dt Zuckerrübe	4,41	
Verarbeitungsspanne der Zuckerfabriken	24,36	
Kalkulatorische Kosten insgesamt	65,44	
./. Kalkulatorischer Erlös aus Melasseverkauf	- 2,25	
Interventionspreis je dt Weisszucker	63,19	100%

* für Hauptüberschussgebiete. - Anmerkungen: ZG = Zuckergehalt. - Ww = Weisszuckerwert. -
Der Richtpreis entfällt mit dem ZWJ 2001/02. Er betrug zuletzt (ZWJ 00/01) 66,50 EUR/dt (1,052*PINT). -
Der Fabrikabgabepreis (lose Verladung) lag 1999 bspw. um rd. 10% (D), rd. 18% (F) bzw. 24% (UK) über dem P
Quelle: Zuckerwirtschaft Europa 2002. 48(2002). Berlin. - NEI (2000): Evaluation of the common organisation of tl
markets in the sugar sector. Rotterdam, S. 72.

Bereits im vorangegangenen Abschnitt 3.1.1 wurde darauf hingewiesen, dass die B-Zuckererzeugung trotz der bedeutenden Preisdifferenzierung – die B-Zuckerpreise liegen in der Regel um 37,5 Prozent-Punkte unter den A-Zuckerpreisen – in den meisten Regionen und Unternehmen die zugeteilten B-Quoten erreicht. Dieses – und die nicht nur vorübergehend auftretende große C-Zuckererzeugung zu noch einmal niedrigeren (Weltmarkt-)Erlösen –sind ein eindeutiges Indiz dafür, dass nicht nur der Quotenrahmen zu groß dimensioniert wurde, sondern insbesondere die Preisgarantien für die Erzeuger und Hersteller ein außerordentlich attraktives Niveau haben.

3.1.3 Gemeinschafts- und nationale Ausnahmeregelungen der ZMO

Die Ausnutzung der Produktionsquoten wird durch die Zuckerpolitik der Gemeinschaft noch dadurch stimuliert, dass es in der ZMO Ausnahmeregelungen gibt, die einigen Gebieten zusätzlich zu den bereits sehr hohen allgemeinen Preisanreizen noch einmal höhere Preise sichern (E. Schmidt, 2004, S. 41 ff.) Dies geschieht mit Hilfe von regionalisierten Preisen zugunsten sog. „Defizitgebiete", Lagerkostenbeihilfen und Absatzbeihilfen für die französischen überseeischen Departements (DOM). Darüber hinaus wurde einigen Ländern gestattet, zusätzliche spezifische Beihilfen aus nationalen Haushalten zu gewähren, die zwar mit dem Hinweis auf zu bewältigende „Anpassungsprozesse" begründet wurden, letztlich aber entweder reine Einkommenstransfers oder – wahrscheinlicher – eine Verschwendung von Steuergeldern für den Erhalt oder gar Aufbau einer absolut nicht wettbewerbsfähigen Branche sind[7].

3.2 Administration der ZMO

Die Fehlentwicklungen auf dem EU-Zuckermarkt sind nicht nur auf die insgesamt sehr produzentenfreundlichen ZMO-Bestimmungen selbst zurückzuführen, sondern auch auf ihre sehr großzügige Anwendung durch die Administration. Bereits 1968 hat der Agrarministerrat (nur) den BENELUX-Ländern beispielsweise ausnahmsweise gestattet, an Stelle der Preisdifferenzierung zwischen A- und B-Zucker(rüben) ein Mischpreissystem anzuwenden. Diese Ausnahme von der Norm war von den Ländern gefordert und ihnen genehmigt worden, weil die Rübenproduktion zu B-Preisen dort gegenüber anderen Ackerkulturen (insbesondere Stärkekartoffeln) nicht wettbewerbsfähig war. Die abweichende Handhabung der Quotenregelung führte in den begünstigten Ländern zu einer Erhöhung der Produktionsanreize und Ausweitung der Erzeugung – und sie wurde zum Präzedenzfall für entsprechende Aktivitäten der Hersteller in allen Mitgliedsländern der EU (vgl. dazu den folgenden Abschnitt).

Ein zweites Beispiel für die sehr großzügige Auslegung der ZMO-Bestimmungen ist die Festsetzung der Exporterstattungen durch die Administration: „Die Erstattungssätze dienen zum Ausgleich der Differenz zwischen Weltmarkt- und Binnenmarktpreisen, soweit dies zur Erleichterung der Ausfuhren notwendig ist" (EuRH, 2003, Ziffer 11). Dieses Ziel einer „Erleichterung der Ausfuhren" lässt sich an der Beispielrechnung nachvollziehen, die im Sonderbericht des EuRH über die Exporterstattungspolitik der Gemeinschaft enthalten ist (ebenda, Ziffer 4 und Ziffer 33 f): Bei einem Preis ab Fabrik (gleich Interventionspreis gesetzt) von rund 632 EUR/t Ww und einem Weltmarktpreis von rund 213 EUR/t legte der Verwaltungsausschuss einen Erstattungssatz von rund 488 EUR/t Ww fest. Eine Rückrechnung ergibt eine Differenz von knapp 70 EUR/t Ww zwischen dem kalkulatorischen Erlös (fob) und dem Preis ab Fabrik. Dies erschien auch dem EuRH als „sehr hoch" (ebenda, Ziffer 38). Zumindest für hafennahe Standorte (vor allem für die reinen Raffinerien, die Rohrrohzucker importieren und Weißzucker exportieren können) dürfte der Export ein attraktiver Absatzweg sein, weil die Transportkosten sehr niedrig sind oder sogar entfallen. Die relativ großzügigen Exporterstattungen vermindern den Angebots- und damit Preisdruck auf den EU-Märkten, so dass die Marktpreise dort ebenfalls deutlich über dem Interventionspreis liegen (ebenda, Ziffer 36). So wird der EU-Marktpreis von der Kommission in ihren Reformvorschlägen mit 725 EUR/t Ww angegeben (Kommission 2004). Dies beinhaltet einen Aufschlag von immerhin knapp 15 Prozent auf den Interventionspreis – der bis vor einigen Jahren noch politisch festgesetzte Richtpreis, der als Indikator für den Marktpreis dienen sollte, lag gerade einmal fünf Prozent über dem Interventionspreis.

Zusammenfassend kann festgehalten werden, dass die preispolitischen Instrumente der ZMO von der Administration stets so eingesetzt werden, dass sich die Erlöse für die Hersteller trotz der gewaltigen Überschüsse deutlich über dem Interventionspreisniveau einstellen. Damit wird den Herstellern ein zusätzliches, merkliches Gewinnpotenzial eröffnet, das nicht Bestandteil der Interventionspreisregelung ist und folglich auch keinen Einfluss auf die Mindestpreise für Zuckerrüben haben kann. Die Hersteller können diese zusätzlichen Gewinne deshalb ohne direkte Beteiligung der Erzeuger für ihre spezifischen unternehmenspolitischen Ziele einsetzen – und sie tun es auch.

3.3 Aktivitäten der Hersteller

Private sind nach v. Hayek „findige Unternehmer". Das gilt selbstverständlich auch für die Erzeuger und Hersteller im Zuckersektor. Sie leben zwar in einem staatlich verordneten, engmaschigen Geflecht von Vorschriften, das sie in ihren unternehmerischen Aktivitäten beschränkt und gleichzeitig von den Auswirkungen des Preis- und Wettbewerbssystems weitestgehend isoliert. Wie bei staatlichen Regulierungen aber praktisch immer zu beobachten, verbleiben unternehmerische Freiräume – oder sie entstehen erst durch die Regelungen –, die von den Privaten zur Verbesserung ihrer wirtschaftlichen Situation genutzt werden. So hatten die Hersteller (wohl nicht nur in den BENELUX-Ländern) schon während der Aushandlung der ZMO erkannt, dass es für sie wirtschaftlich sehr lohnend ist, mindestens ihre (A+B)-Quote zu erfüllen; denn die Fabrikationsspanne im Interventionspreis wurde an den Vollkosten für die Herstellung der A-Zuckerquote ausgerichtet – die B-Quote sollte nach dem Willen der Politik nur von den Wettbewerbsfähigsten genutzt werden (daher auch die früher verwendete Bezeichnung „Spezialisierungstranche")[8]. Diese Vorstellung der Politik erwies sich allerdings insofern als Illusion, als die im Prinzip garantierte Vollkostendeckung im Bereich der A-Quote eine Kalkulation der darüber hinausgehenden Zuckererzeugung zu Grenzkosten ermöglicht. Die Grenzkosten sind aber wegen des hohen Fixkostenanteils und der vorhandenen Kapazitätsreserven in der Zuckerherstellung vergleichsweise sehr niedrig, so dass die Ausnutzung auch der B-Quote den Herstellern einen zusätzlichen Gewinn bringt. Solange es Rübenanbauer gibt, die auch zu B-Preisen (Preisabschlag gegenüber dem Interventionspreis 39,5 Prozent) bereit und in der Lage sind, Rüben zur Erfüllung der B-Quote zu kontrahieren, stört die Preisdifferenzierung der ZMO die Unternehmenspolitik der Hersteller nicht. Sobald dies aber nicht mehr der Fall ist, d.h. die Rübenlieferanten zu B-Preisen eine Anbaualternative mit höherem Gewinnpotenzial haben, werden nicht genug Rüben zur Erzeugung der (vollen) B-Quote angebaut, und die Hersteller können nicht das vorhandene Kostendegressionspotenzial zur Gewinnerzielung nutzen. In dieser Situation lässt sich die für Erzeuger betriebswirtschaftlich eigentlich uninteressante „Spezialisierungstranche" durch Übergang vom Preisdifferenzierungs- zu einem Mischpreissystem für Rüben in ein attraktives Zuckerproduktionskontingent „verwandeln", ohne dass die Kostenposition der Hersteller bei der Rübenbeschaffung berührt wird. Die Wirkungsweise einer Mischpreisregelung sei an folgendem Rechenbeispiel erläutert (vgl. Übersicht 6):

Übersicht 6

Preisdifferenzierung versus Mischpreissystem

1. Preisdifferenzierung

Mindestpreis A-Rüben: 98,0% des Grundpreises (2% Produktionsabgabe)

Mindestpreis B-Rüben: 60,5% des Grundpreises (2% + 37,5% P-Abgabe)

Preisdifferenzierung: Anbauer entscheiden auf der Basis Grenzkosten=B-Preis

2. Mischpreissystem

A-Quotenanteil: 80% der Höchstquote zu 98%

B-Quotenanteil: 20% der Höchstquote zu 60,5%

Mischpreis bedeutet, dass ein gewogener Durchschnittspreis gezahlt wird:

$$r_M = \frac{AZ}{HZ} r_A + \frac{BZ}{HZ} r_B \quad \text{bei} \quad AZ : BZ = 80 : 20 \quad r_M = \frac{80}{100} 98 + \frac{20}{100} 60{,}5 = 90{,}5\%$$

Mischpreissystem: Anbauer entscheiden auf der Basis Grenzkosten=Mischpreis

Bei Preisdifferenzierung und Unterstellung der vollen „Produktionsabgaben" haben die Hersteller den Erzeugern mindestens 98 Prozent des Rübengrundpreises für die Rüben zur Erzeugung von A-Zucker und mindestens 60,5 Prozent des Grundpreises für die Rüben zur Erzeugung von B-Zucker zu zahlen[9]. Zu einem Rübenpreis von 60,5 Prozent des Grundpreises sind aber nicht alle Landwirte zum Rübenanbau bereit, und die Hersteller erhalten nicht genug Rüben zur Erfüllung der B-Quote. Kontrahieren die Hersteller dagegen mit ihren Lieferanten Rüben zu einem einheitlichen Mischpreis für (A+B)-Zucker, so liegt dieser Durchschnittspreis bei voller Ausnutzung der Höchstquote bei ungefähr 90 Prozent des außerordentlich attraktiven A-Preises. Zu diesem relativ hohen Preis sind sehr viel mehr Erzeuger bereit, Zuckerrüben anzubauen. – Bei genauerer Betrachtung zeigt sich allerdings, dass die Mischpreispolitik für die betroffenen Erzeuger mit Verlust verbunden ist: sie werden ja daran gehindert, nach dem Grenzwertprinzip zu agieren und gezwungen, eine Durchschnittskalkulation anzuwenden – das aber führt im Vergleich zu Grenzkalkulationen stets zu Gewinneinbußen. Andererseits aber generiert das Mischpreissystem auf Herstellerseite zusätzliche Gewinne. Beides ist die Folge der Ausnutzung von Marktmacht.

Nun ist diese besondere Art der (A+B)-Mischpreispolitik nur in den BENELUX-Ländern erlaubt. Das zugrundeliegende Prinzip wird allerdings mittlerweile von praktisch allen Herstellern angewendet, um die Produktion innerhalb der Quoten sicherzustellen und darüber hinaus auch noch C-Zucker zu erzeugen. Möglich wurde diese Politik der Hersteller, weil sie explizit in den Schutz der ZMO einbezogen wurden und die Fabrikationsspanne nicht nur von Anfang an relativ großzügig bemessen, sondern im Zuge der früheren Agrarpreisrunden auch noch angehoben wurde. Zudem konnten die Hersteller (wie übrigens auch die Erzeuger) alle statischen und dynamischen economies (Kostendegressionen durch bessere Auslastung der Kapazitäten, Kapazitätserweiterungen und Übernahme technischer Fortschritte) in den Unternehmen halten. Eine Überwälzung der Kostensenkungen auf die Nachfrageseite wie in anderen Bereichen der Wirtschaft (auch der Agrarwirtschaft) üblich, wurde ja durch die Zuckerpreispolitik der EU vollständig verhindert. Ein Teil dieser über die ZMO abgesicherten Gewinne, die zusätzlich durch die von der Administration gewährten hohen EU-Marktpreise noch einmal erhöht wurden, konnte und wurde von den Herstellern strategisch zur Ausweitung der Zuckerproduktion über den Quotenrahmen hinaus eingesetzt. So ging man dazu über, mehr Rüben zu A- und B-Preisen zu kontrahieren als durch Quoten unterlegt sind, und man begann, die Quotenrüben mit höheren als den Mindestpreisen abzurechnen. Andererseits bot man den Anbauern Preise für Rüben außerhalb der Quoten („C-Rüben") an, die deutlich über dem anteiligen Weltmarkterlös liegen und teilweise sogar das Niveau der B-Preise (zuzüglich der Nebenleistungen) erreicht haben. Bis in die jüngste Vergangenheit hinein wurden auf diese Weise verbreitet Rübenpreise an die Landwirte gezahlt, die sogar mit Verlusten für die Hersteller verbunden waren (vgl. Übersicht 5; ZI, 2004, Nr. 10, S. 749). Im Ergebnis wurden durch diese Politik der Hersteller folglich privatwirtschaftliche Gewinne zulasten der Erzeuger und Kapitalgeber vernichtet und die Überschussproblematik in der EU nachhaltig verstärkt.

Übersicht 5

Kalkulation der Erlöse für EU-Exportzucker

Situation am 03.05.2000 (EUR/t Ww)

Preis/Kostenelement	A-Zucker	B-Zucker	C-Zucker
Weltmarktpreis	213,25	213,25	213,25
Exporterstattung	488,30	488,3	0,00
zusammen	701,55	701,55	213,25
fob-Kosten [1]	69,65	69,65	69,65
Ab Fabrik	631,90	631,9	143,60
Produktionsabgabe	12,64	249,6	0,00
"netto"	619,26	382,3	143,60
Rübenkosten [2]	359,38	221,85	61,15
Differenz " "Spanne"	259,88	160,45	82,45
Annahme:			
40% variable Kosten	103,95	103,95	103,95
Deckungsbeitrag Herstellung	155,93	56,5	-21,50

1) errechnet als Differenz zwischen "zusammen" und Interventionspreis. Berechnungsweise entspricht den Kommissionsfestlegungen
2) Mengengerüst (7,6923 t ZR/tWw) gem. ZMO-Kalkulationsschema, Mindestpreise Rüben; C-Rüben 7,95 EUR/t („echter" C-Zucker)
Quelle: EuRH, Sonderbericht 09/2003, Ziffern 32,33 (03.05.2000). Eigene Berechnungen und Schätzungen

4. Mängel bzw. Ineffizienzen des Systems

An dieser Stelle sollen die aufgezeigten Mängel des Systems noch einmal zusammengefasst und präzisiert werden, um die Beantwortung der Frage zu erleichtern, wer denn die „Lasten", also die aus den Ineffizienzen resultierenden Nachteile, zu tragen hat. Die zentralen Mängel der EU-Zuckerpolitik bestehen in den außerordentlich stark verzerrten Preis- und Mengeneffekten und den durch sie ausgelösten Wirkungen. Die Preise spiegeln weder die (Grenz-)Kosten der Produktion noch die Präferenzen der Verbraucher wider, und der Wettbewerb wird auf allen Vermarktungsstufen massiv beeinträchtigt.

Die Produktionsquotenregelung hat eine Wanderung der Erzeugung von Zucker und dessen Rohstoffe auf regionaler und betrieblicher Ebene zusätzlich extrem behindert oder unterbunden. Bereits zu Beginn der Gemeinsamen Zuckerpolitik der EU waren die Produktionsstrukturen in den meisten Regionen aufgrund der jeweiligen nationalen Zuckerpolitik suboptimal. Diese Strukturen wurden von der ZMO festgeschrieben, und sie haben sich auch nicht an die inzwischen weiter veränderten Wettbewerbsverhältnisse auf der regionalen und betrieblichen Ebene anpassen können. Mithin sind die Produktionskosten für Zucker in der EU erheblich höher als in einer Wettbewerbssituation, in der die Preise über die zulässigen Kosten der Produktion entscheiden und nicht – wie auf dem EU-Zuckermarkt – umgekehrt.

Die verbreitet angewendete Mischpreispolitik der Hersteller hat diese Verhältnisse noch zusätzlich verschlechtert, weil Mischpreise – wie gezeigt – tendenziell zu weiteren Produktionskostensteigerungen führen. Insgesamt sind daher die Allokationsverzerrungen auf der Produktionsseite (Erzeuger und Hersteller) sehr groß. Verdeutlichen lässt sich dieses beispielhaft an verfügbaren Informationen über die sehr großen Spannweiten der Produktionskosten und Deckungsbeiträge in der Zuckerrübenproduktion ebenso wie an den regional sehr unterschiedlichen Pacht- und Kaufpreisen für Quotenrüben (vgl. Dohm, 2002; Render, 1989; Rural Business Unit; Übersicht 7). Prinzipiell ähnliche Verhältnisse gelten mit Sicherheit auch für die Hersteller; beispielsweise unterscheiden sich die Kapazitäten und Kampagnedauern (Kapazitätsauslastung) von Fabrik zu Fabrik – und damit die Kosten – erheblich. Diese Verhältnisse deuten darauf hin, dass die von der Kommission in ihrem Reformvorschlag geforderte Preissenkung für Rüben und deren Verarbeitung in Verbindung mit dem ebenfalls geforderten freien Quotenhandel zu größeren Strukturveränderungen und erheblichen Produktionskostensenkungen führen wird. In der Folge wird es zu einer deutlichen Erhöhung der Wettbewerbsfähigkeit der europäischen Zuckerproduktion kommen.

Die Zuckermarktordnung hat aber nicht nur bei der Mengen- und Preissteuerung versagt, sondern auch eine Einkommensverteilung durchgesetzt, die weder leistungs- noch verteilungsgerecht ist (vgl. Schmidt, Koester, Schrader, 2004, S. 4). Leistungsgerecht kann sie nicht sein, weil die marktwirtschaftlichen Steuerungsprinzipien und damit das ökonomische Leistungsprinzip außer Kraft gesetzt worden sind. Verteilungsgerecht sind die Einkommenseffekte der ZMO ebenfalls nicht,

Übersicht 7

Indikatoren zur Wirtschaftlichkeit der Zuckerrübenproduktion

– Hinweise auf unausgenutztes Kostensenkungspotenzial –

- der durchschnittliche Deckungsbeitragsvorsprung gegenüber Ackerkulturen in Deutschland beläuft sich auf rd. 1.500 EUR/ha
- Die Schwankungsbreite des DB-Vorsprungs wurde in einer Arbeit von *Dohm* für eine nicht-repräsentative Auswahl von Betrieben mit 1.200 bis 1.500 EUR/ha ermittelt
- Die Schwankungsbreite für den Kaufpreis wird in dieser Arbeit mit 4 bis 77 EUR/t A/B-Quotenrüben angeben
- Die Pachtpreise schwanken zwischen 1,02 und 1,77 EUR/t, wobei zu berücksichtigen ist, dass rd. 70% des DB-Vorsprungs an den Verpächter gezahlt wird
- In England wurden in einer Betriebserhebung für die unteren 10% der Zuckerrübenanbauenden Betriebe Kosten von 22,4 p/t ermittelt. Für die besten 10% waren es 15 p/t, für die besten Betriebe lediglich 12 p/t.

Übersicht 8

Zur den Einkommensverteilungswirkungen der ZMO

- **In Deutschland...**

  ...gibt es rd. 388 000 landwirtschaftliche Betriebe mit mehr als 2 ha

  darunter sind insgesamt rd. 93.000 Ackerbaubetriebe (24%),

  darunter befinden sich wiederum 48.000 Zuckerrüben anbauende Betriebe

  das sind rd. 51% der Ackerbau- und nur 12% aller landwirtschaftlichen Betriebe

  ...haben die Zuckerrüben anbauenden Betriebe im Durchschnitt

  eine doppelt so hohe LF wie die Ackerbaubetriebe ohne Zuckerrüben

  ein um 60% höheres Familieneinkommen als Betrieben ohne Zuckerrüben

- **In der EU-15...**

  ...gelten vergleichbare Verhältnisse bezüglich der Betriebsgrößen und Einkommen

  ...liegen in benachteiligten Gebieten (ehem. Ziel-1)

  53% aller landwirtschaftlichen Betriebe, sie verfügen über .

  35% der LF, haben aber nur einen Anteil von

  20% an der gesamten Zuckerrübenanbaufläche

- **Die Einkommenswirkungen der ZMO stehen in deutlichem Widerspruch zu den sozialpolitischen Grundsätzen staatlicher Verteilungspolitik** weil sie völlig ungezielt sind (vgl. Übersicht 8). Nicht die Vielzahl ärmerer Erzeuger in benachteiligten Gebieten der Gemeinschaft werden begünstigt, sondern wenige wohlhabendere Landwirte mit größeren Betrieben auf Gunststandorten. Diese Landwirte verfügen folglich ohnehin über ein vergleichsweise hohes Einkommenspotenzial, und ihr tatsächliches Einkommen liegt – nicht nur, aber auch wegen der Zuckerrübenerzeugung – zumeist erheblich über denen des durchschnittlichen Steuerzahlers. Zudem profitiert die Gruppe der Hersteller in erheblichem und kaum zu begründenden Ausmaß von den Einkommenswirkungen der Zuckermarktordnung. Obwohl sie – wie die anderen nachgelagerten Bereiche der landwirtschaftlichen Urproduktion – nur bezüglich der Preise für die landwirtschaflichen Rohstoffe gegenüber anderen Unternehmen in unseren Volkswirtschaften benachteiligt sind, wurden sie als einzige Verarbeiter von Agrarprodukten umfassend und großzügig in die staatliche Protektion einbezogen.

Die Einkommenswirkungen der EU-Zuckerpolitik sind darüber hinaus auch deshalb nicht verteilungsgerecht, weil die Lasten den zumeist weniger verdienenden Verbrauchern und Steuerzahlern aufgebürdet werden. Schließlich werden die insgesamt ungezielten Einkommenswirkungen der Zuckermarktordnung zugunsten der Erzeuger und Hersteller und zulasten der Verbraucher und Steuerzahler zumindest von Außenstehenden u.a. deshalb nicht erkannt, weil sie verdeckt, über die Preise erfolgen. Die verursachten Einkommensverteilungseffekte genügen damit weder in ihrer Höhe noch in ihrer Richtung den sozialpolitischen Grundsätzen der staatlichen Verteilungspolitik in anderen Politikbereichen, und sie widersprechen auch dem Gebot der Transparenz staatlicher Politik.

Die Bestimmungen der ZMO sind folglich ungeeignet, die angestrebten Ziele zu erreichen, und ihre Wirkungsweise ist nur sehr schwer zu durchschauen, Dies gilt umso mehr, als die Hersteller mit ihren Aktivitäten die Zuckermarktpolitik der Gemeinschaft konterkarieren, ohne dass dieses von der Öffentlichkeit wahrgenommen oder von der Politik verhindert wird. Dieses Institutionenversagen setzt sich in einem Versagen der Organisationen fort; denn die Verwaltung setzt die vorhandenen Instrumente ganz offensichtlich nicht zielgerecht ein. Wie gezeigt wurde, liegt auch dieses vor allem an der mangelhaften Transparenz der Regeln: „Protection unnoticed is protection more secure" (Corden, 1974, S. 56). Das Institutionenversagen und die Intrasparenz seien an zwei weiteren Beispielen konkretisiert:

Der überhöhte Zuckerpreis wird von den Verbrauchern nicht wahrgenommen[10]. Sie können es auch gar nicht, weil sie das Ausmaß der Protektion nicht kennen, und würden sie den von ihnen zu zahlenden Aufpreis kennen, würden sie sich kaum dagegen wehren. Sie werden ja zugegebenermaßen individuell nur mäßig belastet, und sie sind – insbesondere verglichen mit der Zuckerwirtschaft – als große, heterogene Interessengruppe sehr schlecht organisiert. Damit fehlt ihnen im politischen Raum die Möglichkeit, ihre Interessen wirksam zu artikulieren und in den Entscheidungsprozess einzubringen[11].

Die „Produktionsabgabe" ist ein weiteres prägnantes Beispiel für Intransparenz, dem „obscurantist aspect" eines Protektionsinstrumentes (Corden, 1974, S. 56): Allein die amtliche Bezeichnung als „Produktionsabgabe" ist irreführend, verschleiert sie doch den tatsächlichen Charakter einer spezifischen Zuckerverbrauchssteuer. Die Zahllast liegt zwar bei den Herstellern, aber getragen wird die Abgabe selbstverständlich von den Zuckerverbrauchern in der EU, die auf diese Weise nicht nur einen überhöhten Zuckerpreis zahlen, sondern auch noch den Export von Überschüssen finanzieren müssen. Diese Zuckersteuer erweist sich bei näherer Betrachtung zudem aus mehreren Gründen als institutionelle Fehlkonstruktion. Einerseits verursachen die in den letzten Jahren häufiger vorgenommenen Quotenkürzungen („Deklassierung") zur Drosselung der Produktion und damit Verringerung der Überschüsse in der Gemeinschaft einen Anstieg der Durchschnittserlöse für die Hersteller und Erzeuger – das Instrument wirkt also (insbesondere für die wettbewerbsschwächeren Erzeuger und Hersteller) produktionsstimulierend und damit dem Ziel der Quotenkürzung und der überfälligen Wanderung der Produktion zu den wettbewerbsfähigeren Produzenten entgegen. Andererseits ist sie geradezu ein Freibrief für die Produktion von Überschüssen: Angebotsüberhänge müssen mit Subventionen – in der Agrarpolitik verschleiernd als „Erstattungen" bezeichnet – exportiert werden. Die Finanzierung erfolgt u.a. über das Aufkommen aus den „Produktionsabgaben". An diesem Instrument haben einige wenige Hersteller in der EU ein großes Interesse, weil sie damit ihre Exportproduktion alimentieren können, ohne selbst den größten Teil der Kosten übernehmen zu müssen. Die Produktionsabgabe wird ja von der großen Gruppe der Verbraucher in der Gemeinschaft getragen, die das nicht weiß. Auch die Gruppe der Erzeuger und Hersteller protestieren nicht. Sie können zwar keine Vorteile aus der Regelung ziehen, aber sie werden grundsätzlich nicht anders behandelt als die anderen Begünstigten der Zuckermarktordnung, und auch für sie ist die B-Produktion in aller Regel gewinnbringend. Zudem genießen sie teilweise besondere Vergünstigungen (Regionalisierung, nationale Beihilfen), so dass eine Kritik an der Produktionsabgabenregelung nicht sonderlich opportun wäre. Politik und Administration sehen sich ebenfalls nicht veranlasst, die Überschüsse zu reduzieren – sie werden ja zu einem großen Teil über die „Produktionsabgabe" finanziert. Die Abgaben werden als Eigeneinnahmen der Gemeinschaft verbucht, und sie sind zweckgebunden für Ausgaben der Zuckermarktordnung zu verwenden. Folglich sind sie nur ein „durchlaufender Posten", belasten also den EAGFL netto nicht. Damit entziehen sie sich weitgehend der Kontrolle der Finanzminister und des Parlaments. Schließlich wird die Wirkungsweise des Systems der „Produktionsabgabe" und der hohe Protektionsgrad der ZMO in der Öffentlichkeit noch dadurch bis zur Unkenntlichkeit verwischt, dass die Zuckerwirtschaft – und leider auch Politiker – im Zusammenhang mit der Produktionsabgabenregelung stereotyp von „Selbstfinanzierung" der ZMO sprechen. Ihre Äußerungen haben zwar „... the measured cadence of one who had said the same thing many times, as if repetition would force it to be true" (Leon, 2001, S. 223), und selbstverständlich wird die „Selbstfinanzierung" durch Wiederholung nicht Realität. Dieser Darstellung wird aber bedauerlicherweise nur höchst selten widersprochen, und auf Dauer verfestigt sie sich in der öffentlichen und politischen Meinung.

Sucht man nach den letzten Ursachen für die desolaten Verhältnisse auf dem Zuckermarkt der EU, dann findet man eine relativ „einfache" Antwort: die zwar nicht abschließend, aber doch beispielhaft aufgezeigten schwerwiegenden Ineffizienzen sind die Folgen der fehlenden ordnungspolitischen Kompatibilität der EU-Zuckerpolitik und ihrer offenkundig gewordenen Unvereinbarkeit mit den Grundsätzen und Maßnahmen der GAP-Reform in anderen Bereichen. Staatseingriffe sind in marktwirtschaftlichen Systemen grundsätzlich nur im Falle von Externalitäten (bei Marktversagen) und bei gravierenden Marktmängeln zulässig. Entstehen Märkte nicht, obwohl sie zur Regulierung von Knappheiten erwünscht sind (Marktversagen), so ist die Ordnungspolitik gefordert. Sie hat die institutionellen und organisatorischen Voraussetzungen zu schaffen, damit die externen Effekte in den Preis- und Wettbewerbsmechanismus einbezogen werden und somit eine effiziente Rationierung der knappen Ressourcen und Gütern stattfinden kann. Verhältnisse, die einen solchen ordnungspolitischen Eingriff in den Zuckersektor rechtfertigen könnten, sind nicht erkennbar; denn die Zuckererzeugung ist nicht mit (positiven!) externen Effekten verbunden, die einen Sonderweg rechtfertigen könnten. Andererseits sind staatliche Eingriffe zulässig, wenn Märkte nicht so funktionieren wie sie funktionieren sollen, also Marktmängel vorliegen. Marktmängel sind allerdings in unserer Wirtschaft ein allgemein vorherrschendes Phänomen. Sie sind auch bis zu einem gewissen Grade eine Voraussetzung für die Mehrung unseres Wohlstandes. Deshalb beseht für die Politik auch nur dann ein Handlungsbedarf, wenn die Folgen von Marktmängeln auf Allokation und Verteilung das akzeptierbare Ausmaß überschreiten. Dann aber ist nicht die Agrarpolitik gefordert, sondern die Wettbewerbspolitik und gegebenenfalls auch die Einkommenspolitik. Die Wettbewerbspolitik soll zudem den Markmechanismus stärken, aber auf keinen Fall – wie durch die ZMO – schwächen, und die Einkommenspolitik soll den Marktmechanismus möglichst nicht beeinträchtigen.

Die vorstehenden Überlegungen zeigen, dass die Misere auf dem EU-Zuckermarkt letztlich das Ergebnis verfehlter staatlicher Politik ist. Daraus folgt unmittelbar, dass nicht eine Fortsetzung einer spezifische Politik für den EU-Zuckersektor zu fordern ist, sondern im Gegenteil, eine umfassende Deregulierung des Sektors dringend notwendig ist. Dass es dabei nicht nur – aber auch und insgesamt – Gewinner gibt, ist eine alte Erkenntnis in der Ökonomie, die besagt: „no gain without pain".

5. Ineffizienzen ... bei weitem nicht nur zu Lasten der Verbraucher!

Eine überschlägige Nutzen-Kosten-analytische Betrachtung führt zunächst zu dem Ergebnis, dass die durch die EU-Zuckerpolitik verursachten Wohlfahrtsverluste erheblich sind. Sie bestehen überwiegend in den hohen Allokationsverlusten, die durch verzerrte Preisrelationen auf der Angebotsseite des Marktes ausgelöst wurden. Die Wohlstandsverluste sind von „der Gesellschaft" zu tragen. Wendet man sich der Frage nach der Lastenverteilung zwischen den verschiedenen Gruppen in der Gesellschaft zu, so greift die Antwort „die Verbraucher" und „die Steuerzahler" letztlich zu kurz. Beide Gruppen sind zwar die unmittelbar negativ Betroffenen der Politik. Bei näherer Betrachtung lassen sich aber weitere Gruppen von Wirtschaftssubjekten benennen, die ebenfalls Nachteile hinzunehmen haben, wenngleich diese auch eher mittelbarer Natur sind. Im Folgenden soll deshalb zwischen direkt und indirekt negativ betroffenen Akteuren unterschieden werden, wobei wiederum nur vier Gruppen herausgegriffen und die von ihnen hinzunehmenden Nachteile der Zuckerpolitik kurz aufgezeigt werden[12].

5.1 Lasten der Verbraucher

Die privaten Haushalte und Zucker verarbeitenden Unternehmen in der EU sind zweifellos direkt am stärksten von der EU-Zuckerpolitik betroffen. Sie zahlen weit überhöhte Preise, mit denen sie auch die „Produktionsabgaben" finanzieren. Das Aufkommen aus dieser Steuer fließt aber nicht einmal den eigentlichen Adressaten der ZMO, den Landwirten zu, sondern versickert als Erhebungskosten zur Finanzierung der Verwaltung und dient zur Subventionierung von nicht wettbewerbsfähigen Zuckerexporten.

Die höheren Preise bzw. Ausgaben schlagen sich bei den privaten Haushalten zudem praktisch vollumfänglich in Einkommensminderungen nieder. Haushalte haben weder eine Möglichkeit zur Überwälzung der Preiserhöhung noch hinreichende Möglichkeiten auf Substitute auszuweichen.

Die industriellen Zuckerverwender ist ein nennenswertes Ausweichen auf Substitute (Isoglukose und Inulin) durch die Ausweitung der Quotenregelung auf diese Süßungsmittel verwehrt. Sie können zwar einen Teil der überhöhten Zuckerpreise auf die Nachfrager in der EU – also letztlich wieder auf die privaten Haushalte – überwälzen, aber eben nicht vollständig. Beim Export von zuckerhaltigen Erzeugnissen haben sie ebenfalls Nachteile hinzunehmen, denn einerseits kompensieren die Exporterstattungen nicht die gesamte Preisdifferenz zwischen EU und Weltmarkt, und andererseits entstehen den Unternehmen Transaktionskosten, die mit der Inanspruchnahme des Exporterstattungsverfahrens verbunden sind. Schließlich gilt auch für die Preisbildung auf Drittlandsmärkten, dass Kostenänderungen zwischen den Marktstufen „geteilt" werden, also eine vollständige Überwälzung praktisch nie möglich ist. Dies gilt umso mehr, je härter der Wettbewerb auf den Märkten ist.

5.2 Lasten der Steuerzahler

Die Steuerzahler in der Gemeinschaft sind die zweite am stärksten direkt belastete Gruppe. Sie tragen die Ausgaben für die Zuckerpolitik der Gemeinschaft, soweit sie nicht durch die spezifische Zuckersteuer auf die Verbraucher abgewälzt wird – und das ist im Durchschnitt reichlich die Hälfte der im EAGFL für die Zuckerpolitik verbuchten Ausgaben (vgl. Übersicht 2). Zudem tragen die Steuerzahler selbstverständlich die Kosten der Administration der EU-Zuckerpolitik, die über die Erhebungskosten der Verbrauchssteuer hinaus gehen. Diese Kosten werden zwar nicht gesondert erfasst oder gar ausgewiesen, sie sind aber mit Sicherheit ebenfalls beachtlich.

5.3 Lasten der von der ZMO begünstigten Erzeuger und Hersteller

Betrachtet man die anderen gesellschaftliche Gruppen, so lassen sich weitere – mehr indirekt – negativ betroffene Akteure identifizieren. Bemerkenswerter Weise gehören hierzu auch eigentlich Begünstigte der EU-Zuckerpolitik. Dazu wieder zwei Beispiele: Einerseits werden Erzeuger unter einer Mischpreispolitik grundsätzlich veranlasst, Zuckerrüben statt eigentlich wettbewerbsfähigere Kulturen anzubauen – aber das ist für sie mit Gewinneinbußen verbunden. Diese Erzeuger werden also schlechter gestellt als eigentlich möglich.

Andererseits hat die Zuckerpolitik zu einer sehr guten Gewinnsituation der Hersteller geführt. Diese marktordnungsbedingten Gewinne wurden aber nicht an den Markt weitergegeben und auch nicht über mögliche (noch) höhere Beschaffungspreise an Erzeuger oder als zusätzliche Dividende an die Eigentümer ausgeschüttet, sondern zu einem Teil dazu verwendet, um die Produktion von C-Zucker zu subventionieren; denn ein großer Teil dieses Zuckers konnte nur mit Verlust verwertet werden – und das über viele Jahre hinweg. Das hat selbstverständlich ebenfalls Einkommenseinbußen für die Erzeuger und Eigentümer der Fabriken zur Folge.

5.4 Lasten der wettbewerbsfähigen Erzeuger und Hersteller in der EU

Des weiteren sind wettbewerbsfähigere Erzeuger und Hersteller einschl. der potenziellen Produzenten, die über keine ausreichenden oder überhaupt keine staatlichen Lizenzen verfügen, negativ betroffen. Sie können ihre Produktion weder ausdehnen noch aufnehmen, obwohl sie Zucker(rüben) zu niedrigeren Kosten als die derzeitigen Produzenten erzeugen können. Ihnen wird folglich mehr Einkommen vorenthalten als den derzeit Begünstigten zufließt. Zudem bewirkt das Mischpreissystem eine Einkommensumverteilung von Erzeugern mit niedrigen zu solchen mit höheren Produktionskosten.

5.5 Lasten der Drittländer

Diese Gruppe wurde zwar bisher nicht angesprochen, abschließend soll aber immerhin darauf verwiesen werden, dass auch Drittländern Lasten aufgebürdet werden[13]. Länder mit präferenziellem Zugang werden durch die EU-Zuckerpolitik daran gehindert, ihre Wirtschaftsstrukturen zu diversifizieren und damit „zukunftsfähig" zu gestalten. Die Zuckerproduktion wird ja auch dann aufrecht erhalten, wenn sie international nicht wettbewerbsfähig ist – und vermutlich auch dann noch, wenn sie eigentlich nicht einmal national wettbewerbsfähig ist. Zudem werden wettbewerbsfähige Drittländer ohne präferenziellen Zugang daran gehindert, ihre Wettbewerbsvorteile zu nutzen, zumal die Weltmarktpreise durch die EU-Zuckerpolitik gesenkt werden.

Anmerkungen

1 Prof. Dr. Erich Schmidt, Lehrstuhl Marktanalyse und Agrarpolitik, Wirtschaftswissenschaftliche Fakultät, Universität Hannover.

2 Für eine eingehende Analyse vgl. E. Schmidt, 2004.

3 Im Folgenden werden nur vier auch für Nicht-Insider ins Auge springende Symptome angesprochen. Die sehr hohe Eingriffsintensität des Staates auf dem EU-Zuckermarkt hat weitere Phänomene zur Folge, die insbesondere in einer star-

ken Beeinträchtigung bzw. Unterbindung des horizontalen und vertikalen Wettbewerbs im Beschaffungs-, Produktions- und Absatzbereich (einschl. der Behinderung von Substituten und Konkurrenten), in erheblichen Einbußen an Produktions- und Kosteneffizienz und einer gravierenden Verzerrung der Einkommensverteilung bestehen (vgl. hierzu insbes. E. Schmidt, 2004 und die dort angegebene Literatur). Aus Zeitgründen wird auch weiter unten, bei der Diskussion der Ursachen und der Beantwortung der Frage, wer die Lasten aus der ZMO zu tragen hat, nur auf einige dieser Aspekte eingegangen.

4 Die „Produktionsabgaben" sind zweckgebundene Eigeneinnahmen der Gemeinschaft zur Teilfinanzierung der Zuckerpolitik (vgl. Abschnitt 3.1.2).

5 Auf die ebenfalls problematischen Regulierungen der Importe wird hier aus Zeitgründen nicht eingegangen (vgl. dazu z.B. Schmidt, 2004 und Tangermann, 2001)

6 Im vorliegenden Text werden – wie in der ZMO üblich – die Zuckerrübenanbauer mit Erzeuger und die Zuckerfabriken mit Hersteller bezeichnet.

7 Die den reinen Raffinerien gewährten Gemeinschaftsbeihilfen für die Raffination der importierten und der aus den DOM in die EU verbrachten (Rohr-)Rohzuckermengen (Raffinationsbeihilfen) sind ähnlich einzuschätzen.

8 Natürlich kannte (und kennt) keiner „die" Vollkosten oder „die" Grenzkosten, und die Politiker schon gar nicht. Dennoch wurde im politischen Aushandlungsprozess versucht, die Preise für A-Zucker(rüben) an einer Vollkostenrechnung auszurichten. Die Entwicklung der Zuckererzeugung in der EU ist ein eindeutiges Indiz dafür, dass dieses Ziel nicht nur erreicht, sondern überschritten wurde.

9 Die zweiprozentige Grundabgabe auf (A+B)-Zucker wurde erst eingeführt, als man feststellte, dass die steigenden Verwertungskosten nur mit einer stark steigenden B-Abgabe hätten gedeckt werden können. Um den damit verbundenen Preisrückgang bei B-Rüben zu verhindern – und die Produktion auf hohem Niveau halten zu können – wurde deshalb auch die A-Zuckererzeugung in die „Produktionsabgabenregelung" einbezogen (zwei Prozent auf A-Zucker entsprechen etwa acht Prozent auf B-Zucker).

10 Für die Zeit vor der Begrenzung der Exportsubventionen für Verarbeitungserzeugnisse im Rahmen des GATT galt dies übrigens tendenziell auch für die Zucker

verarbeitenden Unternehmen. Sie kannten und kennen zwar die Preisdifferenz, aber ihnen wurde ja ein größerer Teil dieses Nachteils in Form von Exporterstattungen für Zucker in Verarbeitungserzeugnissen ausgeglichen (allerdings war und ist damit ein nicht unerheblicher Verwaltungsaufwand verbunden)

11 Es gilt eben die Aussage von M. Olson „große Gruppen leiden schweigend". Dieses lässt sich allerdings korrigieren. Ein Gegenbeispiel bildet der Bereich der Deutschen Post. Bis zur endgültigen Entlassung der Postdienste in den freien Wettbewerb wurde eine Regulierungsbehörde geschaffen, die eine monopolistische Ausbeutung der großen Gruppe der Nutzer verhindern soll. So musste die Deutsche Post beispielsweise im Januar 2001 die beabsichtigte Erhöhung des Briefportos auf 56 Cent um einen Cent nach unten, auf 55 Cent zurücknehmen.

12 Vgl. hierzu auch die speziellen Beiträge auf dieser Tagung.

13 Andererseits dürfte es auch Begünstigte unter den Drittländern geben; denn die Länder mit Präferenzzugang zum EU-Zuckermarkt ziehen ebenso Vorteile wie die (Weiss-)Zucker importierenden Länder. Letzteres ist die Folge der Preis senkenden Wirkung der umfangreichen Weißzuckerexporte der EU, die nicht nur den Weltzuckerpreis senken, sondern möglicherweise auch die Spanne zwischen Weiß- und Rohzucker verengen.

Literaturhinweise

AGRA-EUROPE, lfd. Jgg. und Ausgaben.

CAOBISCO (2003): pers. Mitteilung

Corden, W.M. (1974): Trade Policy and Economic Welfare. Oxford.

Dohms, H. (2002): Ein interregionaler Vergleich der Regelungen zur zwischenbetrieblichen Übertragung von Rübenlieferrechten sowie der Pacht- und Kaufpreise dieser Rechte in Deutschland. MSc-Arbeit. Göttingen.

Europäische Kommission (2004): Communication from the Commission to the Council and the European Parliament. – SEC(2004) XX, Com(2004) final.

Europäischer Rechnungshof (2003): Sonderbericht 9.

Leon, Donna (2001): Wilful Behaviour. London

NEI (2000): Evaluation of the Common Organisation of the Markets in the Sugar Sector. Rotterdam, September

Niedersächsische Regierungskommission (2001): Zukunft der Landwirtschaft – Verbraucherorientierung. Endbericht,

NZZ (Neue Zürcher Zeitung), lfd. Jgg. und Ausgaben.

Rat der Europäischen Union (2004): Communication from the Commission and the European Parliament accomplishing a sustainable agricultural model for Europe through the reformed CAP – sugar sector reform. Doc. 12672/04 (AGRI 235, AGRIFIN 66) v. 30.09.04 sowie die zugehörigen Anhänge ADD 1 – ADD 3.

Render, H. (1989): Ein Strukturkonzept zur Verbesserung der Wettbewerbsstellung der norddeutschen Zuckerwirtschaft. Frankfurt.

Rural Business Unit, Department of Land Economy, University of Cambridge, Cambridge, and The Royal Agricultural College, Cirencester (2004): Economic, Social and Environmental Implications of the EU Sugar Regime Reform. (www.cam.ac.uk und www.royagcol.uk). September.

Schmidt, E. (1991): Analyse der Beschaffungspolitik von Zuckerfabriken in der Bundesrepublik Deutschland. – Agrarwirtschaft 40, H. 11, S. 340-349.

Derselbe (2004): Proposal for a Basic and Practical Reform of the EU Sugar Market Regime. Kiel.

Derselbe, U. Koester und J.-V. Schrader (2004): Das ZEW und die „Wohlfahrtseffekte" der EU-Zuckermarktordnung. – Agra-Europe Nr. 18. Sonderbeitlage.

Sommer, U. (2005): Der Markt für Zucker. – Agrarwirtschaft 54, H. 1, S.27-34

SVR (Sachverständigenrat zur Begutachtung der gesamtwirtschaftlichen Entwicklung) (1980) : Jahresgutachten 1980/81

Derselbe (1997): Jahresgutachten 1997/98

Derselbe (2001): Jahresgutachten 2001/02

Tangermann, S. (2001): Die Zukunft der Handelspräferenzen für Entwicklungsländer bei Agrarprodukten im Rahmen der WTO-Verhandlungen. Vortrag, 41. Jahrestagung der GEWISOLA in Braunschweig, 8. bis 10. Oktober 2001

Wissenschaftlicher Beirat beim BML (1994): Vorschläge für eine grundlegende Reform der EG-Zuckermarktordnung. – Schriftenreihe des BML, H. 430. Münster.

WTO (2004): European Communities – Export Subsidies on Sugar. Complaint by Australia, Report of the Panel. WT/DS265/R v. 15. Oktober (gleichlautend für Brasilien und Thailand).

ZR (Zuckerrüber), lfd. Jgg. und Ausgaben.

Zuckerwirtschaft Europa, lfd. Jgg.

Gerald Thalheim

Die EU-Zuckermarktordnung (ZMO) vor der Reform: Welche Ziele verfolgt die Bundesregierung?

Ziele der Bundesregierung

- Die ZMO muss reformiert werden. Darin sind sich alle Regierungen in allen Mitgliedstaaten, die Verbände und auch viele Zuckerrübenerzeuger einig. Je länger wir warten, desto größer wird der Reformdruck werden. Wir müssen handeln und uns den geänderten Rahmenbedingungen stellen:
  - Innerhalb der EU, weil die jetzige ZMO nicht mehr zur reformierten Agrarpolitik passt.
- Nach außen, wegen der internationalen Verpflichtungen.
  - Ziel der Bundesregierung ist vor allem, sicherzustellen:
  - dass wir auch in Zukunft auf eine nachhaltige und wettbewerbsfähige Zuckerwirtschaft in Europa und in Deutschland bauen können und
  - dass wir mehr Gerechtigkeit auf dem Weltzuckermarkt bekommen.

Gründe für Reformen

- Die ZMO läuft zum 30.06.2006 aus. Die Kommission (KOM) hat bereits signalisiert, dass sie nicht bereit ist, die derzeitige ZMO über „Not-Verordnungen" zu verlängern.
- Auch in der Zuckermarktpolitik sind die Prinzipien der neuen GAP einzuführen, nämlich Marktorientierung, Wettbewerbsfähigkeit und Nachhaltigkeit.
- Die EU muss schnell auf die internationalen Rahmenbedingungen reagieren, die den Zuckersektor in naher Zukunft beeinflussen werden:
  - Als Ergebnis des laufenden Zuckerpanels dürfte der Export von C-Zucker (3 Mio. t) und der Re-Export von AKP-Zucker (1,3 Mio. t) künftig nicht mehr möglich sein.

- Ab 01.07.2009 muss sich der EU-Zuckersektor auf umfangreiche zollfreie Einfuhren aus den ärmsten Entwicklungsländern im Rahmen der EBA-Initiative (Everything but arms) einstellen. Beim derzeitigen Preisniveau wäre nach Schätzungen der Kommission mit Einfuhren von bis zu 3,2 Mio. t zu rechnen.
- Hinzu kommen schließlich die WTO-Verhandlungen. Ein Auslaufen aller Exporterstattungen ist im Grundsatz bereits beschlossen. Außerdem wird es zu einer weiteren Senkung des Außenschutzes und einer Verbesserung des Marktzugangs für Drittstaaten kommen.
- Eine Einstufung von Zucker als sensibles Produkt könnte den Abbau des Außenschutzes zwar begrenzen, doch sollte nicht außer Acht gelassen werden,
- dass auch dann verbesserter Marktzugang durch Zolltarifsenkung und erhebliche zusätzliche Zollkontingente (mit der Folge weiterer Quotenkürzungen) eingeräumt werden müssten und
- dass bei anderen für die EU wichtigen Produkten (z.B. Rindfleisch, Milch) Erleichterungen dann nur noch sehr schwer erreichbar wären.

Status quo keine realistische Option

- Ohne Reformen würde der heimische Zuckermarkt vor allem als Folge drastisch steigender Einfuhren und gleichzeitig wegfallender Ausfuhren immer stärker unter Druck geraten (Umsetzung Zuckerpanel Mitte 2006 und schrittweise Umsetzung der WTO-Beschlüsse wahrscheinlich ab 2008).
- Spätestens ab 2009 (zollfreier EBA-Export) würde die Marktordnung ganz aus dem Ruder laufen.
- Eine Beibehaltung der bestehenden Korrekturmechanismen (vor allem der Deklassierung) könnte zwar kurzfristig (bis 2007/08) gerade ausreichen, um den Markt halbwegs im Gleichgewicht zu halten. Danach würden die zunehmenden Importe und die fehlenden Exportmöglichkeiten die Zuckermarktordnung immer stärker aushöhlen und schließlich zusammenbrechen lassen.
- Die EU muss es im Übrigen vermeiden, durch Festhalten an der ZMO Verhandlungsspielraum im Rahmen der WTO zu verlieren.

Reformansatz der Kommission als gute Ausgangsbasis

- Der KOM-Ansatz geht in die richtige Richtung. Preissenkungen, Quotenkürzungen und entkoppelte Ausgleichszahlungen für die Erzeuger sind unverzichtbare Reformelemente, die gut aufeinander abgestimmt werden müssen.
- Allerdings muss noch eine Reihe von Punkten präzisiert werden. Das gilt vor allem im Hinblick auf die Finanzierung der Reform. Aus Sicht der Bundesregierung darf die Reform für den Haushalt der EU nicht teurer werden als die bisherige Regelung. Die Bundesregierung hat hier eine ganz eindeutige Position.
- Die durchschnittlichen Netto-Haushaltsausgaben für Zucker belaufen sich derzeit – unter Anrechnung der Einnahmen aus den Produktionsabgaben (=EU-Eigenmittel) – auf rd. eine Mrd. EUR/Jahr.

Quotenkürzungen

- Die strukturellen Zuckerüberschüsse der EU – Selbstversorgungsgrad derzeit in EU 112 Prozent und in D 144 Prozent – müssen zurückgeführt werden, um den Binnenmarkt auch ohne subventionierte Exporte ins Gleichgewicht zu bekommen und unsere internationalen Verpflichtungen zu erfüllen. Quotenkürzungen sind deshalb unvermeidlich.
- A- und B-Quoten müssen – wie von der Kommission – vorgeschlagen – zusammengefasst und dann linear gekürzt werden. Forderungen einiger Mitgliedstaaten zur Sicherung des Marktgleichgewichts die B-Quoten stärker zu kürzen als die A-Quoten, werden entschieden abgelehnt. Denn dies würde dazu führen, dass die wettbewerbsfähigsten Zucker erzeugenden Standorte in der EU, die historisch den höchsten B-Quotenanteil haben, ihre jetzige Produktion stärker einschränken müssten als weniger leistungsfähige Standorte in Mitgliedstaaten mit fast ausschließlicher A-Quote. Dies würde die Wettbewerbsfähigkeit des EU-Zuckersektors insgesamt schwächen und ist damit ökonomisch nicht vertretbar.

Preissenkungen

- Wir müssen den enormen Abstand zwischen EU-Binnenmarktpreis, der derzeit bei über 700 EUR/t liegt, und dem Weltmarktpreis von rd. 200 EUR/t verringern, um den Zuckersektor marktgerechter und damit zukunftsfähiger zu machen.
- Durch eine Senkung der Binnenmarktpreise könnten die externen Vorgaben er-

füllt werden, ohne die Gemeinschaftsproduktion übermäßig zu belasten. Für viele AKP- und LDC-Staaten mit hohen Produktionskosten würde der EU-Markt weniger attraktiv.

- Würden wir auf Preissenkungen verzichten, müssten die EU-Zuckerquoten langfristig wegen der dann hohen Einfuhren voraussichtlich stärker gekürzt werden als von der KOM vorgeschlagen, nämlich mindestens um fünf bis sechs Mio. t statt 2,8 Mio. t.

Ausgleichszahlungen

- Die Bundesregierung wird sich innerhalb des vorhandenen Finanzrahmens für entkoppelte Ausgleichszahlungen an die Rübenbauern einsetzen.
- Die nationalen Umsetzungsmodalitäten des Ausgleichs in D werden zu gegebener Zeit mit den Betroffenen (DBV und Rübenanbauer) und vor allem den Bundesländern zu erörtern sein. Im Prinzip kommen hierzu zwei Modelle in Frage:
  - Betriebsindividuelle Zahlung (top ups) an die Rübenanbauer, jedoch reduziert um die regionalisierte Flächenprämie, die für Zuckerrübenflächen ab 2005 beantragt werden kann.
  - Volle Eingliederung des Ausgleichs für die Zuckerrüben in die regionalisierte Flähenprämie.

Wichtig ist, dass das EU-Recht den Mitgliedstaaten ausreichend Flexibilität einräumt, damit wir einen Ausgleich ohne Probleme in unser Regionalmodell einbauen können.

Umstrukturierung des EU-Zuckersektors

- Angesichts der künftig geringeren EU-Produktion und im Hinblick auf eine Verbesserung der Wettbewerbsfähigkeit ist eine Restrukturierung des Zuckersektors erforderlich. Vor allem die Quotenübertragung zwischen Mitgliedstaaten würde den Prozess hin zu wettbewerbsfähigeren Strukturen erleichtern und wird deshalb von der Bundesregierung im Grundsatz befürwortet.

Auswirkungen der Reformvorschläge auf AKP/LDC

- Die Reform der Zuckermarktordnung hat wie nur wenige EU-Reformen der letzten Zeit direkte Konsequenzen auf die armen und ärmsten Länder. Die AKP- und

LDC-Länder mit Präferenzeinfuhren in die EU werden wegen der geplanten Preissenkung deutliche Erlösminderungen haben. Sie bekommen damit deutliche Signale, die Wettbewerbsfähigkeit ihrer Zuckerwirtschaft zu verbessern.

- Die Bundesregierung unterstützt deshalb die KOM dabei, einen Dialog mit den AKP-Staaten über geeignete Hilfsmaßnahmen aufzunehmen und ist bereit, hier konstruktiv mitzuarbeiten. Dabei sollten auch die LDC einbezogen werden. Wichtig ist eine effektive Ausgestaltung der Maßnahmen des Aktionsplans, damit langfristig die Abhängigkeit vor allem der wettbewerbsschwächeren AKP-Länder vom Zucker geringer wird.
- Wichtig ist auch, dass die AKP- und LDC-Länder in die Reformdiskussion eingebunden und die Interessen dieser Entwicklungsländer berücksichtigt werden. Die „Everything-But-Arms-Initiative" darf dabei wegen ihres umfassenden Ansatzes und ihrer grundsätzlichen politischen Bedeutung nicht in Frage gestellt werden.

Ausblick

- Legislativvorschläge der KOM sind im Juni/Juli 2005 zu erwarten. Die heiße Phase der Verhandlungen wird dann nach der Sommerpause beginnen. Politische Einigung sollte spätestens im November 2005 erreicht werden, rechtzeitig vor der nächsten Ministerkonferenz der WTO im Dezember in Hongkong.
- Die Bundesregierung wird in den anstehenden Verhandlungen auch weiterhin das Ziel verfolgen, eine nachhaltige und wettbewerbsfähige Zuckerwirtschaft in Deutschland und in Europa sowie international zu erreichen.

Helmut Born

Welche Reform brauchen die deutschen Landwirte?*

Zunächst muss ich feststellen, dass wir uns bereits mitten in der Umsetzung einer Reform befinden, ich meine die Reform der gemeinsamen Agrarpolitik. Lassen Sie mich ein paar Worte zu dieser Reform sagen. Dabei will ich zunächst die Pluspunkte aufführen, bevor ich auch die Kritik nicht ausspare:

1. Diese EU-Agrarreform ist erstmals sehr langfristig bis zum Jahre 2013 angelegt. Das schafft Planungssicherheit.
2. Diese Reform ist solide finanziert, ohne Zugriffsmöglichkeit zum Beispiel für unseren Bundesfinanzminister. Das sollte niemand unterschätzen.
3. Der neu gestaltete Direktausgleich ist bei den WTO -Verhandlungen erst einmal aus der Schusslinie heraus. Das hilft uns in der laufenden Verhandlungsrunde in Genf.
4. Die Entkopplung des Direktausgleichs schafft mehr unternehmerische Freiheit. Das hilft gerade den Betrieben, die auf einer soliden betrieblichen Grundlage neue Wege gehen wollen, ob nun in der Flächennutzung oder in der Tierhaltung, das ist jetzt völlig gleich.

Aber ich will auch die Wermutstropfen nicht verschweigen. Bund und Länder haben sich darauf verständigt, die Tierprämien und den Milchausgleich in eine einheitliche Flächenprämie umzuschmelzen. Nur mit allergrößter Kraftanstrengung ist es uns gelungen, diesen Prozess auf die Zeit nach 2010 zu verschieben. Damit wird diese Reform auch für die Rindermäster und für die Milchviehbetriebe tolerabler. Aber ich sage noch einmal, vor allem in Sinne unserer Rinderhalter, die sich ohnehin auf schwierigen Märkten bewegen müssen, wäre ein noch deutlicheres Hinausschieben besser gewesen. Die größere Gefahr birgt die Cross-Compliance-Regelung in sich. Hier werden mehr betriebliche Freiheiten im ökonomischen Sinne – durch

* Es gilt das gesprochene Wort!

die Cross-Compliance-Regelung – über die Rückkopplung des Direktausgleichs an die dokumentierte Einhaltung von 19 Gesetzen und Verordnungen erkauft. In diese allgemeine GAP-Reform wird jetzt die Reform der Zuckermarktordnung eingebettet. Eine Reform der Marktordnung ist aber nicht nur deshalb unvermeidlich. Internationale Verpflichtungen für die europäische Zuckerpolitik kommen hinzu. Wir sind bereit, konstruktiv an den notwendigen Reformmaßnahmen mitzuarbeiten. Dies setzt aber voraus, dass die Reformmaßnahmen den besonderen Bedingungen der europäischen Zuckererzeugung gerecht werden. Denn Zucker bildet in Europa die Existenzgrundlage für rund 375.000 Landwirte, sowie 230 Zuckerfabriken und 300.000 Beschäftigte im Zuckersektor.

Über 50 AKP-Staaten profitieren von der Mengen- und Preisregelung. Das erste Reformpaket der EU-Kommission schießt weit über die Notwendigkeiten hinaus. Die von der EU-Kommission vorgeschlagenen Einschnitte in die Preis- und Mengengarantien der Zuckermarktordnung werden für viele Zuckererzeuger und ganze Regionen in der EU das Aus bedeuten.

Zusammen mit dem zu erwartenden WTO-Panel sind rund 40 Prozent der europäischen Rüben- und Zuckererzeugung von gegenwärtig 20 Millionen Tonnen und viele Tausend Arbeitsplätze im ländlichen Raum gefährdet. Länder, wie Brasilien, würden zum Zuge kommen. Länder, die ihre Erzeugung vielfach auf Kosten von Mensch, Natur und Umwelt betreiben. Die Kommissionsvorschläge sind daher in dieser Dimension absolut nicht akzeptabel. Ich begrüße, dass der Bundesrat in seiner Stellungnahme klare Worte zu den Kommissionsvorschlägen gefunden hat. Aus unserer Sicht sind vier Kernpunkte entscheidend:

1. Beginn und Dauer der Reformperiode

Die von der Kommission vorgeschlagene Verkürzung der geltenden Marktordnung um ein Jahr ist ein grober Vertrauensbruch. Dafür besteht keinerlei Notwendigkeit! Eine Reform kann frühestens ab dem Zuckerwirtschaftsjahr 2006/07 in Betracht kommen.

2. Preissenkungen

Die vorgeschlagenen Preissenkungen von 37 Prozent sind absolut unverantwortlich. Wir fordern die Fortsetzung einer Preispolitik, die den Erzeugern in der EU auch weiterhin kostendeckende Erlöse gewährleistet. Die Produzenten der AKP-Länder befinden solche desaströsen Einschnitte in ihre Garantien ebenfalls als zu strikt. Preissenkungen dürfen nur an den WTO-Erfordernissen ausgerichtet werden. Zucker muss ein sensibles Produkt in der WTO bleiben.

3. Senkung der Zuckerquoten

Wir brauchen eine Fortsetzung der Mengenregelung durch Produktionsquoten – in dieser Einschätzung stimmen wir mit der Kommission überein. Über eine Reduzierung der Produktionsquoten muss man verhandeln, sofern sich die Kürzung für die heimischen Produzenten am Gemeinschaftsverbrauch ausrichtet. Deshalb darf die Kürzung nicht über 1,3 Millionen Tonnen hinausgehen.

Zusammen mit den durch das WTO-Panel in Frage stehenden Erzeugungsmöglichkeiten von C-Zucker (ca. drei Millionen Tonnen) hat bereits eine derartige Quotenreduzierung eine Verkürzung der europäischen Zuckerproduktion um mehr als 21 Prozent zur Folge. Völlig unverständlich ist die Anhebung der Isoglucosequote um 300.000 Tonnen. Quotenkürzungen müssen auch für Isoglucose gelten. Eine (freiwillige) Herauskaufaktion von Zuckerquoten macht erst dann Sinn, wenn alle Details der künftigen Zuckermarktordnung geregelt sind.

Mit den Freihandelsabkommen und der Alles außer Waffen-Initiative (everything but arms) hat die EU ihren Markt für Zuckereinfuhren aus Entwicklungsländern ab 2009 unbegrenzt geöffnet. Der Vorschlag der Kommission bürdet diese Mengenrisiken ausschließlich den europäischen Erzeugern auf. Das ist nicht in Ordnung – außer es wird auch für diese Einfuhren ein Mengenmanagement geben!

4. Ausgleichsmaßnahmen

Wir fordern eine Ausgleichsregelung, die den tatsächlichen Erlöseinbußen aus Preis- und Mengenkürzungen der Rübenbauer gerecht wird und voll bei diesen ankommt! Diese Ausgleichsregelung muss einen dauerhaften und betriebsindividuellen Ausgleich bis mindestens 2013 vorsehen! Wir halten eine gemeinschaftsweit einheitliche Ausgestaltung der Kompensationsmaßnahmen für unerlässlich. In keinem Fall kann die vorgeschlagene Referenzperiode als Bemessungsgrundlage in Frage kommen. Notwendig ist eine Regelung, die den Beginn der neuen Marktordnungsperiode als Referenzzeitpunkt definiert.

Die Vorschläge der EU-Kommission zur Reform der Zuckermarktordnung

Jürgen Zeddies

Die Vorschläge der EU-Kommission zur Reform der Zuckermarktordnung

Auswirkungen auf Zuckermärkte, Landwirtschaft, Zucker verarbeitende Industrie und Konsumenten

In Vorbereitung auf die WTO (II)-Verhandlungen für den Zeitraum 2006 bis 2012 hat die EU auf der Grundlage einer Halbzeitbewertung im Juni 2004 eine Agrarreform beschlossen, die von 2004/05 bis 2013/14 umgesetzt wird. Zucker und einige andere Produkte werden in gesonderten Marktordnungsreformen geregelt. Die Zuckermarktordnung (ZMO) der EU gilt noch bis zum 30. Juni 2006. Aus verschiedenen Gründen ist die EU unter Druck geraten, eine Reform der ZMO durchzuführen: Die WTO fordert eine Reduzierung der inländischen Stützung und mehr Marktzugang für Drittländer, das EBA-Abkommen erleichtert die Einfuhren aus den 48 ärmsten Entwicklungsländern, Erstattungen von Reimporten von Importzucker sollen zumindest reduziert werden, nicht subventionierte C-Zuckerexporte der EU werden sehr wahrscheinlich untersagt, die geltende ZMO steht außerhalb des Systems der zukünftig entkoppelten Einkommensstützungen u.a.

Der Vorschlag der EU-Kommission zur Reform der ZMO vom 14. Juli 2004 sieht vor, den Zucker- und Rübenpreis in zwei Stufen um 33 bzw. 37 Prozent zu senken und die A- und B-Quoten zusammenzufassen und um 16 Prozent in vier Stufen zu kürzen. Die Zuckerrübenanbauer sollen einen Teilausgleich in Höhe von 60 Prozent der Preissenkung als entkoppelte Prämie erhalten, die Isoglucosequote soll um 60 Prozent angehoben werden und andere Maßnahmen.

	2004/05	2005/06	2006/07	2007/08
Zuckerpreis (EUR/t)	632	506	506	421
Reduktion (%)	0	- 20	- 20	- 33
Rübenmindestpreis (EUR/t)	43,6	32,80	32,80	27,40
Reduktion (%)	0	- 25	- 25	- 37

	2004/05	2005/06	2006/07	2007/08	2008/09
Verbrauch	16,3	16,1	16,1	16,1	16,1
Quoten	17,4	16,1	15,6	15,1	14,6
Quotenzuckerproduktion	17,3	16,0	15,5	15,0	14,5

Die Auswirkungen einer so weit gehenden Änderung der ZMO treffen viele Beteiligte, insbesondere die Zuckerrübenanbauer, die Zuckerhersteller, die in der Zuckerindustrie Beschäftigten, die Zuckerverbraucher und Zuckerverarbeiter, die öffentlichen Haushalte der Mitgliedstaaten und der EU sowie die Hauptexporteure für den europäischen Markt, insbesondere die Länder mit Präferenzabkommen (AKP-Staaten und EBA-Länder). Dabei handelt es sich bei einer Reform der ZMO nicht um kosmetische Korrekturen, sondern um durchschlagende Änderungen und Wirkungen.

Auswirkungen auf die Zuckerrübenanbauer

In Deutschland verlieren etwa 50 000 Zuckerrüben anbauende Betriebe durch die ZMO-Reform ca. 20 Prozent ihres bisherigen Einkommens, wenn die zweite Preissenkungsstufe in Höhe von 37 Prozent Erzeugerpreissenkung umgesetzt wird. Beschränkt sich die Preissenkung auf die erste Preissenkungsstufe in Höhe von 25 Prozent des Erzeugerpreises, ist mit einem Einkommensrückgang von 15 Prozent bei den Rüben anbauenden Betrieben in Deutschland zu rechnen. Dabei sind die Effekte der Quotenkürzung (16 Prozent) und einer Teilkompensation der Preissenkung durch Prämienzahlung von 622 EUR/ha Quotenfläche berücksichtigt. Für den Durchschnitt der Rüben anbauenden Betriebe in der EU-15 fällt die Einkommenssenkung wegen des geringeren Zuckerrübenanteils geringer aus, allerdings mit großen Unterschieden zwischen den Mitgliedstaaten.

In allen Mitgliedstaaten gibt es spezialisierte Rübenbaubetriebe, oft mit unterdurchschnittlicher Betriebsgröße, die von den Preiseffekten einer ZMO-Reform besonders stark betroffen sind. Insgesamt ist abschätzbar, dass etwa fünf Prozent der Rübenbaubetriebe aufgrund der Reformwirkungen bei Umsetzung der zweiten Preisstufe zusätzlich zur Betriebsaufgabe gezwungen sein werden. Die Einkommensentwicklung für den Durchschnitt der Rübenbaubetriebe in Deutschland vom Jahr 2000 bis 2013 wird in der Größenordnung erwartet , wie sie in der nachfolgenden Tabelle dargestellt ist.

• Basis um 2000:	ca. 34.000 EUR	
• Referenz (Reform ohne ZMO - 2008)	ca. 31.000 EUR	- 9 %
– ZMO Reform 1. Stufe	ca. 26.300 EUR	- 24 %
– ZMO Reform 2. Stufe	ca. 25.600 EUR	- 26 %
• ZMO Reform nach Abschmelzen der Betriebsprämie (2013)	ca. 22.800 EUR	- 33 %

Die Einkommen dieser Betriebsgruppe werden durch die Agrarreform seit dem Jahr 2000 bis zu Beginn einer ZMO-Reform von 34.000 EUR Durchschnittseinkommen um 9 Prozent sinken und bezogen auf die Basis durch die erste Preissenkungsstufe und Quotenkürzung der ZMO-Reform um 24 Prozent, durch die zweite Preissenkungsstufe um 26 Prozent und nach Abschmelzen der Betriebsprämie für Zuckerquoten um insgesamt 33 Prozent absinken. Die Auswirkungen auf die Einkommen wären etwa um die Hälfte geringer, wenn die Prämie auf Zuckerrübenquoten gekoppelt bliebe an den Zuckerrübenanbau oder entkoppelt als Betriebsprämie individuell dauerhaft gewährt werden würde. Mehr als ein Drittel der Betriebe werden den Zuckerrübenanbau infolge der starken Preissenkung einstellen. Das sind in Deutschland etwa 18.000 Betriebe und in der EU-15 etwa 80.000 Betriebe. Die Quoten dieser Betriebe wandern allerdings in andere wettbewerbsfähigere Betriebe. Wegen weiterer Ertragssteigerungen und einer Quotenkürzung verringert sich in Deutschland der Zuckerrübenanbau um etwa 100.000 ha und sogar um 200.000 ha, wenn nach dem Panel-Verfahren eventuell der C-Rübenanbau untersagt wird.

Auswirkungen auf die Zuckerhersteller

Die Zuckerhersteller verlieren nach einer ersten Preissenkungsstufe durch die Reform der ZMO nahezu 50 Prozent der bisherigen Verarbeitungsspanne und nach einer zweiten Preissenkungsstufe sogar 70 Prozent. Sie verlieren weiterhin durch Reduzierung der Zuckerquote in Höhe von 16 Prozent und eventuell durch ein Verbot der C-Zuckererzeugung, die etwa 20 Prozent der Gesamtzuckererzeugung ausmacht. Dem gegenüber verbilligt sich für die Zuckerhersteller der Zuckerrübenankauf um etwa 80 bzw. 112 EUR/t Zucker. Da die Zuckerhersteller ihre Kostensteigerung wegen der Garantiepreise nicht voll auf die Zuckererzeuger überwälzen können, müssen sie kostensparende Anpassungen zu Lasten der Rübenlieferanten vornehmen, indem sie beispielsweise Qualitätsprämien streichen und Transportkosten an Rübenlieferanten weitergeben. Etwa die Hälfte der Zuckerfabriken in der EU-15 werden geschlossen, wenn auch die C-Zuckererzeugung entfällt und keine alternative Verwendung der Zuckerrüben beispielsweise für den Sektor nachwachsender Rohstoffe aufgebaut wird. Allein in Deutschland können zehn bis 15 Zuckerfabriken durch Schließung betroffen sein.

Beschäftigungseffekte

Die Zahl der Beschäftigten in den Sektoren Zuckerrübenanbau, Zuckerherstellung und in den direkt vor- und nachgelagerten Bereichen, die zur Zeit auf etwa 135.000 Beschäftigte in der EU geschätzt wird, wird um etwa ein Drittel abgebaut werden. Das sind etwa 50.000 Arbeitsplätze (EU-15) bzw. 10.000 bis 15.000 Beschäftigte in Deutschland.

Verbraucher und Zuckerverarbeiter

Den Einkommensverlusten der Zuckerrübenanbauer und Zuckerhersteller stehen Gewinne bei den Zuckerverbrauchern und Zuckerverarbeitern gegenüber. In der EU führt die Reform der Zuckermarktordnung insgesamt wahrscheinlich zu Wohlfahrtsgewinnen z. B. in dem Maße, wie der Kostendruck zu niedrigeren Transportkosten, besserer Auswahl der effizientesten Rüben- und Zuckerproduzenten beitragen wird und/oder unwirtschaftliche Lagerkosten vermieden werden. Die gravierendsten Wohlfahrtseffekte für die EU entstehen aus der Einschränkung der subventionierten Exporte und Einsparungen beim Import von Präferenzzucker aus AKP-Staaten und EBA-Ländern. In der EU kommen die Wohlfahrtseffekte überwiegend der Lebensmittelindustrie und weniger den Verbrauchern von zuckerhaltigen Verarbeitungsprodukten zugute, wohl aber den Zuckerdirektverbrauchern, obwohl deren Anteil am Zuckergesamtverbrauch relativ gering ist.

Das EU-Budget wird einerseits entlastet durch Rückführung der subventionierten Zucker-Reexporte, aber andererseits belastet durch zusätzliche Zahlungsansprüche/Prämien für Zuckerrübenerzeuger, die auf Größenordnung von 1,3 Mrd. EUR/Jahr geschätzt werden. Die Hauptlast der Anpassung nach einer ZMO-Reform tragen somit die Zuckerhersteller, die Zuckerrübenerzeuger und die infolge struktureller Anpassungen freigesetzten Beschäftigten.

Auswirkungen auf Drittländer

Die für den Zuckerhandel wichtigen Drittländer gehören mit Ausnahme der Hauptexporteure Brasilien, Australien, Thailand, Kuba und Südafrika zu den Verlierern einer ZMO-Reform, weil der Weltmarktpreis für Zucker nachhaltig um ca. 15 Prozent ansteigen dürfte und die Zuckerimporte entsprechend teurer werden. Dies trifft allerdings überwiegend Länder mit mittlerem oder höherem Wohlstandsniveau (Japan, Südkorea, Indonesien, GUS- Länder u.a.). Hohe Einkommenseinbußen treten bei den AKP-Staaten auf. Sie werden die präferentiellen Importe in die EU bei deutlich niedrigeren Preisen um bis zu 30 Prozent reduzieren und die Preissenkung voll verkraften müssen. Gleichzeitig steigt der Importbedarf dieser Länder konsumbedingt, der wiederum zu höheren Weltmarktpreisen zu tätigen ist. Die 48 LDC- Staaten bauen die Zuckerproduktion wegen des zunehmend attraktiver werdenden Marktzugangs in die EU trotz der Preissenkung in der EU kräftig aus. Gleichwohl würden sie von einer Beibehaltung der EU-ZMO doppelt profitieren, zum einen von höheren EU- Preisen und zum anderen von niedrigeren Weltmarktpreisen; denn sie werden ihre Importe etwa verdreifachen, um Inlandskonsum und Exporte zu bedienen. Alle anderen Entwicklungsländer werden ihre Importe mittelfristig verdoppeln und bei Änderung der EU- Zuckerpolitik negativ betroffen sein. Ausschließlich

Vorteile ergäben sich für die oben genannten wichtigsten Zuckerexportländer. Sie werden ihre Exportüberschüsse etwa verdoppeln können, wobei Brasilien den Hauptanteil der zusätzlichen Absatzmöglichkeiten erobern kann. Es profitieren mit Ausnahmen von Kuba und Brasilien vor allem reiche Länder und in den ärmeren Ländern sicher nicht die ärmeren Bevölkerungsschichten.

Handelbarkeit der Zuckerquoten

Besondere Auswirkungen auf die Produktionsstandorte sind von einer Erleichterung der Handelbarkeit von Zuckerquoten und Lieferrechten innerhalb der Europäischen Union zu erwarten. Infolge der Jahrzehnte langen Strukturhemmnisse der Quotenregelung sind deutliche regionale Unterschiede in der Wettbewerbsfähigkeit der Zuckerrübenerzeugung und Zuckerherstellung entstanden, die bei einer Liberalisierung des Quotenhandels eine Wanderung der Zuckerrübenproduktion von den wettbewerbsschwächeren zu den wettbewerbsstärkeren Standorten ermöglichen würde. Derzeit ist die regionale Wettbewerbsfähigkeit der Zuckerrübenerzeugung und Zuckerherstellung in den Mitgliedstaaten Italien, Griechenland, Finnland, Portugal und Irland deutlich niedriger als in weiten Teilen Frankreichs, Deutschlands und Österreichs. Während die Zuckererträge je ha in den wettbewerbsschwachen Ländern um 40 dt liegen, erreichen sie in den wettbewerbsstarken Gebieten 100 dt und mehr. Wenn also Rübenlieferrechte EU-weit handelbar wären, gebe es eine starke Konzentration in den Kernanbaugebieten der wettbewerbsfähigen Länder und eine weitgehende Aufgabe der Zuckerrübenproduktion in mediterranen Ländern und im äußersten Norden Europas. Die Wirkungen der ZMO-Reform auf die Zuckerhersteller und die Beschäftigten im Zuckersektor würden sich erheblich verschärfen. Die Zahl der Mitgliedstaaten mit nennenswerter Zuckerproduktion würde sich deutlich verringern. Die Zuckerunternehmen könnten selbst stärker in die Verteilung der Lieferrechte eingreifen, um eine Umverteilung zu den Zuckerrübenanbauern zu forcieren, die aus der Sicht der Zuckerhersteller Effizienzvorteile ermöglicht.

Auch in Deutschland würde sich der Wettbewerb der Standorte verschärfen. Gefährdete Rübenanbaugebiete sind Grenzstandorte in Mittelgebirgsnähe und insbesondere Gebiete mit geringerer Produktionsdichte in nördlichen und östlichen Landesteilen. Darüber hinaus sind kleine isolierte Rübenanbaugebiete mit suboptimaler Kapazitätsauslastung der Fabriken in Deutschland, vor allem aber in der EU, gefährdet, insbesondere im südlichen Italien, in Griechenland, Finnland und Irland.

Schlussfolgerungen

Als Fazit aus den Überlegungen sind unterschiedliche Schlussfolgerungen für die hauptsächlich Betroffenen zu ziehen. Aus der Sicht der EU-Politik stellt sich die Frage, ob es für die bevorstehenden WTO-Verhandlungen zwingend erforderlich ist, die zweite Preissenkungsstufe des Reformvorschlages umzusetzen. Möglicherweise ist das Angebot einer Preissenkung der ersten Stufe ausreichend. Erhebliche Verwerfungen wären für die Zuckerrübenerzeuger und Zuckerhersteller vermeidbar oder zumindest über einen längeren Zeitraum zu strecken. Die vorgesehene Quotenkürzung von 16 Prozent wird sich bei Verzicht auf die zweite Preissenkungsstufe allerdings als nicht ausreichend erweisen. Das EU-Budget würde stärker entlastet, weil ein geringeres Mittelvolumen für Prämienzahlungen erforderlich wäre, und die Länder mit Präferenzabkommen für Zuckerlieferungen wären weniger dramatisch betroffen. Das drohende Verbot von C-Zuckerexporten auf den Weltmarkt scheint das kleinere Übel zu sein, weil mit diesem Teil der Zuckerproduktion in den letzten Jahren ohnehin keine Gewinne realisiert werden konnten. Allerdings muss sich die Zuckerindustrie Strategien überlegen, wie sie mit Produktionsmengen, die über die Quoten hinaus gehen, umgehen kann. Unter den Rahmenbedingungen einer reformierten Zuckermarktordnung lässt sich zeigen, dass beispielsweise eine Ethanolerzeugung für die Zuckerindustrie gleich wirtschaftlich ist wie Kapazitätsabbau. Sie ermöglicht sogar zusätzliche Gewinne, wenn bei gegebenen Kapazitäten deutlich mehr Zuckerrüben verarbeitet werden. Auch die Zuckerrübenanbauer profitieren von einer Ethanolproduktion anstelle von C-Zuckererzeugung in höherem Maße. Eine stärkere Liberalisierung der Handelbarkeit von Zuckerquoten und Lieferrechten birgt schwer einschätzbare Struktureffekte, die die Wirkungen der Politikvorschläge in jedem Fall verstärken. Deshalb sollte die Handelbarkeit zunächst nur in Einzugsbereichen von Zuckerunternehmen und auch nicht über die Grenzen von Mitgliedstaaten hinaus zugelassen, innerhalb dieser Grenzen aber im Rahmen der Möglichkeiten forciert werden.

Stephan von Cramon-Taubadel

Die Auswirkungen der Vorschläge der EU-Kommission zur Reform der Zuckermarktordnung auf Konsumenten und Steuerzahler[1]

1. Einleitung

Wie bereits in anderen Vorträgen geschildert, geht es hier um die Vorschläge der EU-Kommission zur Reform der Zuckermarktordnung. Mein Vorredner, Herr Professor Zeddies, hat bereits die zum Teil sehr einschneidenden betriebswirtschaftlichen Folgen dieser Reformvorschläge für die Zuckerrübenproduzenten und -verarbeiter ausführlich geschildert. Ich werde mich daher auf die Auswirkungen vor allem auf Konsumenten und Steuerzahler konzentrieren. Wie ich darstellen werde, liegt es in der Natur der Sache, dass diese Auswirkungen im Vergleich zu den Verlusten vor allem der Zuckerrübenanbauer relativ diffus und unbedeutend vorkommen. Mein Anliegen heute ist es, dieses Bild ein wenig zu korrigieren und Ihnen die Reformvorschläge aus einer eher gesamtwirtschaftlichen Perspektive zu beleuchten. Dabei werde ich auch zeigen, dass es noch einige offenen Fragen gibt, vor allem was die Weiterreichung von Zuckerpreissenkungen an den Konsumenten betrifft. Schließlich möchte ich – da bereits mehrmals auf die Arbeitsmarkteffekte der Reformvorschläge der EU-Kommission hingewiesen wurde – etwas über die Kosten der durch die gegenwärtige Zuckermarktordnung geschaffenen Arbeitsplätze referieren.

Vorneweg einige Worte zu meiner Biographie: Ich bin in Kanada geboren und habe dort Agrarökonomie studiert. Seit Ende 1986 bin ich in Deutschland, wo ich promoviert und kurz vor Übernahme meiner Professur in Göttingen 1999 habilitiert habe. Ich produziere keine Zuckerrüben, aber ich besitze eine kleine Farm in Kanada südlich von Montreal in einer Gegend, die als Standort für Ahornsirupproduktion bekannt ist. Meine eigenen Zuckerahornbestände sind noch zu jung, aber eine

Aufnahme der Produktion in ca. zehn Jahren wäre möglich. Ich halte diese indirekten Berührungspunkte mit der EU-Zuckermarktordnung für unbedenklich und glaube, dass ich insgesamt unbefangen an die Frage der Reform dieser Marktordnung herangehen kann!

2. Auswirkung der Reform auf Konsumenten und Steuerzahler

Die Auswirkungen der Reform der Zuckermarktordnung auf Konsumenten lassen sich anhand einer Überschlagsrechnung einfach schätzen. Ausgehend von 15,8 Mio. Tonnen Zuckerkonsum in der EU-25 im Jahre 2004 und einer 33-prozentigen Senkung des Weißzucker-Interventionspreises (von 632 auf 421 EUR/t) ergibt sich eine mögliche Reduktion der Ausgaben für den Zuckerkonsum von rund 3,3 Mrd. EUR.

An dieser Stelle werden häufig zwei Einwände vorgetragen, die auch schon auf dieser Tagung erwähnt worden sind. Erstens wird argumentiert, dass diese 3,3 Mrd. EUR verteilt auf über 450 Mio. EU-Bürger eine durchschnittliche Ersparnis von ca. 7,20 EUR pro Kopf ergeben, eine Summe, die so klein ist, dass sie von Konsumenten kaum wahrgenommen werden würde. Zweitens wird darauf hingewiesen, dass in der EU etwa 20 bis 25 Prozent des Gesamtzuckerverbrauchs auf Haushaltszucker entfällt, während die übrigen 75 bis 80 Prozent des Verbrauchs indirekt über die Erzeugnisse der Zuckerverwendenden Industrie nachgefragt werden. Da die Struktur der Zuckerverwendenden Industrie durch eine hohe Konzentration gekennzeichnet ist, und da Zucker häufig nur einen geringen Anteil an dem verarbeiteten Endprodukt hat, wird gefolgert, dass die von der EU-Kommission vorgesehene Zuckerpreissenkung gar nicht an den Endverbraucher weitergereicht werden würde, sondern lediglich die Gewinne der oligopolistischen Verwender erhöhen würde. Die Beispielsrechnungen, in denen ausgehend von dem Kostenanteil von Weißzucker beispielsweise an einer Tafel Schokolade oder Dose Cola gezeigt wird, dass die in den Reformvorschlägen vorgesehenen Zuckerpreissenkungen lediglich eine Kostenersparnis von wenigen Cent ausmachen würde, die – so die Argumentation der Reformgegner – ganz offensichtlich nicht an den Konsumenten weitergegeben werden würden, sind allen, die sich mit dem Für und Wider einer Reform beschäftigt haben, bekannt.

Im Folgenden möchte ich diese Einwände näher diskutieren.

2.1 Von großen und kleinen Zahlen

Das erste der o. g. Argumente, die dagegen sprechen, dass die von der EU-Kommission vorgeschlagene Reform der Zuckermarktordnung signifikante positive Auswirkungen für Konsumenten hätte, lautet, dass der durchschnittliche Konsument eine Ausgabenersparnis von lediglich ca. 7,20 EUR erfahren würde. Was ist von dieser Argumentation zu halten? Zunächst stimmt es natürlich, dass man jede große Zahl ‚klein rechnen' kann, indem man sie durch eine ausreichend große Zahl teilt. Im vorliegenden Fall werden 3,3 Mrd. EUR klein gerechnet, indem man sie durch die Bevölkerungszahl der EU (knapp 459 Mio.) teilt. Dass dieses Kleinrechnen aus gesamtwirtschaftlicher Perspektive irreführend ist, möchte ich anhand eines zugegebenermaßen überspitzten, aber im Kern dennoch analogen Beispiels erläutern.

Ich schlage vor, dass ab 2005 jeder EU-Bürger mir jährlich einen Euro zuschicken soll. Ein Euro ist nicht einmal ein Siebtel der 7,20 EUR, die jeder EU-Bürger als Folge der vorgeschlagenen Zuckerpreissenkung realisieren würde; wenn 7,20 EUR vernachlässigbar sind, dann sind die Kosten meines Vorschlags aus Sicht des einzelnen EU-Bürgers wahrlich nur ein Klacks.

Bei mir würde allerdings eine Menge – ca. 458,6 Mio. EUR – zusammenkommen. Warum sollte aber ausgerechnet ich in den Genuss eines solchen Transfers kommen? Weil ich mich nämlich dazu verpflichte, viel Gutes mit dem Geld zu tun. Als Gegenleistung für die vielen, kleinen Euros verspreche ich, jährlich:

a. 200 Mio. EUR für Entwicklungshilfe auszugeben,
b. 10.000 Arbeitsplätze à 20.000 EUR zu schaffen, und
c. 50 Mio. EUR in Umweltprojekte zu investieren.

Ein weiterer positiver Nebeneffekt meines Vorschlags wären spürbar erhöhte Einnahmen aus Porto- und Überweisungsgebühren für die Postdienste bzw. Banken in Europa. Denn beim Verschicken bzw. Überweisen der vielen hundert Millionen einzelner Euros würden entsprechende Transaktionskosten anfallen.

Nun wird es höchstwahrscheinlich – aus meiner Sicht bedauerlicherweise – nicht zur Realisierung meines Vorschlags kommen. Aber stellen wir uns vor, vor zehn Jahren wäre das von mir vorgeschlagene Umverteilungssystem tatsächlich eingeführt worden und nun würden Gegner des Systems eine Abschaffung fordern. Die Verteidigung des Systems würde mir wahrscheinlich relativ leicht fallen, denn zum einen könnte ich darauf hinweisen, dass das System den einzelnen EU-Bürger im Grunde „nichts kostet“ und zum anderen könnte ich in der politischen Auseinandersetzung um die Reform meines Systems mit sehr viel Unterstützung rechnen. Entwicklungshelfer und Umweltlobbyisten würden auf die katastrophalen Auswirkungen des Wegfalls der vom mir jährlich beigetragenen 200 bzw. 50 Mio. EUR Unterstützung hinweisen. Postdienste und Banken würden über drohende Umsatzeinbußen klagen. Politisch besonders wirksam wären die 10.000 von mir geschaffenen Arbeitsplätze, die in Zeiten einer ohnehin unerträglichen Arbeitslosigkeit durch eine überflüssige Reform aufs Spiel gesetzt würden. Ich bräuchte wahrscheinlich gar nicht zu befürchten, dass das Gespräch auf die 8,6 Mio. EUR kommen würde, die nach Abzug aller Kosten bei mir privat übrig bleiben.

Das soeben geschilderte Beispiel ist zugegebenermaßen etwas überspitzt, kommt aber der gegenwärtigen Zuckermarktordnung in seiner wesentlichen polit-ökonomischen Struktur sehr nahe. Zunächst wird eine Umverteilung eingeführt, die alle Bürger ein wenig belastet aber relativ wenigen in konzentrierter Form zugute kommt. Wird diese Umverteilung hinterfragt, so sind die Nutznießer des Systems argumentativ immer im Vorteil, wenn sie die konzentrierten Verluste, die durch eine Abschaffung der Umverteilung drohen, den ‚klein-gerechneten' Kosten des System pro Bürger gegenüberstellen. Eine solche Umverteilung hat offensichtlich den Charakter eines wirtschaftspolitischen Widerhakens, der nur schwer zu entfernen ist.

Wichtig ist auch, dass Umverteilungen dieser Art eine Wirtschaft insgesamt nicht reicher sondern ärmer machen. Um dies zu verstehen muss man nur hochrechnen was wäre, wenn man meinen Vorschlag gleichzeitig für jeden EU-Bürger einführen würde. Denn wenn für nur 1,00 EUR pro EU-Bürger soviel Gutes für Entwicklungsländer, für den Arbeitsmarkt und für die Umwelt getan werden kann, dann kann doch nichts gegen eine Ausdehnung dieses Systems sprechen, oder? Wenn jeder EU-Bürger von jedem anderen 1,00 EUR bekäme und die entsprechenden Ausnahmen wie von mir oben geschildert gemeinnützig ausgeben würde, kämen insgesamt 91,7 Mio. Mrd. EUR an Entwicklungshilfe sowie 4,58 Billionen Arbeitsplätze und Umweltprojekte im Wert von 22,9 Mio. Mrd. EUR zustande. Leider gibt es da einen kleinen Haken. Denn jeder EU-Bürger würde natürlich nicht nur

458.600.000 EUR einnehmen sondern auch genauso viele Euro einzeln an seine EU-Mitbürger wiederum verteilen müssen.

Eine Wirtschaft wird nicht durch Umverteilung sondern durch Wertschöpfung reicher. Obwohl Zuckerproduktion in der EU aus betriebswirtschaftlicher Sicht extrem rentabel ist, in der Zuckerbranche in der EU findet aus gesamtwirtschaftlicher Perspektive nicht Wertschöpfung sondern Wertvernichtung statt. Denn die Produktionsfaktoren, die in der Zuckerproduktion eingesetzt werden, kosten insgesamt mehr als der Verkauf des durch ihren Einsatz geschaffenen Zuckers zu unverzerrten Preisen einbringen kann. Die betriebswirtschaftliche Rentabilität der EU-Zuckerproduktion wird durch ein aus polit-ökonomischer Sicht geschicktes Umverteilungssystem erzeugt, das viele ein wenig belastet und wenige recht viel begünstigt. Dies darf aber nicht über die wirtschaftspolitische Unvernunft des Systems insgesamt hinwegtäuschen.[2]

2.2 Vertikale Preistransmission in der Zuckerkette oder: Werden Zuckerpreissenkungen an den Konsumenten weitergereicht?

In der Diskussion über das Weiterreichen von Zuckerpreissenkungen an Konsumenten wird häufig von einem sehr vereinfachten Bild von so genannten vertikalen Preistransmissionsprozessen – d. h. die Preistransmission zwischen Produktion, Verarbeitungsstufe, Großhandel und Einzelhandel – ausgegangen. Wie in Abbildung 1 dargestellt wird zumindest implizit davon ausgegangen, dass Rohprodukt- und Einzelhandelspreise sich parallel und im Gleichschritt im Zeitablauf bewegen. Wenn in der Praxis dann beobachtet wird, dass Änderungen des Rohproduktpreises sich nicht zeitgleich und in voller Höhe in entsprechenden Einzelhandelspreisänderungen widerspiegeln, wird sofort auf den Missbrauch von Marktmacht geschlossen und gefolgert, dass Verarbeiter und Zwischenhändler die Preistransmission zu ihren Gunsten verzerren.

Übersicht 1: Ein vereinfachtes Schema von vertikalen Preistransmissionsprozessen

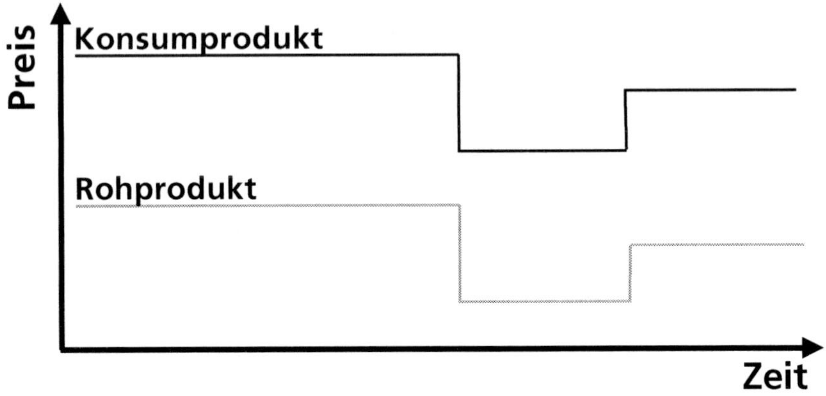

Quelle: Eigene Darstellung.

Preistransmissionsprozesse sind allerdings in Wirklichkeit etwas komplexer als in Übersicht 1 dargestellt, was die Ziehung wissenschaftlich gesicherter Schlussfolgerungen erheblich erschwert. Zu den Faktoren, die das einfache Muster in Übersicht 1 überlagern und verzerren können, zählen folgende:

a. Menükosten. Unter Menükosten werden Transaktionskosten verstanden, die entstehen, wenn Preise geändert werden und dies aktuellen oder potentiellen Kunden mitgeteilt werden muss. Beispielsweise muss ein Restaurantbesitzer, der seine Preise aufgrund gestiegener Kosten anpassen möchte, neue Speisekarten drucken, wodurch Druck- und sonstige Kosten entstehen. Ist der erwartete Nutzen der Preisanpassung – z. B. in Form von erhöhten Gewinnen – geringer als diese so genannten ‚Menükosten', dann lohnt sich die Preisanpassung nicht. In solchen Fällen wird die Preisanpassung erst dann vorgenommen, wenn z. B. aus saisonalen Gründen, zum Jahresende oder aufgrund einer zusätzlicher Kostensteigerungen eine Änderung der Speisekarte (bzw. der Preisliste oder entsprechendes) unumgänglich ist.

b. Psychologische Preise. Es ist bekannt, dass Einzelhandelspreise überwiegend mit der Ziffer 9 oder 99 enden. Ähnlich wie bei den Menükosten kann dies zur Folge haben, dass Änderungen der Kosten oder andere Motive für eine Preisanpassungen auf der Einzelhandelsstufe erst dann eine solche Anpassung auslösen, wenn eine bestimmte Schwelle erreicht wird, die ausreicht, um einen Sprung auf den nächsten 9 oder 99-ziger Preis zu rechtfertigen.

c. Verzögerte Reaktion aufgrund von Lagerhaltung und zeitaufwändigen Produktionsprozessen. Wenn wichtige Inputs (z. B. Rohprodukte) von Verarbeitern nicht ‚just in time' sondern in längeren Zeitabständen und in größeren Mengen eingekauft werden, kann es dazu kommen, dass die Produktion eines Endproduktes zum gegenwärtigen Zeitpunkt mit Vorleistungsgütern stattfindet, die vor einiger Zeit und zu einem anderen Preis eingekauft wurden als gegenwärtig vorherrscht. Als Folge werden Inputpreisänderungen erst mit einer gewissen Verzögerung Auswirkungen auf den Endproduktpreis haben.

d. Das Zusammenspiel mehrerer Inputpreisänderungen. Bei Endprodukten, die aus mehreren Inputs hergestellt werden, muss das Zusammenspiel aller Inputpreise simultan betrachtet werden. Wird Zucker teurer, kann es dennoch dazu kommen, dass Kekse im Einzelhandel billiger werden, wenn gleichzeitig die Preise für beispielsweise Mehl, Milch, Arbeit und/oder Energie gesunken sind.

e. Sonderaktionen und Sonderpreise. Sonderaktionen und Sonderpreise können zu Preisänderungen für ein Endprodukt führen, die nichts mit Änderungen der Herstellungskosten dieses Produktes zu tun haben. Sonderaktionen und Sonderpreise kommen nicht bei allen Produkten im gleichen Maße zur Anwendung, sind aber bei zuckerhaltigen Produkten wie Schokolade im Einzelhandel sicherlich nicht unbekannt.

Um einige dieser Faktoren zu illustrieren, werden in Übersicht 2 wöchentliche Einzelhandelspreise für Milka Schokolade in zwei zufällig gewählten Einzelhandelsläden in Deutschland in den Jahren 2000 und 2001 graphisch dargestellt[3]. Die Daten entstammen dem ZMP-Panel und liegen für mehrere Hundert Einzelhandelsläden in Deutschland vor. Die zwei Reihen, die in Übersicht 2 dargestellt werden, wurden rein zufällig ausgewählt, sind aber sehr typisch und könnten ohne Einfluss auf die Kernaussage durch beliebige andere ersetzt werden.

Übersicht 2: Wöchentliche Preise für Milka-Tafelschokolade in zwei Einzelhandelsläden in Deutschland (2000-2001 in DM)

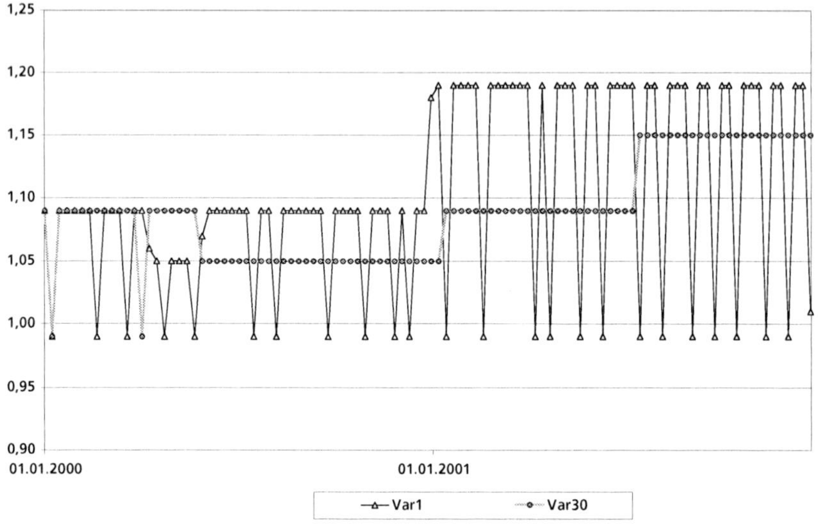

Quelle: ZMP-Panel.

Ein Blick auf Übersicht 2 verdeutlicht zunächst die Bedeutung von psychologischen Preisen (z.B. 0,99 und 1,09 DM/Tafel). Deutlich wird auch, dass einer der beiden Läden eher mit durchschnittlichen und konstanten Preisen arbeitet, während der andere in unregelmäßigen, aber häufigen Abständen Sonderpreise für das betroffene Produkt führt. Eine allgemeine Preissteigerung ist ab Anfang 2001 erkennbar, aber diese findet zu unterschiedlichen Zeitpunkten und in unterschiedlicher Form in den jeweiligen Einzelhandelsläden statt. Offensichtlich ist, dass die Preisbildung auf Einzelhandelsebene bei diesem zuckerhaltigen Produkt komplex und nicht monokausal ist. Eine belastbare wissenschaftliche Aussage darüber zu treffen, ob eventuelle Zuckerpreisänderungen in dem in Übersicht 2 dargestellten Zeitraum an den Konsumenten weitergereicht wurden und in genau welcher Form dies geschah, wäre demzufolge extrem schwierig. Um eine solche Aussage zu treffen, bräuchte man umfangreiche Datensätze und lange Zeitreihen der Preise und Mengen aller Inputs, die eine wesentliche Rolle bei der Herstellung von Tafelschokolade spielen, darunter auch die Einkaufspreise, die der Schokoladenhersteller für Weißzucker bezahlt hat. Da solche Datensätze bisher auch nicht annähernd im erforderlichen Umfang zur Verfügung gestanden haben, konnten bisher auch keine definitiven Aussagen getroffen werden.

Interessant in diesem Zusammenhang ist eine vergleichbare Betrachtung der Einzelhandelspreise für Weißzucker, wie sie in Übersicht 3 erfolgt. Denn bei Weißzucker hat es die Zuckerindustrie schließlich selbst in der Hand, ob Zuckerpreisänderungen an den Konsumenten weitergereicht werden oder nicht. In Übersicht 3 zeigt sich für zufällig ausgewählte Einzelhandelsläden auch ein eher uneinheitliches Bild: Es ist bei weitem nicht so, dass alle Einzelhandelspreise gleichgerichtet auf irgendwelche Veränderungen der Rahmenbedingungen reagieren. Stattdessen sehen wir Preisbewegungen, die ohne weitere Informationen nicht nachvollziehbar sind.

Übersicht 3: Wöchentliche Preise für Weiszucker in ausgewählten Einzelhandelsläden in Deutschland (2000-2001 in DM/kg)

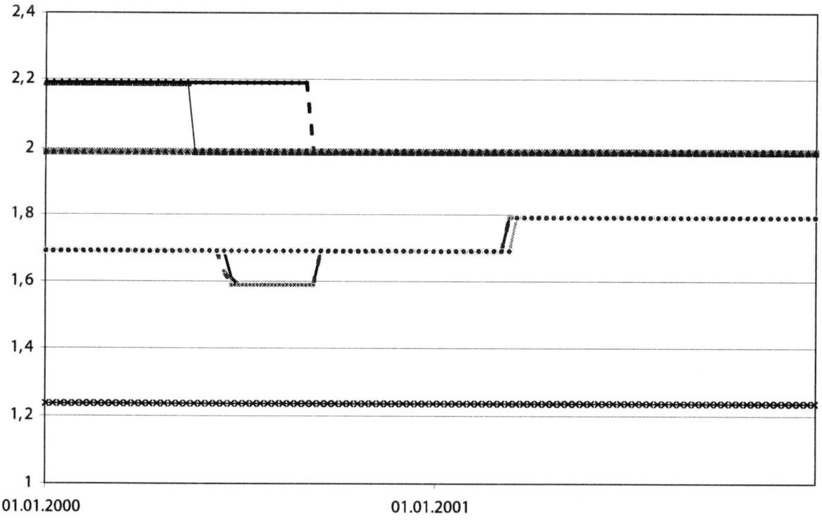

Quelle: ZMP-Panel.

In diesem Zusammenhang wird häufig auf die große Macht der Unternehmen im Lebensmitteleinzelhandel hingewiesen, die enormen Druck auf Lebensmittelhersteller ausüben können. Allerdings ist bekannt, dass der Wettbewerb im Lebensmitteleinzelhandel extrem hart ist und nicht zuletzt über den Preis ausgefochten wird. Daher ist zu erwarten, dass der Preisdruck, der durch den Wettbewerb im Lebensmitteleinzelhandel ausgeübt wird, die Weiterreichung von Kostensenkungen bei Rohprodukten wie beispielsweise Zucker tendenziell begünstigt.

Zusammenfassend kann festgestellt werden, dass die Preisbildung und die vertikale Preistransmission bei (zuckerhaltigen) Lebensmitteln komplex sind, und dass bisher keine überzeugende und aussagekräftige Überprüfung der Preistransmission bei Zucker von wissenschaftlicher Seite erfolgen konnte. Das Haupthindernis, vor dem man in diesem Zusammenhang als Wissenschaftler steht, ist jenes der Datenverfügbarkeit. Es ist bedauerlich, dass Zuckerindustrie und Zuckerverwender sich gegenseitig hohe Konzentration und den Missbrauch von Marktmacht zu Lasten der Konsumenten vorwerfen, bisher aber keine Seite bereit war, die Information zur Verfügung zu stellen, die für eine stichhaltige Klärung der Sachlage notwendig werden. Unumstritten ist auf jeden Fall, dass Zuckerhersteller in der EU in der Vergangenheit einige Male wegen Preisabsprachen rechtskräftig verurteilt wurden.[4] Daher wäre es sicherlich voreilig, die Ursache für eine möglicherweise unvollkommene Preistransmission zwischen Zuckerrübe einerseits und Schokolade bzw. Cola andererseits ausschließlich bei der zuckerverwendenden Industrie zu suchen.

Wenn ich eine Vermutung äußern müsste, dann die, dass es trotz zum Teil hoher Konzentration in der zuckerverwendenden Industrie einen hohen Wettbewerbsdruck in dieser Branche gibt, die nicht zuletzt durch die Macht des Lebensmitteleinzelhandels forciert wird und die dazu führen dürfte, dass Zuckerpreissenkungen unter Berücksichtigung der oben genannten Faktoren wie Menükosten zumindest mittelfristig an Konsumenten weitergereicht werden. Dies ist aber nur eine Vermutung aufgrund von Plausibilitätsüberlegungen. Insgesamt teile ich die Sorge der Zuckerhersteller und Zuckerrüben produzierenden Landwirte, dass Zuckerpreissenkungen als Folge der vorgeschlagenen Reformen nicht notwendigerweise an den Konsumenten weitergereicht werden würden. Daher schlage ich vor und biete ich auch an, dass wir zusammen anhand der detaillierten Daten, die die Zuckerhersteller zur Verfügung stellen könnten, und der empirischen Methoden, die die

Wissenschaft entwickelt hat, diese Frage endlich gründlich und transparent untersuchen.

3. Zu den Arbeitsplätzen, die durch die EU-Zuckermarktordnung in der Landwirtschaft entstanden sind

In der Debatte über das Für und Wider der EU-Zuckermarktordnung wird häufig auf die Arbeitsplätze, die durch diese Marktordnung im Zuckerrübenanbau und in der Zuckerindustrie entstehen, und die durch Reformen gefährdet werden, hingewiesen. Vor dem Hintergrund der gegenwärtig sehr hohen Arbeitslosigkeit in Deutschland ist dies ein schwerwiegendes politisches Argument. Die vorgeschlagene Reform der EU-Zuckermarktordnung würde ohne Zweifel Arbeitsplätzen in Deutschland und anderswo in der EU die subventionierte Grundlage entziehen und somit wirtschaftliche aber auch erhebliche soziale und menschliche Kosten verursachen.

Beim näheren Hinsehen ist allerdings festzustellen, dass die durch die EU-Zuckermarktordnung in der Rübenproduktion und -verarbeitung geschaffenen Arbeitsplätze extrem teuer sind. Eine Schätzung der Kosten pro Arbeitsplatz in der Rübenproduktion in ausgewählten EU-Mitgliedsstaaten und in der EU insgesamt wird für das Jahr 2002 in Übersicht 4 vorgenommen. Hierzu wird zunächst die Anzahl der Zuckerrüben produzierenden Betriebe in Spalte 1 durch den sog. Producer Support Estimate (PSE) für Zucker in der EU in Spalte 2 geteilt. Der PSE ist ein von der OECD entwickelter Indikator des monetären Wertes des jährlichen Bruttotransfers von Konsumenten und Steuerzahlern an den landwirtschaftlichen Produzenten.[5] Das Ergebnis in Spalte 3 zeigt, dass jeder Betrieb in der EU, der Zuckerrüben produziert, im Jahre 2002 Subventionen in Höhe von durchschnittlich 11,2 Tausend EUR erhalten hat. Diese Zahl variiert von Mitgliedsland zu Mitgliedsland in Abhängigkeit von der durchschnittlichen Zuckerproduktion pro Betrieb.

Spalte 4 enthält Angaben über die durchschnittliche Anzahl von Arbeitskräften (AK) pro Betrieb mit Zuckerrüben, was die Berechnung des PSEs pro AK auf diesen Betrieben in Spalte 5 ermöglicht. Für die EU insgesamt ergeben sich beispielsweise aus 11,2 Tausend EUR Subventionen pro Betrieb mit Zuckerrüben, geteilt durch 1,7 AK pro Betrieb mit Zuckerrüben, durchschnittliche Subventionen in Höhe von knapp 6,6 Tausend EUR pro AK.

Nun muss aber der Tatsache Rechnung getragen werden, dass kein Betrieb nur Zuckerrüben produziert und somit die Arbeitskräfte, die in Spalte 4 angegeben sind, nicht ausschließlich dem Zuckerrübenanbau zugerechnet werden können. Spalte 6 in Übersicht 4 gibt an, wie hoch der Flächenanteil von Zuckerrüben auf den Betrieben liegt, die Zuckerrüben produzieren. In der EU insgesamt liegt dieser Flächenanteil beispielsweise bei 11,9 Prozent: mit anderen Worten, landwirtschaftliche Betriebe in der EU, die Zuckerrüben produzieren, tun dies auf durchschnittlich 11,9 Prozent ihrer Fläche. Vereinfachend – aber nicht unrealistisch – kann davon ausgegangen werden, dass die auf diesen Betrieben beschäftigten Arbeitskräfte dementsprechend 11,9 Prozent ihrer Arbeitszeit in den Zuckerrübenanbau einbringen. D. h. die 6,6 Tausend EUR an Subventionen, die für die EU insgesamt in Spalte 5 ausgerechnet wurden, schaffen keinen ganzen Arbeitsplatz sondern eher 11,9 Prozent eines Arbeitsplatzes.

In Spalte 7 werden daher die Ergebnisse aus Spalte 5 entsprechend den Angaben in Spalte 6 auf ganze Arbeitsplätze hochgerechnet. Für die EU insgesamt zahlen Steuerzahler und Konsumenten insgesamt über 55 Tausend EUR pro AK in der Zuckerrübenproduktion. In Deutschland liegen diese Kosten bei fast 65 Tausend EUR pro AK und in Frankreich übersteigen sie sogar 100 Tausend EUR AK, während sie in anderen EU-Mitgliedsstaaten wie Italien und die Niederlande unter dem EU-Durchschnitt liegen. Die Unterschiede zwischen den Mitgliedsländern liegen in unterschiedlichen Betriebsgrößen, Arbeitskraftbesätzen und Rüben-Flächenanteilen begründet. Entscheidend ist aber, dass die Schätzungen in Übersicht 4 insgesamt auf sehr hohe Kosten pro Arbeitsplatz in der Zuckerrübenproduktion hindeuten – Kosten, die wesentlich höher liegen dürften, als die eigentlichen Einkommen der Betroffenen.

Letztlich spiegeln diese hohen Kosten pro Arbeitsplatz die bereits oben erwähnte Tatsache wider, dass die Zuckerproduktion in der EU aus gesamtwirtschaftlicher Sicht Wertvernichtung statt Wertschöpfung darstellt. Um diese Wertvernichtung zu kaschieren und eine betriebswirtschaftliche Rentabilität zu bewirken, müssen erhebliche Ressourcen von Konsumenten und Steuerzahlern in die Zuckerproduktion umgelenkt werden.

Übersicht 4:* *Die Kosten der Arbeitsplätze, die durch die EU-Zuckermarktordnung in der Landwirtschaft geschaffen werden (Schätzungen für das Jahr 2002)

Land	Betriebe mit Zucker	Zucker PSE (Mrd. EUR)	PSE pro Betrieb (EUR)	AK pro Betrieb	PSE pro AK (EUR)	Anteil ZR-fläche (%)	Korrig. PSE pro AK (EUR)
EU-15	233160	2,614	11 211	1,7	6 595	11,9	55 418
Deutschland	48250	0,641	13 285	2,3	5 776	8,9	64 899
Frankreich	31800	0,700	22 013	1,9	11 586	11,5	100 748
Großbritannien	8500	0,225	26 470	2,9	9 128	12,6	72 444
Niederlande	17740	0,163	9 188	1,8	5 104	17,5	29 166
Italien	46430	0,248	5 341	1,3	4 108	19,5	21 067
Schweden	4580	0,063	13 755	1,6	8 597	14,8	58 088

Quelle: OECD (2003); Eurostat (2003); eigene Berechnungen.

In seiner Grundsatzrede zur wirtschaftlichen Lage der Bundesrepublik Deutschland am 15. März diesen Jahres hat Bundespräsident Köhler zwar von einer „Vorfahrtsregel für Arbeit" gesprochen, gleichzeitig aber betont, dass alles getan werden muss, „wettbewerbsfähige Arbeitsplätze" zu sichern und zu schaffen. Die Schätzungen in Übersicht 4 deuten darauf hin, dass die Mehrzahl der durch die EU-Zuckermarktordnung in der Zuckerrübenproduktion geschaffenen Arbeitsplätze nicht wettbewerbsfähig ist.

4. Zusammenfassung und Schlussfolgerungen

In meinen Ausführungen oben habe ich versucht, folgende Punkte und Argumente zu belegen:

- Der Gesamtwert der von der EU-Kommission vorgeschlagenen Zuckerpreissenkungen aus Sicht der Konsumenten beträgt ca. 3,3 Mrd. EUR.
- Das „Kleinrechnen" dieser Summe auf wenige EUR pro Konsument klingt

zunächst plausibel und überzeugend, ist aber wirtschaftspolitisch unvernünftig.

- Die Frage, ob die vorgeschlagenen Zuckerpreissenkungen tatsächlich an den Konsumenten weitergereicht werden würden, ist komplex und konnte bisher aufgrund einer unzureichenden Datenbasis nicht eindeutig beantwortet werden. Hier existiert nach wie vor ein erheblicher Forschungsbedarf.
- Die EU-Zuckermarktordnung hat Arbeitsplätze geschaffen, die durch die vorgeschlagene Reform gefährdet wären. Am Beispiel der Zuckerrübenproduktion kann aber gezeigt werden, dass diese Arbeitplätze sehr teuer und nicht wettbewerbsfähig sind.

Zum Schluss möchte ich ein Zitat wiedergeben, das ich in einer von meinem Ur-Urgroßvater im Jahre 1878 geschriebenen Monographie über die Zuckerpolitik neulich gefunden habe:

„Wenn aber die Gesetzgeber ... schon damals hätten voraussehen können, welche Bedeutung, sowohl in finanzieller als in handelspolitischer Beziehung, die Frage der richtigen Zuckerbesteuerung im Laufe des Jahrhunderts noch gewinnen würde, so würden sie ... wahrscheinlich nicht gezögert haben, gleich von Anfang an ein System der Besteuerung einzuführen, welches die Industrie ... freilich etwas hart getroffen, dafür aber alle jene Mängel von vornherein unmöglich gemacht hätte, welche den verschiedenen bestehenden Systemen der Besteuerung zum Schaden des Staates, wie des Konsumenten anhaften." (R. von Kaufmann, 1878, S. 78-79).

Dieses Zitat macht deutlich, dass viele Probleme, die heute im Zusammenhang mit der EU-Zuckermarktordnung diskutiert werden, seit über einem Jahrhundert auf eine Lösung warten. Die von der EU-Kommission vorgeschlagene Reform der Zuckermarktordung kann zumindest als Teil einer solchen Lösung gesehen werden: sie würde erhebliche Vorteile für Konsumenten und Steuerzahler mit sich bringen und stellt insgesamt einen substanziellen Schritt in die aus gesamtwirtschaftlicher Sicht richtige Richtung dar.

Anmerkungen

1 Prof. Dr. Stephan von Cramon-Taubadel, Institut für Agrarökonomie der Georg-August-Universität Göttingen; scramon@gwdg.de.

2 Aus der Sicht Niedersachsens und anderer Regionen in der EU, die durch eine hohe pro Kopf Zuckerproduktion gekennzeichnet sind, ist die EU-Zuckermarktordnung nicht nur betriebswirtschaftlich sondern auch gesamtwirtschaftlich rentabel, da sie hohe Netto-Transfers zugunsten dieser Regionen verursacht. Daher ist es durchaus verständlich, dass Vertreter Niedersachsens für den Erhalt der EU-Zuckermarktordnung und gegen eine Reform plädieren. Für die EU, die durch die Zuckermarktordnung insgesamt ärmer wird, gilt dies allerdings nicht.

3 Ich bedanke mich bei Prof. Dr. J.-P. Loy der Christian-Albrechts-Universität zu Kiel, der die Daten in Übersicht 2 und Übersicht 3 freundlicherweise zur Verfügung gestellt hat.

4 Siehe z.B. Swedish Competition Authority (2002, S. 76).

5 In Übersicht 4 wurde der von der OECD veröffentlichte PSE-Wert für die EU insgesamt auf die einzelnen Mitgliedsländer in Abhängigkeit von ihren jeweiligen Anteilen an der EU-Zuckerrübenproduktion verteilt. Produktionsabgaben werden bei der Berechnung des PSE berücksichtigt; d.h. wurden bereits bei der Berechung der 2,6 Mrd. EUR in Übersicht 4 abgezogen.

Literatur

Eurostat (2003): Ad hoc information from the 2000 Farm Structural Survey. Luxembourg.

Kaufmann, R. von (1878): Die Zucker-Industrie in ihrer wirtschaftlichen und steuerfiskalischen Bedeutung für die Staaten Europas. Ein Beitrag zum Verständnis der Zucker-Zoll und Steuer-Frage. Verlag I. Guttentag (D. Collin). Berlin.

OECD (Organisation for Economic Co-Operation and Development) (2003): Agricultural Policies in OECD Countries – Monitoring and Evaluation. Paris.

Swedish Competition Authority (2002): Sweet Fifteen: The Competition on the EU Sugar Markets. Swedish Competition Authority Report 2002:7. Stockholm.

Heinrich-Hubertus Helmke

Reform der Zuckermarktordnung

Auswirkungen und Positionen aus Sicht der Rübenanbauer

Seit die EU-Kommission am 14.07.2004 ihre Vorschläge zur Reform der Zuckermarktordnung vorgelegt hat, wird die Zukunft des heimischen Rübenanbaus intensiv diskutiert. Der Dachverband Norddeutscher Zuckerrübenanbauer e.V. (DNZ) fordert eine behutsame Vorgehensweise der verantwortlichen Politiker bei der angestrebten Reform der EU-Zuckermarktordnung. Im Falle einer Umsetzung des bisher von der EU-Kommission vorgeschlagenen Reformpapiers wären drastische Einkommensrückgänge für die Zuckerrüben anbauenden Landwirte sowie die Beschäftigten in der Zuckerindustrie und den verbundenen Wirtschaftsbereichen zu erwarten.

Das Verbandsgebiet des DNZ

Die zentrale Aufgabe des Dachverbandes Norddeutscher Zuckerrübenanbauer e.V. ist die nachhaltige Sicherung des Zuckerrübenanbaus als maßgebliche Einkommensquelle für die rübenanbauenden Landwirte im Verbandsgebiet Norddeutschland. Dabei übernimmt der DNZ die agrarpolitische Interessenvertretung der Zuckerrübenanbauer sowie die Vertretung der Zuckerrübenanbauer gegenüber der Zuckerindustrie. Das Verbandsgebiet des DNZ umfasst die Bundesländer Niedersachsen, Schleswig-Holstein, Mecklenburg-Vorpommern und den nördlichen Teil von Sachsen-Anhalt (Abbildung 1). Der Zuckerrübenanbau in dem benannten Gebiet findet derzeit in rund 11.500 landwirtschaftlichen Betrieben auf knapp 170.000 ha Zuckerrübenanbaufläche statt. Durchschnittlich werden 15 ha Zuckerrüben je Betrieb angebaut. Im DNZ sind neun regionale Zuckerrübenanbauerverbände zusammengeschlossen, die die Interessen der Zuckerrübenanbauer in den verschiedenen Anbauregionen vertreten.

Abb. 1: Verbandsgebiet des DNZ

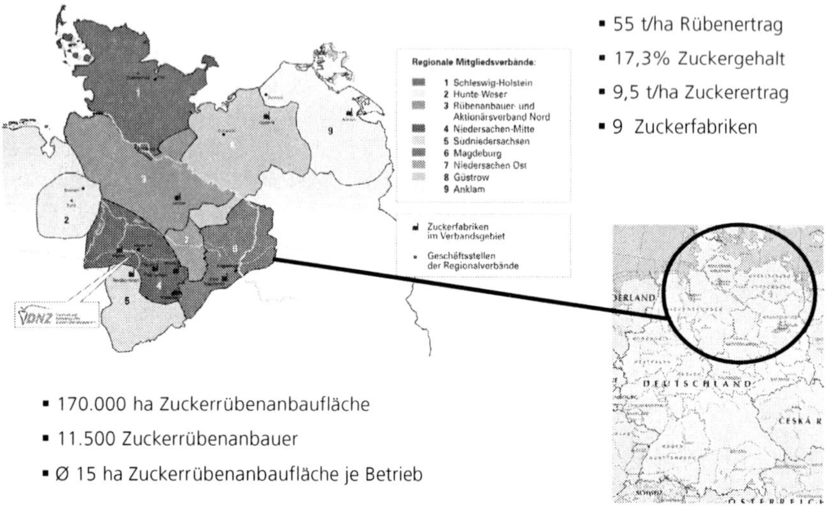

- 55 t/ha Rübenertrag
- 17,3% Zuckergehalt
- 9,5 t/ha Zuckerertrag
- 9 Zuckerfabriken

- 170.000 ha Zuckerrübenanbaufläche
- 11.500 Zuckerrübenanbauer
- Ø 15 ha Zuckerrübenanbaufläche je Betrieb

Im Durchschnitt der letzten drei Jahre lag der Rübenertrag in Norddeutschland bei 55 t/ha bei einem Zuckergehalt von 17,3 Prozent. Daraus ergibt sich ein Zuckerertrag von 9,5 t/ha. Größtes Zuckerunternehmen im Verbandsgebiet ist die Nordzucker AG mit Sitz in Braunschweig und Zuckerfabriken in Clauen, Groß-Munzel, Güstrow, Klein-Wanzleben, Nordstemmen, Schladen, Uelzen und Wierthe. Eine weitere Zuckerfabrik befindet sich in Anklam, die zum dänischen Nahrungsmittelkonzern Danisco gehört.

Der Zuckerrübenanbau in Norddeutschland

In Norddeutschland erfolgt der Rübenanbau überwiegend in bäuerlichen Familienbetrieben (insbesondere in den alten Bundesländern). Seit ungefähr 150 Jahren werden in dieser Region Zuckerrüben angebaut. Der Schwerpunkt des Zuckerrübenanbaus in Norddeutschland liegt in den fruchtbaren Börde-Regionen zwischen Weser und Elbe südlich des Mittellandkanals und der Autobahn 2 zwischen Hannover und Magdeburg. Die Betriebe in dieser Region haben sich seit Jahrzehnten auf den

Ackerbau spezialisiert, sodass die Viehhaltung dort nur noch eine untergeordnete Rolle spielt. Entsprechend hoch ist die Abhängigkeit der Betriebseinkommen von der Wirtschaftlichkeit der Zuckerrübenproduktion. Bis zu 50 Prozent des Betriebseinkommens werden aus dem Rübenanbau erwirtschaftet. Die Zuckerrübe ist damit zentrales Standbein für zahlreiche landwirtschaftliche Betriebe. Zuckerrüben werden in der Regel im Wechsel mit Getreide innerhalb einer drei- bis fünfjährigen Fruchtfolge angebaut. Neben der Bedeutung als wesentliche Einkommensquelle für die meisten Ackerbaubetriebe hat die Rübe vielfältige ökologische Vorteile zur Auflockerung einseitiger Getreidefruchtfolgen sowie zum Erhalt der Bodenfruchtbarkeit aufgrund der hervorragenden Durchwurzelung des Bodens.

Die norddeutschen Zuckerfabriken wurden zum größten Teil in der zweiten Hälfte des 19. Jahrhunderts fast ausschließlich von Landwirten gegründet und seither als bäuerliche Unternehmen geführt. Die Nordzucker AG ist heute eine Gesellschaft, deren Aktienkapital ausschließlich von den Zuckerrüben anbauenden Betrieben und ehemaligen Landwirten als Verpächtern von Ackerflächen gehalten wird.

Die heimischen Landwirte erzielen ein Umsatzvolumen von über 500 Mio. EUR. Dieses Geld verbleibt nahezu ausnahmslos in der Region und ist Garant für viele Tausend Arbeitsplätze im ländlichen Raum. In den Werken der norddeutschen Zuckerindustrie sind derzeit etwa 2000 Mitarbeiter beschäftigt. Die Zuckerfabriken befinden sich ausnahmslos in ländlichen Gebieten und beschäftigen neben der eigenen Belegschaft eine Vielzahl von Zuliefer- und Dienstleistungsbetrieben, die zum großen Teil ebenfalls in der Region angesiedelt sind. In Norddeutschland befinden sich darüber hinaus drei bedeutende Unternehmen der Saatgutbranche, die im Bereich der Züchtung und Produktion von Zuckerrübensaatgut tätigt sind. Ferner sind Firmen in den Bereichen Maschinen- und Anlagenbau, Tansport und Logistik sowie Forschungseinrichtungen ansässig, die eng mit Zuckerindustrie und Landwirtschaft verbunden sind. Neben der herausragenden Bedeutung der Zuckerwirtschaft für die Einkommen der landwirtschaftlichen Betriebe sichert die Branche zahlreiche Arbeitsplätze und stellt darüber hinaus eine bedeutende Steuerquelle für die öffentliche Hand, insbesondere in ländlichen Regionen dar.

Dank der Zuckermarktordnung können Rübenanbauer und Zuckerindustrie mit hervorragenden Umwelt- und Sozialstandards arbeiten, die weltweit einzigartig sind:

- Die Zuckerrübe ist ein umweltfreundlicher Energielieferant;

- Ständige Zunahme von bodenschonenden Bewirtschaftungsverfahren (Mulchsaat) innerhalb der vergangenen 20 Jahre;
- Pflanzenschutz erfolgt nach strengsten Richtlinien und weltweit höchsten Standards;
- Reduzierung der Stickstoffdüngung von 1980 bis heute um mehr als 50 Prozent;
- Nahezu 100 Prozent der Zuckerrüben werden auf dem Acker vorgereinigt;
- Sämtliche produktionstechnische Maßnahmen werden dokumentiert;
- Qualität der Produkte aus Zuckerrüben liegt auf höchstem Niveau;
- Zucker und Futtermittel haben höchste Produktsicherheit;
- Der Rübenanbau trägt zur sichtbaren Artenvielfalt der Äcker bei und ist Bestandteil vielfältiger Fruchtfolgen.

Auswirkungen der Reformvorschläge

Bedingt durch die Reformvorschläge der EU-Kommission vom 14.07.2004 drohen den landwirtschaftlichen Betrieben in Norddeutschland drastische Einkommenseinbußen. Das Betriebswirtschaftliche Büro in Göttingen hat zur Folgenabschätzung der von der EU-Kommission am 14.07.2004 vorgelegten Reformvorschläge eine Studie veröffentlicht, die folgende Kernfrage beantwortet hat: „Wie verändert sich das verfügbare Einkommen von typischen Rübenanbaubetrieben in Norddeutschland durch die Reformvorschläge der EU-Kommission vom 14.07.2004?".

In dieser Studie wurden Beispielsbetriebe in den Regionen Südhannover, Magdeburger Börde und Mecklenburg-Vorpommern untersucht. Es handelt sich dabei um Durchschnittsbetriebe des Beratungsklientels dieses Beratungsbüros. Die Naturaldaten (Erträge) sind fünfjährige Durchschnitte. Die Beispielsbetriebe sind nicht repräsentativ im statistischen Sinn für die Region. Es handelt sich vielmehr um Betriebe überdurchschnittlicher Größe und mit überdurchschnittlichem Management. Im Simulationszeitraum bleibt das Preis- und Mengengerüst unverändert; Inflation und Anpassungsreaktionen der Betriebe werden bewusst ausgeklammert, um nicht in die Zukunft zu spekulieren. Somit wurde lediglich die Wirkung der veränderten politischen Rahmenbedingungen abgebildet.

Als zentrale Kennzahl wurde dabei das verfügbare Einkommen zugrunde gelegt, welches sich aus dem Gewinn abzüglich Einkommenssteuer errechnet. Es steht für den Lebensunterhalt der Landwirtsfamilie, Leistungen an Altenteiler, für die Verzinsung des eingesetzten Kapitals sowie zur Weiterentwicklung des landwirtschaftlichen Betriebes zur Verfügung und bildet damit eine entscheidende Kenngröße für die wirtschaftliche Leistungskraft eines Betriebes.

Abbildung 2 zeigt einen typischen rübenanbauenden Betrieb im südlichen Niedersachsen mit 100 ha Betriebsfläche und einem Zuckerrübenanteil in der Fruchtfolge von 25 Prozent. 50 Prozent der Betriebsflächen sind zugepachtet. Die Flächen haben durchschnittlich 78 Bodenpunkte. Der Pachtpreis liegt bei sechs EUR je Bodenpunkt und Hektar. Im Jahr 2005 verfügt dieser Betrieb über 347 EUR/ha Einkommen (d.h. insgesamt ca. 35.000 EUR). Im Zuge der von der EU-Kommission vorgeschlagenen Preiskürzungen in Höhe von 37 Prozent und der Quotenkürzungen um 16 Prozent bis zum Jahr 2009 würde sich bei diesem Betrieb das Einkommen um 56 Prozent – inklusive der vorgesehenen Ausgleichszahlungen (60 Prozent der Preissenkung) – auf dann nur noch 153 EUR/ha reduzieren. Das würde für den Beispielsbetrieb eine Verminderung des verfügbaren Einkommens von ca. 20.000 EUR pro Jahr innerhalb eines Zeitraums von nur vier Jahren bedeuten.

Abb. 2: Einkommensveränderung im 100 ha Betrieb

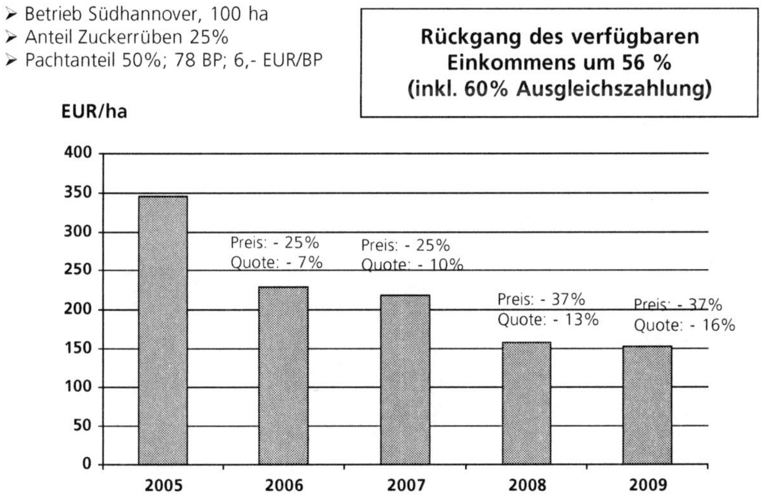

Quelle: Betriebswirtschaftliches Büro, Göttingen 2004

Abbildung 3 zeigt einen 300 ha großen Ackerbaubetrieb, der im südlichen Niedersachsen zu den groß-strukturierten Betrieben gehört. Auch hier wurden 25 Prozent Zuckerrübenanteil in der Fruchtfolge unterstellt sowie 25 Prozent zugepachtete Flächen. Wie beim vorhergehenden Beispielsbetrieb sind die Flächen mit 78 Bodenpunkten bewertet, der zugrunde liegende Pachtpreis beträgt 6 EUR je Bodenpunkt. Aktuell erwirtschaftet dieser Betrieb ein verfügbares Einkommen von 367 EUR/ha. In der vorgesehenen Endstufe der Zuckermarkt-Reform sinkt das verfügbare Einkommen für den Beispielsbetrieb auf 252 EUR/ha. Dies bedeutet einen Einkommensrückgang um 31 Prozent oder 27.000 EUR jährlich.

Die beiden Beispielsbetriebe verdeutlichen die dramatischen Einkommensrückgänge sowohl für die landwirtschaftlichen Betriebe im norddeutschen Raum als auch damit verbunden der Verlust an Wertschöpfung für den gesamten ländlichen Raum. Der klassische norddeutsche Familienbetrieb müsste aufgrund der zuvor genannten Tatsachen relativ kurzfristig aufgeben bzw. mindestens auf das Dreifache wachsen um zukünftig noch überleben zu können.

Abb. 3: Einkommensveränderung im 300 ha Betrieb

- Betrieb Südhannover, 300 ha
- Anteil Zuckerrüben 25%
- Pachtanteil 25%; 78 BP; 6,- EUR/BP

Rückgang des verfügbaren Einkommens um 31 % (inkl. 60% Ausgleichszahlung)

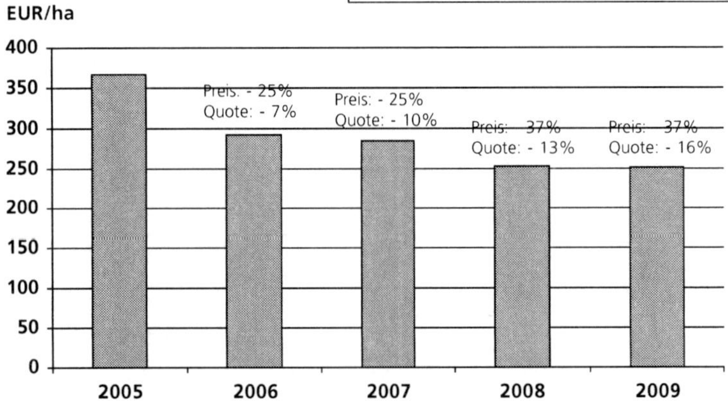

Quelle: Betriebswirtschaftliches Büro, Göttingen 2004

Positionen der norddeutschen Rübenanbauer

Die norddeutschen Rübenanbauer lehnen Reformen nicht grundsätzlich ab. Diese müssen aber aufgrund des gebotenen Vertrauensschutzes gegenüber allen Beteiligten behutsam erfolgen und mit einem ausreichenden Planungshorizont ausgestattet werden. Aufgrund der bereits beschlossenen Reform der EU-Agrarpolitik sollte auch für die Zuckerreform der Zeitraum bis 2013 gewählt werden. Um den europäischen Zuckermarkt vor unkontrollierbaren Zuckereinfuhren aus Übersee zu schützen müssen allen Marktteilnehmern (AKP, LDC, Balkan) Mengenbegrenzungen zugewiesen werden. Weiterhin muss der Export von erntebedingten Schwankungen der erzeugten Zuckermengen weiterhin möglich sein. Zuckerindustrie und Politik sind ebenfalls gefordert, für den Fall eines C-Zuckerexportverbots (bedingt durch den Verlust des WTO-Panels), alternative Verwertungsmöglichkeiten (z. B. Bioethanol) aus Zuckerrüben zu schaffen. Preissenkungen und Quotenkürzungen dürfen ausschließlich auf Grundlage eines neuen Welthandelsabkommens erfolgen und nicht als einseitiger Vorgriff der Europäer der weit über das notwendige Maß hinausgeht. Im Falle von unvermeidbaren Preissenkungen müssen die Ausgleichszahlungen vollständig entkoppelt als betriebsindividuelle Prämie den rübenanbauenden Betrieben zugeteilt werden. Als Bezugsbasis soll der betriebsindividuelle Anteil jeden Rübenanbauers an der Zuckerquote seiner Zuckerfabrikgesellschaft zum Zeitpunkt des Reformbeginns zugrunde gelegt werden. Entsprechend dem Vorschlag des Wirtschafts- und Sozialausschusses im Europäischen Parlament unterstützen die norddeutschen Rübenanbauer ein Restrukturierungsprogramm zum Aufkauf von Zuckerquoten aus wettbewerbsschwachen Regionen innerhalb der Europäischen Union.

Zusammenfassung

Nur durch eine Weiterentwicklung der seit 40 Jahren zur Zufriedenheit aller Beteiligten gut funktionierenden EU-Zuckermarktordnung „mit Augenmaß" kann verhindert werden, dass im ländlichen Raum in weiten Teilen Norddeutschlands innerhalb von wenigen Jahren eine entscheidende finanzielle Säule wegbricht. Die Rübenanbauer haben in der Vergangenheit bewiesen, dass sie Herausforderungen annehmen und sich notwendigen Anpassungen nicht verschließen. Zuckerrübenanbau in Norddeutschland sollte daher auch zukünftig zu Bedingungen erfolgen, die allen Beteiligten der Wertschöpfungskette Zucker, eine nachhaltige Zukunftsperspektive bietet.

Dietrich Oetzel

Reform der Zuckermarktordnung

Die Perspektive der zuckerverarbeitenden Wirtschaft

Das InfoZentrum Zuckerverwender (IZZ) ist ein Zusammenschluss der Hersteller alkoholfreier Getränke, der Süßwarenindustrie, der obst-, gemüse- und kartoffelverarbeitenden Industrie sowie der Großbäckereien in Deutschland.

Die zuckerverarbeitende Wirtschaft in Deutschland bietet rund 250.000 Menschen Beschäftigung und erwirtschafteten im Jahr 2003 mit gut 40 Milliarden Euro etwa zwei Prozent des deutschen Bruttosozialproduktes. Diese Branchen verarbeiten etwa 80 Prozent des in Deutschland konsumierten Zuckers. In der deutschen Zuckerverarbeitungswirtschaft arbeiten rund 40mal mehr Menschen als in der Zuckerindustrie.

Zuckererzeugung D:	rund 4 Mio. t
Zuckerkonsum D:	rund 3 Mio. t
verarbeiteter Zucker D:	rund 2,4 Mio. t
davon entfallen auf Süßwarenindustrie:	rund 0,8 Mio t (33,5 %)

Zucker ist für unsere Unternehmen einer der wichtigsten Rohstoffe. Aus diesem Grund brauchen wir vor Ort gesunde und leistungsfähige Lieferanten. Wir als Verarbeitungsindustrien stehen mit unseren Produkten im globalen Wettbewerb. Auf Rohstoffseite hingegen sind wir seit Jahrzehnten mit einer planwirtschaftlichen Marktordnung und einem eklatanter Mangel an Wettbewerb konfrontiert.

Seit nunmehr 37 Jahren ist die verfehlte Zuckerpolitik der Europäischen Union die Ursache für:

- die Bildung regionaler Monopole,
- einen drastisch überhöhten Zuckerpreis, der Europäische Verbraucher pro Jahr rund 6,5 Milliarden Euro kostet,

- die Behinderung und Verzerrung des Welthandels,
- jahrzehntelangen Innovationsstillstand und mangelnde Weiterentwicklung,
- im Bereich der natürlichen Süßungsmittel.

Die jetzige Zuckermarktordnung stellt unsere Unternehmen vor erhebliche Probleme. Überhöhte Rohstoffkosten von Zucker sind vor allem für exportorientierte Unternehmen ein echter Standortnachteil. Unsere Produkte stehen national in Konkurrenz zu Erzeugnissen mit geringem Zuckeranteil und international in Wettbewerb zu allen exportfähigen Lebensmitteln und vor allem zu denen, die Zucker preiswert auf dem Weltmarkt einkaufen können.

In den letzten 37 Jahren haben sich nicht nur die Anforderungen an unsere Unternehmen, sondern auch an die Agrarwirtschaft geändert. Allein die Zuckermarktordnung ist noch unreformiert und stellt mehr denn je einen Fremdkörper in einem modernen Wirtschaftsgefüge dar. Dies gilt insbesondere vor dem Hintergrund, dass die Zuckermarktordnung als einzige Marktordnung nicht nur die landwirtschaftliche Produktion sondern auch die nach gelagerte Zuckerindustrie in ihren Schutz einbezieht. Diese Probleme haben auch die EU-Kommission und die deutsche Bundesregierung erkannt.

Das IZZ begrüßt deshalb das von der EU-Kommission vorgelegte Eckpunktepapier als wichtigen Schritt in die richtige Richtung. Allerdings müssen weitere Reformschritte zügig folgen, um Wettbewerb im Zuckersektor einzuführen und internationale Verpflichtungen erfüllen zu können. Diese Ziele werden mit dem Eckpunktepapier der Kommission nämlich nur teilweise erreicht.

Insbesondere ist die geplante Aufrechterhaltung des Quotensystems problematisch, weil es dabei bei den starren Marktstrukturen und einer deutlichen Überproduktion bleibt. Um die Zuckerproduktion auch langfristig an den am besten geeigneten Standorten der EU wettbewerbsfähig zu erhalten, muss das rigide Quotensystem mittelfristig auslaufen.

Eine Reform der EU-Zuckermarktordnung ist vor allem in Hinblick auf WTO-Verpflichtungen unerlässlich geworden, denn die WTO fordert ebenso wie die Weltbank eine Abkehr von Agrarprotektionismus durch Zollsenkungen und besseren Marktzugang für Erzeugnisse aus Entwicklungsländern. Der Reformdruck erhöht sich noch durch ein von Brasilien, Thailand und Australien angestrengten WTO-Panels gegen die Zuckermarktordnung, das die Europäische Union in allen Punkten verloren hat. Experten erwarten auch in dem nun laufenden Berufungsverfahren keinen anderen Ausgang. Allein deshalb drängt die Zeit. Die EU-Zuckermarktordnung läuft 2006 aus. Um allen Marktteilnehmern Planungssicherheit zu gewähren, muss sich die Europäische Kommission schnellstmöglich durch Vorlage eines Legislativ-Vorschlags auf konkrete Maßnahmen festlegen. Der Ausgang des Panelverfahrens wird zeigen, ob darüber hinaus weitere Reformschritte notwendig sein werden, damit die Europäische Union ihre internationalen Verpflichtungen einhalten kann.

Deutschland würde bei Umsetzung der von der EU-Kommission vorgeschlagenen Maßnahmen zu den Profiteuren einer reformierten Zuckermarktordnung gehören. Neben Frankreich verfügt Deutschland über die besten Böden für den Rübenanbau, die deutsche Zuckerwirtschaft arbeitet hochprofitabel. Durch die geplante grenzüberschreitende Handelbarkeit der Quote könnten Produktionsrechte aus anderen Staaten hinzugekauft werden. Dies ist vor allem für die deutsche Zuckerwirtschaft interessant, da hier der C-Zucker-Anteil sehr hoch ist. Durch die geplanten Ausgleichszahlungen in Höhe von maximal 60 Prozent der Einkommensverluste, die Möglichkeit zum Anbau alternativer Kulturen und mit Zahlung der seit 2005 auch für Rübenflächen gezahlten Flächenprämie würden die Reformmaßnahmen für die Rübenbauern weitgehend einkommensneutral bleiben.

Die zuckerverarbeitende Wirtschaft wünscht sich auch in Zukunft wettbewerbsfähige Lieferanten vor Ort. Zentrales Ziel aller Reformbemühungen im Zuckersektor muss deshalb die Schaffung von Wettbewerb auch in diesem Agrarmarkt sein.

Ein weiteres Festhalten an der überholten Zuckermarktordnung wäre fatal: die weitere Benachteiligung der zuckerverarbeitenden Lebensmittelwirtschaft würde zum Verlust von mehr Arbeitsplätzen in Deutschland führen als in der gesamten Zuckerindustrie beschäftigt sind. Dies gilt in besonderem Maße für unsere exportorientierten Unternehmen. Der überhöhte Zuckerpreis und sinkende Exporterstattungen behindern die Exporte unserer Unternehmen und erzeugen Druck zur Verlagerung von Standorten in Länder außerhalb der EU. Zahlreiche unserer Unternehmen würden in den Bankrott getrieben, denn ohne die Erwirtschaftung von Exporterlösen kann die notwendige Auslastung in vielen Unternehmen nicht mehr erreicht werden. Mühsam aufgebaute Exportmärkte würden hierdurch zerstört. In Deutschland gäbe es bei einer Reform der EU-Zuckermarktordnung nur Gewinner:

- Rübenanbauer (vor allem in Nähe der Zuckerfabriken) und die Zuckerindustrie könnten durch Quotenhandel ihre lukrative Produktion ausbauen
- die zuckerverarbeitende Industrie bleibe wettbewerbsfähig und könnte ihre Arbeitsplätze in Deutschland sichern
- die europäische Union könnte ihre internationalen Verpflichtungen erfüllen und politischen Schaden abwenden
- Verbraucher würden entlastet
- wirtschaftliche Ineffizienzen würden beseitigt, der Zuckermarkt fit für die Zukunft gemacht.

Die Reform der EU-Zuckermarktordnung muss deshalb schnell und aktiv weiter vorangetrieben werden. Nicht länger dürfen Dinge verteidigt werden, die sich nicht länger verteidigen lassen.

Rudolf Buntzel-Cano

Die Zuckermarktordnungsreform in der EU

Auswirkungen auf die Entwicklungsländer in der südlichen Hemisphäre

1. Entwicklungspolitik: Eine Zumutung in der Reformdebatte?

Dass in die Debatte um die Reform der europäischen Zuckermarktordnung nun auch noch die Entwicklungsländerfragen einbezogen werden, ist nicht eine zusätzliche Dimension oder etwa eine Zumutung für die europäische Zuckerwirtschaft, sondern diese Frage geht an den Kern der ganzen Zuckerfrage.

Bevor Andreas Sigismund Marggraf 1747 in Berlin das Verfahren erkundete, wie man aus Rübensaft Zucker herstellen konnte, gab es in Europa nur Rohrzucker aus den Kolonien, importiert durch England. Der Kontinent war inzwischen voll auf den Geschmack gekommen und abhängig von Lieferungen aus den Tropen. Die Wende kam 1806 mit der Errichtung der Kontinentalsperre durch Napoleon. Europa konnte keinen Kolonialzucker mehr empfangen. Der Kontinent war darauf angewiesen, seinen eigenen Zucker herzustellen. Die Rübe war gegenüber dem Rohr keineswegs konkurrenzfähig. Die Zuckerausbeutung war gering, und die Rüben hatten niedrige Erträge. Doch eine massive Förderung sowohl des Anbaus durch hohe garantierte Preise für Zucker als auch durch die ersten großen Investitionen in eine lebensmitteltechnologische und züchterische Forschung wurde die Zuckerrübe mühselig aufgepäppelt. Es war ein Riesengeschäft für die preußischen Junker auf den großen Gütern in Mecklenburg, Sachsen Anhalt, Niederschlesien oder Braunschweig. Trotz 200 jähriger Bemühungen ist auch heute noch das Rohr der Rübe weit überlegen. Deshalb kann die Zuckerproduktion aus der Rübe nur mit Hilfe eines großen Schutz- und Unterstützungsmechanismus weltweit bestehen. Eigentlich ist es der Natur gegen den Strich gekämmt, dass das tropische Produkt „Zucker" überhaupt in unseren Breiten erzeugt wird; einen solchen Versuch hat man bei Bananen oder Ananas zum Glück nicht gewagt.

2. Weltgeschichtliche Dimension

Der Wettkampf Rübe mit Rohr kennzeichnet die Weltagrargeschichte. Der Zucker aus dem Rohr ist das Weltagrarhandelsprodukt an sich. Mit ihm begann der Weltagrarhandel im 17. Jahrhundert. Ganze Landstriche und Kontinente wechselten ihren Charakter und wurden nicht nur freiwillig in den Weltmarkt integriert. Zuckeranbau ist verbunden mit internationaler Migration, Zwangs- und Sklavenarbeit und die Entstehung der ersten Multinationalen Konzerne. England war das Kernland dieses Welthandels und der Rohrverarbeitung. Mit dem Dreiecksgeschäft englische Waffen gegen afrikanische Sklaven gegen lateinamerikanisches Zuckerrohr wurden über 2 Jahrhundert riesige Gewinne gemacht, die die Grundlage für die industrielle Revolution in England legten.

Die kontinentaleuropäische Zuckerrübe stand dazu im Gegensatz. Sie war die Kulturpflanze des Agrarprotektionismus der preußischen Junker und französischen Großbauern, die einem offenen Welthandel genauso feindselig gegenüberstanden, wie der industriellen Revolution. Sie warben für die Erhaltung ihrer Privilegien mit dem Argument, dass der Welthandelszucker aus den Kolonien das Sklaventum stützt. Dazu folgendes Zitat aus dem Jahre 1843:

„Europäischer Zucker wird nicht von Sklaven gemacht. Eine Familie, die fünf Pfund Zucker pro Woche verbraucht kann 21 Monate lang die Versklavung und Ermordung einer Mitkreatur verhindern. In 19 einhalb Jahren können acht solcher Familien die Versklavung und Ermordung von 100 verhindern!!" zitiert bei Henry Hobhouse, Fünf Pflanzen verändern die Welt, Stuttgart 1988, S. 68

Wie sehr ähnelt dieses Zitat der heutigen Argumentation der Zuckerlobby, wenn sie gegen eine Liberalisierung der ZMO angeht mit dem Hinweis, dass der Rohrzucker aus den Entwicklungsländern nur durch Ausbeutung der Arbeitskräfte und der Natur so billig sein kann. Bevor Brasilien keine Sozialstandards einführt, die mit unseren gleichwertig sind, sollte internationaler Handel unterbleiben. Dazu z. B. das folgende Zitat:

„Die Gewinner bei den EU-Reformvorschlägen sind einige millionenschwere Großgrundbesitzer in Südamerika. Auf einem liberalisierten Zuckermarkt haben die Zuckerrübenanbauer bei den hierzulande geltenden sozialen und ökologischen Rahmenbedingungen keine Chance. Der einheimische Zucker wird durch Billigzucker aus Brasilien verdrängt. Rohrzucker aus Lateinamerika wird unter untragbaren sozialen Arbeits- und Umweltbedingungen produziert." Gerd Hockenberger, Präsident des Landesbauernverbands Württemberg-Nordbaden, 4.10.04 (Agrar Europ)

Auch heute noch wird der meiste Zucker aus Rohr hergestellt und ist ein tropisches Produkt. Brasilien, Indien, China und Thailand sind die größten Produzenten. Indien verbraucht seinen Zucker vollständig selbst, während Brasilien der weltgrößte und offensivste Exporteur vor der EU ist.

3. Handelspräferenzen

Die Entwicklungsländer treten aber nicht nur als Konkurrenten in unsere Debatte ein, sondern auch als Partner der europäischen Entwicklungszusammenarbeit. Die EU hat folgende Handelspräferenzen im Zuckerbereich eingeräumt, die es zu berücksichtigen gibt:

- Zuckerprotokoll AKP (1,3 Mio. t)
- Spezielle Zuckerpräferenzen: 324.000 t bis 2006 nur für AKP und Indien (werden durch EBA abgelöst)
- Importkontingent für Kuba und Brasilien: 85.000 t zu 98 $/t Wertzoll
- Freier Import Balkanländer: quotenfrei
- EBA: bis 2009 zunehmende Quotenerweiterung von 74.000 auf 197.000 t; max. 15 Prozent Zuwachs pro Land; ab 2009: zoll- und quotenfreier Zugang für alle LDC

Eine große Rolle bei der Debatte spielen die internationalen Verpflichtungen, die die EU hat gegenüber einer Gruppe von Entwicklungsländern, die sog. AKP-Länder (Afrika, Karibik, Pazifik). Ihnen muss die EU eine garantierte Menge Zucker abkaufen zu dem gleichen Preis, den auch die Zuckerrübenproduzenten in der EU erhalten. Diese Handelspräferenzen gehen auf den Beitritt Englands zurück. Die 1,6 Mio. t Zucker, die wir von den AKP-Staaten beziehen, stellen den früheren englischen Markt dar. Ähnlich verhält es sich mit Abnehmerverpflichtungen in der Höhe von 80.000 t gegenüber Brasilien und Kuba, die ein Erbe von Finnland sind. Die europäische Zuckerwirtschaft hat es bei der EU-Erweiterung erreicht, dass gleichzeitig um die Mengen dieser Märkte die europäischen Zuckerrübenquoten erhöht wurden, so dass der Quotenimportzucker aus den AK-Ländern zu Überschuss auf dem EU-Markt wurde und eine entsprechende Menge gleich wieder mit Hilfe von staatlichen Exportsubventionen reexportiert werden muss. Von einem Geschenk an die Entwicklungsländer durch die Zuckermarktordnung kann schwerlich die Rede sein.

Eine weitere Differenzierung trat ein durch die Initiative „Alles außer Waffen" der EU von 2001. Sie garantiert den 49 „LDC-Ländern" (am wenigsten entwickelten Länder mit eine BSP/Kopf von weniger als 500 US-Dollar pro Jahr) quoten- und zollfreien Marktzugang zum Europäischen Markt ab dem Jahre 2009.

- Handel kann entwicklungspolisch gelenkt werden.
- Sie lassen sich verknüpfen mit Standards.
- Sie stellen einen automatischer Ressourcentransfer dar.
- Sie sind eine Verbrauchersteuer für die Entwicklungshilfe.
- Sie sind keine Belastung der öffentlichen Haushalte
- Es ist Handel statt Hilfe.
- Sie stärken die Verhandlungsmacht des Staates gegenüber den Multis.

Die Nachteile von Handelspräferenzen sind aber auch erheblich:

- Welche Kriterien zur Verteilung der Quoten existieren, die gerecht sind?
- Quotenbaronen entstehen, die sich persönlich an der Quotenrente bereichern.
- Sie führen zu Bürokratie und Bestechung.
- Sie stellen keinen Anreiz dar für Diversifizierung und Rationalisierung.
- Sie fördern Abhängigkeit von Politik.
- Sie sind eine ineffiziente Entwicklungshilfe, weil ein Teil des Ressourcentransfers aufgefressen wird durch die ineffizienten Produktionsstrukturen.
- Sie sind nicht WTO-konform.
- Sie führen zu SWAP- und Dreieckshandel, was mit Ursprungsregeln kaum in Griff zu kriegen ist.

Deswegen muss im Einzelfall abgewogen werden, ob Schritte zum multilateralen Freihandel oder reformierte Handelspräferenzen günstiger sind.

4. Große Heterogenität der zuckerproduzierenden Entwicklungsländer

Heute müssen wir bei der Reformdebatte folgende Unterteilung der Entwicklungsländer machen:

- Niedrig-Kosten Länder (Brasilien, Thailand, Kolumbien, Guatemala, Sambia)
- AKP-Länder mit viel Quoten (nicht LDC)(Mauritius, Fidji, Guayana, Swasiland)
- AKP-Länder mit keinen oder geringen Quoten (Kenia, Tansania, Uganda, Malawi, Sambia, Mosambik, Madagaskar, Simbabwe)
- Mittelfristig konkurrenzfähige LDC-Länder mit großem Zuckerpotential (Sudan, Sambia, Mosambik, Äthiopien, Malawi)
- Konkurrenzfähige AKP-Länder (Swasiland, Belize, Fidji, Simbabwe)
- Andere Länder mit EU-Zuckerpräferenzen: Kroatien, Indien, Kuba, Brasilien

Jede dieser Ländergruppe ist anders von der Zuckermarktordnung und folglich ihrer Reform betroffen. Die konkurrenzfähigen Zuckerproduzenten wurden durch die ZMO negativ beeinflußt: durch die subventionierten EU-Zuckerexporte in Höhe von fünf bis sechs Mio. t jährlich, und durch den systematischen Ausschluss vom europäischen Markt. Die vier Hauptprofiteure der AKP-Quoten sind extrem abhängig von diesen EU-Quoten und den hohen Einnahmen daraus wegen der sehr hohen EU-Zuckerpreise. Sie könnten bei niedrigeren Preisen – auch wenn sie weiterhin bevorteilten Marktzugang erhalten – kaum noch liefern, weil sie sehr hohe Produktionskosten haben.

Ähnlich ergeht es auch einigen LDC-Länder, die zwar ab 2009 zum EU-Preis frei liefern können, aber bei einem abgesenkten Erzeugerpreisniveau in der EU kaum mithalten können.

Es gibt einige LDC-Länder, die zu den effizienten Produzenten gehören und deshalb voll von der EBA-Initiative profitieren könnten. Allerdings sind es sehr arme Länder mit bisher geringen Zuckerproduktionskapazitäten. Es ist aber zu vermuten, dass sich Zuckerkonzerne schnell hier ansiedeln werden, um von den Handelspräferenzen dieser Länder zu profitieren. Solande dadurch nachhaltige Produktionsstrukturen entstehen und Beschäftigung geschaffen wird, ist das ja gerade der entwicklugnspolitische Sinn der EBA-Initiative.

Aufteilung der Quoten aus dem Zuckerprotokoll unter den AKP-Staaten

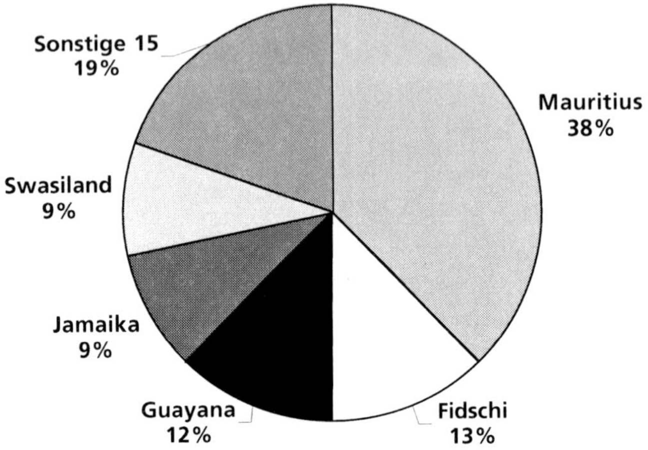

Schwierig wird es, wenn lediglich Dreiecksgeschäfte angeregt werden: Die LDC-Länder importieren billigen Zucker aus Niedrigkostenländer für den Eigenbedarf und liefern allen eigenerstellten Zucker zu den dort bestehenden höheren Erzeugerpreisen an die EU. Ein solcher Dreieckshandel ist sehr schwierig zu unterbinden. Er würde in den Ländern auch keine Beschäftigung kreieren, aber bei den dortigen Zuckerhändlern enorme Renten anfallen lassen.

5. Zucker und Armutsreduzierung

Wenn die Zuckermarktordnungsreform einen armutsreduzierenden Effekt haben soll, geht es primär darum, den konkurrenzfähigen LDC dazu zu verhelfen, ihre künftigen Handelsvorteile auszunutzen und mehr Zucker zu erzeugen, aber unter sozial und ökologisch vernünftigen Bedingungen.

Dabei gilt es zu berücksichtigen, dass nicht nur in den ärmsten Ländern viele arme Menschen leben, sondern auch in reicheren Entwicklungsländern. Z.B. würde der Nordosten Brasiliens als die ursprüngliche Hauptzuckeranbauregion des Landes zu den LDC dazugehören, obwohl als Teil des relativ reichen Landes Brasilien der Nordosten nicht in den Vorteil der EBA-Initiative kommt.

Folgende verschiedenen Zielgruppen, die an der Zuckerproduktion beteiligt sind, sind auszumachen:

- Bauern (Klein-, Mittel- und Großbauern)
- Plantagenarbeiter mit Rechten
- Plantagenarbeiter ohne Rechte
- Fabrikarbeiter
- Verdrängte Bauern
- Umliegende Bevölkerung

Zucker ist kein typisches Kleinbauernprodukt. Das macht es schwierig, die Armutswirkung von verbesserten Handelschancen abzuschätzen. In den meisten Ländern gehört zu der Zuckerfabrik auch eine Plantage erheblichen Ausmaßes; zusätzlich wird aber auch im Vertragsanbau Zuckerrohr von unabhängigen Bauern abgenommen, die oft aber auch eher zu den bessergestellten Bauern gehören. Der Anteil der Kleinbauern an der Gesamterzeugung variiert stark, zwischen 70 Prozent z.B. in Swasiland und 30 Prozent in Madagaskar.

In Brasilien in dem Zuckerexpansionsgebiet von Sao Paulo und Minas Gerais sind die Verhältnisse für die Arbeiter auf den Plantagen und in den Fabriken verhältnismäßig gut. Die Hauptbetroffenen sind die verdrängten Bauern auf dem Zuckerrohrland, die jetzt als „umliegende Bevölkerung" von dem Segen der Zuckerbooms kaum profitieren, sondern unter ihm leiden (Landlosigkeit, Verdrängung in die Ausgleichsflächen für den Naturschutz mit Konflikten mit den auch verdrängten wilden Tieren, Wasserverknappung und –verschmutzung).

Vielfach werden auf den Plantagen die Erntearbeiten, die Saisonarbeit ist, unter unmenschlichen Bedingungen verrichtet: Menschenhandel, Leiharbeit, extreme Akkordlöhne, schlimme Unterkünfte, illegale Migrationsarbeiter ohne Rechte. Deshalb ist es wichtig, die Entstehung solcher Strukturen in den neu entstehenden Plantagen der LDC zu verhindern und in den alten Zuckergebieten gegen sie anzugehen.

6. Standardfrage

Alle Hebel müssen in Bewegung gesetzt werden, um die Sozialstandards in den Entwicklungsländern auf den Zuckerrohrfeldern zu verbessern. Die Mechanismen dazu sind leider bisher noch schwach ausgebildet im internationalen Recht; es sind die folgende:

- ILO-Kernarbeitsnormen
- Sonstige ILO-Standards
- Menschenrechtsstandards (z.B. Leitlinien zum Recht auf Nahrung)
- Multilaterale sektorspezifische Standards der ISO (International Sugar Organisation)
- Private Verhaltenskodizes
- Auflagen in bilateralen Handelsverträgen (Cotonou, GSP, Entwicklungshilfe)
- Spezielles GSP (Allgemeines System der Präferenzen)

7. Zuckermarktordnung und die WTO

Die ZMO wird hauptsächlich wegen der handelspolitischen Zwänge reformiert. Sie ist eine Belastung der EU bei den WTO-Verhandlungen über einen neuen Agrarvertrag und wurde von den potenten Agrarexporteuren angeklagt. Umstritten sind erst einmal und unmittelbar die enormen Exporte mit Hilfe von Exportsubventionen. Sie drücken auf den Weltmärkten die Preise für Zucker künstlich und rufen viele Verzerrungen hervor.

In der Tat ist die der EU-Zuckermarkt mit einem Unterstützungsniveau bei der WTO in Höhe von AMS (Aggregate Measurement of Support): 5,7 Mrd. EUR belastet, der gebundene Zoll beträgt 350 Prozent; darauf kommt noch ein weiteres flexibles Schutzinstrument, nämlich die Anwendung der SSG (Spezielle Schutzklausel), deren Nutzung durch die Industriestaaten überaus umstritten ist. Die erlaubten Exportsubventionen betragen maximal 499,1 Mill. EUR, mengenmäßig 1.274 Mio. t. Tatsächlich werden aber fünd bis sechs Mio. t subventioniert exportiert, wofür Exportsubventionen von rd. zwei Mrd. EUR anfallen. Die EU verletzt also erheblich ihre Verpflichtungen bei der WTO.

Die WTO-Klage gegen die EU-Zuckerexporte wurde von Brasilien, Thailand und Australien eingereicht. Es haben als „Dritte Parteien" auf EU-Seite in dem Prozess 14 AKP-Länder teilgenommen, und auf Klägerseite elf Länder (z.B. Kolumbien, Kanada, Paraguay, USA, China, Neuseeland). Gegenstand der Klage war: a. Die EU verletzt ihre Verpflichtungen aus dem AoA zu Exportreduktion. b. Sie überzieht ihre hinterlegten Schedules. Die Angriffspunkte waren: a. der Reexport von 1,6 Mio. t AKP-Zucker und b. die Quersubventionierung des Exports von C-Zucker. Der Schiedsspruch stellt fest: Es handelt sich um einen klaren Mengenverstoß. Daraus erfolgt die Beweislast-umkehr: Die EU hätte nachweisen müssen, dass die Vorwürfe nicht stimmen und dass von ihren Exporten niemand geschädigt wird. Die EU hat den Beweis nicht erbracht. Der C-Zucker Export wird klar als subventioniert eingeschätzt und stellt deshalb Dumping dar. Der Urteilsspruche der Jury lautet: Die ZMO ist in Übereinstimmung mit dem AoA zu bringen und die EU muss ihre internationalen Verpflichtungen einhalten.

8. Positionen der deutschen Nichtregierungsorganisationen

14 Nichtregierungsorganisationen der Entwicklungszusammenarbeit und der Umweltverbände begrüßen diesen Urteilsspruch. Sie haben sich zusammengetan und sich auf eine gemeinsame Position zur Reform der EU-Zuckermarktordnung geeinigt. Die Hauptpunkte ihrer Position sind wie folgt:

- Keine Exportsubventionen, keine C-Rübenexporte, kein Reexport AKP-Zucker
- Produktionssenkung auf weit unter 90 Prozent des Eigenbedarfs
- Beibehaltung der Kontingentierung/Importquoten
- EBA um zehn Jahre verschieben wie es der Vorschlag der LDC vorsieht (der EED: befürwortet allerdings einen Aufschub nur bis 2013)
- Umwelt- und Sozialstandards mit allen Mitteln durchsetzen
- AKP-Quoten umverteilen bzw. abbauen
- Fonds für Umstellungshilfe für AKP und LDC, finanziert durch den Agrarhaushalt
- Zoll- und Preissenkung um Minimum bei WTO

Klaus Frohberg

Auswirkungen der EU-Zuckermarktreform auf die Entwicklung in der südlichen Hemisphäre

1. Einbindung der EU in den globalen Zuckermarkt

Im Wirtschaftsjahr 2003/2004 wurden etwa 144 Milliarden Tonnen Zucker ausgedrückt in Weißwert (Ww) weltweit erzeugt. Davon entstammen etwa 119 Millionen Tonnen oder 82 Prozent dem Zuckerrohr und 35 Millionen Tonnen oder 18 Prozent den Zuckerrüben. Vor mehr als zehn Jahren war dieses Verhältnis mit 66 Prozent zu 34 Prozent noch wesentlich günstiger für die Zuckerrübe. Allerdings lag damals die Welterzeugung niedriger, nämlich bei rund 115 Millionen Tonnen. Der globale Anstieg in der Zuckererzeugung über diesen Zeitraum wurde allein vom Zuckerrohr getragen. Die Zuckerrübenproduktion dagegen stagnierte in der letzten Dekade.

Mit 19,7 Millionen Tonnen Zucker in Rohwert (Rw) gemessen erzeugte die EU-25 im Jahre 2003 etwas mehr als die Hälfte des Rübenzuckers und zwölf Prozent des Zuckers weltweit. Sie ist damit der drittgrößte Zuckerproduzent der Welt nach Brasilien und Indien (Tabelle 1). Ihr folgen China, die USA, Thailand, Mexiko, Australien, Kuba und Pakistan. Damit ist die Liste der zehn größten Zuckerproduzenten komplettiert, die etwa drei Viertel der gesamten Zuckermenge weltweit erzeugen.

Tabelle 1 gibt neben dem Stand in 2001 auch einen Einblick in die unterschiedliche Dynamik der Zuckererzeugung zwischen 1991 und 2001 in den diesbezüglich größten Ländern. Weltweit stieg sie um 20 Prozent an. Mit einer mehr als Verdoppelung der Produktion hatte Brasilien daran den größten Anteil. 1991 lag dieses Land hinsichtlich der Menge noch hinter der EU-15 und Indien. Auch Indien weitete die Produktion in dieser Dekade sehr stark aus, während sie in der EU-15 stagnierte. Damit erfolgte die Veränderung in der Rangfolge der Produzenten. Andere Länder unter den zehn größten Erzeugern mit einem verhältnismäßig starken

Anstieg der Produktion sind Mexiko, Thailand und Australien. In Kuba verringerte sich dagegen die Erzeugung in diesem Zeitraum um die Hälfte.

Tab. 1: Die zehn wichtigsten Zuckerproduzenten im Zeitraum 1991 und 2001

		1991		2001		2001/1991
	Rohrzucker: Ro Rübenzucker: Rü	**Menge** in Mrd. t	**Anteil** in %	**Menge** in Mrd. t	**Anteil** in %	**Änderung** 2001 zu 1991 in %
Brasilien	Ro	9,1	8	20,1	15	121
Indien	Ro	13,0	12	20,0	15	54
EU-15	Rü(+Ro)	18,0	16	18,0	13	0
China	Rü+Ro	8,4	7	8,6	6	2
USA	Rü+Ro	6,7	6	7,4	6	10
Thailand	Ro	4,2	4	6.0	4	42
Mexiko	Ro	3,4	3	5,1	4	50
Australien	Ro	3,4	3	4,6	3	33
Kuba	Ro	7,6	7	3,8	3	- 50
Pakistan	Ro	2.2	2	2,7	2	20
Top 10		76,0	67	96,2	72	26
Welt		113,0	100	134,1	100	19

Quelle: EU-Kommission (2003), Sugar: International analysis and production structures within the EU, Tabelle 1.1, Brüssel.

Mit einem Anstieg des Zuckerverbrauchs in den Entwicklungsländern zeigt die Entwicklung der Nachfrage eine gewisse Parallelität zur Produktion. Änderungen in den entwickelten Ländern sind marginal. Allerdings stagniert der Pro-Kopf-Verbrauch mehr oder weniger unabhängig von seiner Höhe in allen Teilen der Welt. Deshalb gehen Veränderungen der Nachfrage sehr stark mit der Bevölkerungsentwicklung einher. Demnach sind es die Länder der südlichen Hemisphäre, in denen die Zuckernachfrage besonders steigt, weil dort die Bevölkerung wächst.

Tab. 2: Zuckerverbrauch insgesamt und pro Kopf in Ländergruppen sowie weltweit

	Gesamt-Verbrauch in 2002/03 in 1000 t Rw	**Pro-Kopf-Verbrauch in 2002** in kg Ww
EU	14 638	31,7
Europa	33 325	30,9
Nordamerika	18 717	30,4
Südamerika	16 416	44,1
Asien	56 620	13,1
Afrika	13 248	13,6
Ozeanien	1 518	31,5
Insgesamt	**139 844**	**19,8**

Quelle: Wirtschaftliche Vereinigung Zucker (2005)

In 2003 war die EU-15 am Welthandel mit Zucker bei den Exporten mit 5,1 Millionen Tonnen Rw, was etwa elf Prozent der gesamten Ausfuhr entspricht, beteiligt. Allerdings ist darauf hinzuweisen, dass über die Jahre gesehen erhebliche Schwankungen bei den EU-Exporten zu verzeichnen sind. Größter Exporteur ist Brasilien, das mehr als das Doppelte im Vergleich zur EU exportiert. In 2005 begann dieses Land erstmals Äthanol auszuführen. Bezüglich der mengenmäßigen Zuckerexporte folgen der EU Thailand, Australien, Kuba und Indien, die in 2003 jeweils 4,3, 3,6, 2,6 und 1,5 Millionen Tonnen Rw exportierten.

Die EU-15 hat mit 2,1 Millionen Tonnen Einfuhren von Rw ca. fünf Prozent der weltweiten Importe erreicht. Nach Russland und Indonesien ist sie damit neben ihrem hohen Exportanteil gleichzeitig drittgrößter Zuckerimporteur der Welt. Sie führt trotz des hohen Außenschutzes, den sie mittels Zöllen errichtet hat, Zucker aufgrund verschiedener Handelsvereinbarungen ein. Ohne Importschutz könnte sie den inländischen Preis für Zucker, der gegenwärtig etwa das Dreifache des Weltmarktes beträgt, nicht auf diesem Niveau halten.

Die EU setzt verschiedene Elemente der Importbeschränkung ein. Sie erhebt einen festen Zollsatz, der 419 Euro pro Tonne Ww bzw. 339 Euro per Tonne Rw beträgt und zusätzlich einen entsprechend der in der Uruguay-Runde vereinbarten Sicherheitsklausel variablen Satz, der je nach Höhe des Weltpreises festgesetzt wird (EU-Kommission, 2004). Letzterer beginnt allerdings erst dann zu wirken, wenn der Weltmarktpreis den Referenzwert von 531 Euro nicht übersteigt. Da der Weltpreis seit 1996 immer unter dem Referenzpreis lag, wurde der zusätzliche Zoll ab dem Jahr stets erhoben.

Aufgrund einer besonderen Handelsvereinbarung, dem Zuckerprotokoll, importiert die EU Zucker aus Ländern Afrikas, der Karibik und des Pazifiks (AKP). Dies sind ehemalige Kolonien von EU-Mitgliedsländern. Das letzte Zuckerprotokoll wurde im Rahmen des Cotonou-Abkommens im Jahre 2000 abgeschlossen. Davor gab es vier weitere Protokolle, die als so genannte Lomé Abkommen abgeschlossen wurden. 78 der zu den AKP-Gebieten gehörenden Staaten haben das Cotonou-Abkommen unterzeichnet. Von denen stammen 48 aus Afrika, 15 aus der Karibik und 15 aus dem Pazifik. Aber nur 19 von ihnen haben das Zuckerprotokoll unterzeichnet. Es sind dies: Barbados, Belize, Kongo, Elfenbeinküste, Fiji Inseln, Guyana, Jamaika, Kenia, Madagaskar, Malawi, Mauritius, St. Kitts & Nevis, Sambia Surinam, Swaziland, Tansania, Trinidad & Tobago, Uganda und Zimbabwe (EU-Kommission, 2004). Wie aus Tabelle 3 ersichtlich ist, haben diese Staaten insgesamt ein abgabenfreies Einfuhrkontingent von 1,2947 Millionen Tonnen Rw pro Wirtschaftsjahr. Davon entfällt der weitaus größte Anteil, nämlich mehr als ein Drittel, auf Mauritius; gefolgt von den Fiji-Inseln und Guyana mit jeweils zwölf Prozent.

Diese Vereinbarungen, die den AKP-Ländern einseitig Zollpräferenzen einräumen, sollen ab Anfang 2008 durch ein ‚Economic Partnership Agreement' (EPA) grundsätzlich neu gestaltet werden (EU-Kommission, 2004). Die bisher geltenden unilateralen Handelspräferenzen sollen ab diesem Zeitpunkt durch gegenseitige Handelserleichterungen abgelöst werden.

Des Weiteren hat die EU ein Zuckerabkommen mit Indien über ein Kontingent von 0,01 Millionen Tonnen Rw abgeschlossen. Die Konditionen für Indien sind die gleichen wie im Zuckerprotokoll des Cotonou-Abkommens. Darüber hinaus dürfen die so genannten Übersee-Länder 28.000 Tonnen Rw zollfrei in die EU exportieren. Vor allem die Niederländischen Antillen und Aruba machen davon Gebrauch. Von den gesamten Kontingenten für zollfreie Exporte in die EU entfallen auf die AKP-Staaten 97 Prozent, auf Indien ein und auf die Übersee-Länder zwei Prozent.

Tab. 3 Zollfreie Importkontingente der EU für Entwicklungsländer

	Zollfreie Importkontingente	
	1000 t Rw pro Wirtschaftsjahr	**Anteil** in %
Mauritius	491,3	37
Fiji Inseln	165,3	12
Guyana	159,4	12
Restliche AKP	478,7	36
Alle AKP	**1294,7**	**97**
Indien	10,0	1
Übersee-Länder	28,0	2
Gesamt	**1332,7**	**100**

Quelle: EU-Kommission, 2004, Annex III

Neben dem AKP-Zuckerprotokoll und den Zuckerabkommen mit Indien sowie den Übersee-Ländern gibt es weitere Handelsvereinbarungen, die ebenfalls Erleichterungen für Einfuhren aus Entwicklungsländern in die EU mit sich bringen. Dazu zählt das Abkommen, das in den GATT-XXIV.6 Verhandlungen anlässlich des Beitritts von Finnland zur EU vereinbart wurde. Es garantiert Kuba 0,056 Millionen Tonnen Rw, Brasilien 0,024 und weiteren dieser Übersee-Staaten ca. 0,005 Zucker zum Raffinieren zu einem reduzierten Tarif in die EU zu verkaufen (EU-Kommission, 2004).

Auch den Ländern des West-Balkans (Albanien, Bosnien-Herzegowina, Kroatien und Serbien-Montenegro) hat die EU in 2001 Einfuhrerleichterungen eingeräumt, indem sie die Importzölle außer Kraft gesetzt hat. Mit den dadurch erzielten preislichen Anreizen – der Zuckerpreis in der EU lag ein Vielfaches über dem in diesen Ländern erzielten – hat sich die Produktion dort wieder stabilisiert, nachdem sie zuvor durch die internen politischen Auseinandersetzungen stark zurückgegangen war. Die Exporte dieser Länder in die EU schnellten von null im Jahre 2001 auf 0,3 Millionen Tonnen Rw in 2003 hoch. Daraufhin musste die EU ihre Quoten kürzen, um WTO kompatibel zu bleiben. Sie hat ab diesem Zeitpunkt die Importerleichterungen für Serbien-Montenegro wieder abgeschafft. Die EU exportiert andererseits Zucker in die West-Balkanstaaten. Um Karussellgeschäfte zu vermeiden, darf nur C-Zucker in diese Länder ausgeführt werden.

In der 'Everything but Arms' (EBA)-Initiative suspendiert die EU alle Importzölle für die 46 ärmsten aller Entwicklungsländer (LDC). Allerdings geschieht dies stufenweise bis 2009. Erst ab dem 1. Juli 2009 sollen sie ganz wegfallen. Das wird dann für alle Arten von Zucker gelten und nicht nur für Rohzucker, der in der EU raffiniert werden soll.

Letztlich gewährt die EU Einfuhrpräferenzen im Rahmen des EU-Mittelmeer-Abkommens für eine spezielle Form von Zucker, nämlich Fructose. Dies betrifft Israel und die Türkei, die dieses Produkt in die EU exportieren und keine Importzölle zahlen müssen. Sie führen in etwa 0,07 Millionen Tonnen Fructose in die EU aus, was 0,3 Millionen Tonnen Zucker ersetzt, wenn man den Süßigkeitsgrad als Maßstab heranzieht (EU-Kommission, 2004).

2. Kosten der Zuckererzeugung und Zuckermarktpolitik in Entwicklungsländern

In Tabelle 4 werden die Produktionskosten der wichtigsten Erzeugerländer für eine Tonne Zucker verglichen. Daraus ist ersichtlich, dass die Entwicklungsländer der südlichen Hemisphäre einen deutlichen Kostenvorsprung erzielen. Selbst in Indien ist es nur halb so teuer, Zucker zu erzeugen, wie in der EU. Letztere wird kostenmäßig nur von China übertroffen. Allerdings sind die in Tabelle 4 ausgewiesenen Zahlen vorsichtig zu interpretieren, da sie als Indikatoren für die Ausweitung der Produktion mindestens drei Probleme haben. Erstens, die Kosten werden in der Regel von den besseren Betrieben erhoben und nicht von denjenigen, die gerade noch in der Produktion sind, also den Grenzbetrieben. Zweitens, stellen sie Durchschnittskosten dar und keine Grenzkosten. Drittens, sind es absolute Kosten. Damit hat man noch keine Aussage über die komparativen Kostenvorteile. Alle drei Aspekte erschweren Aussagen zur Ausweitung der Produktion basierend auf diesen Daten.

Tab. 4: Produktionskosten pro Tonne Zucker in ausgewählten Ländern

Land	Kosten der Zuckerproduktion $ pro Tonne
Brasilien	200,00
Südafrika	250,00
Swasiland	270,00
Australien	280,00
Thailand	285,00
Indien	320,00
Durchschnitt der AKP-Staaten	380,00
USA	460,00
Polen	480,00
EU-15	650,00
China	700,00

Quelle: Die Reform der EU-Zuckermarktverordnung, Evangelischer Entwicklungsdienst

Tab. 5: Zuckerpreise am Weltmarkt, per Tonne Zucker

	Zuckerart	Wirtschaftsjahr				
		1999/00	2000/01	2001/02	2002/03	2003/04
London exchange	Weißzucker	187	281	272	215	180
New York exchange	Rohzucker	144	252	192	175	136

Die Kosten der Zuckererzeugung sind nicht nur in absoluten Zahlen ungünstig für Produzenten von Rübenzucker, sie haben sich im Laufe der letzten Jahre auch nachteilig für diese Erzeuger verändert. Während die Kosten für Rohrzucker und Isoglukose gefallen sind, stagnierten sie für Rübenzucker. Damit verliert letzterer immer mehr an Wettbewerbsfähigkeit. In Tabelle 5 sind die Preise für Roh- und für Weißzucker der letzten Jahre an den wichtigsten Handelsplätzen wiedergegeben. Daraus ist ersichtlich, dass diese sehr stark fluktuieren. Es ist aber auch im Vergleich mit den Daten in Tabelle 4 festzustellen, dass in allen wichtigen Erzeugerländern die Durchschnittskosten über den Weltmarktpreisen liegen.

Trotz ihrer Vorteile bei den Durchschnittskosten greifen die Länder der südlichen Hemisphäre handelspolitisch in die inländischen Zuckermärkte ein, indem sie in der Regel die heimischen Erzeuger protektionieren. Für die bedeutendsten Exporteure unter den Entwicklungsländern werden diese wirtschaftspolitischen Maßnahmen im Folgenden kurz skizziert.

Brasilien

Wie oben erwähnt ist Brasilien zum gegenwärtigen Zeitpunkt der größte Zuckererzeuger der Welt. Jedoch wird das Ausgangsprodukt für Zucker, das Zuckerrohr, auch zu Äthanol verarbeitet. Augenblicklich betrifft dies etwa die Hälfte der Zuckerrohrproduktion. Damit nehmen die beiden Endprodukte Zucker und Äthanol einen wesentlichen Einfluss auf die Rentabilität der Erzeugung von Zuckerrohr und die Wirtschaftlichkeit der Zuckererzeugung in Brasilien hängt auch vom Energiemarkt ab. Neben den dabei auftretenden Konkurrenzbeziehungen entstehen andererseits Komplementäreffekte. In diesem Fall sind es Skaleneffekte der Produktion von Zuckerrohr und Rohzucker – also der Primärerzeugung und eine Verarbeitungsstufe. Zucker und Äthanol werden oftmals in derselben Zuckermühle hergestellt. Dadurch ist eine günstigere Erzeugung möglich. Zuckerrohr wird vor allem in Großbetrieben angebaut. Zudem wird die Äthanolproduktion auch vom Staat gestützt mittels Steuererleichterungen und Vergabe von Zins verbilligten Krediten.

Neben den sich gegenseitig unterstützenden Faktoren der Produktion gibt es positive Aspekte der Nachfrage. Brasilien hat 9,5 Millionen Tonnen Ww einen enormen inländischen Nachfragemarkt für Zucker und Marktgröße ist immer ein erheblicher Wettbewerbsvorteil für das Land, in dem sie auftritt.

Brasilien schützt die inländische Zuckerproduktion, indem es Importzölle von ca. 17 Prozent auf Zucker erhebt. Auch die Produktion von Äthanol wird staatlich durch verschiedene Instrumente beeinflusst. Die wesentlichen sind der Beimischungszwang zu Benzin von 25 Prozent, der die Nachfrage nach Äthanol stark beeinflusst und der Importzoll auf Äthanol von 20 Prozent. Das Land gewährt überdies Kredite in erheblichem Umfang für die Lagerung von Äthanol. Außerdem erzielt es Exportvorteile durch Importzollquoten, die vor allem die USA und zu einem geringeren Teil die EU ihm gewähren. Diese günstigen Rahmenbedingungen Brasiliens führen auch zu niedrigen Produktionskosten, die zum gegenwärtigen Zeitpunkt weltweit nicht unterboten werden (Tabelle 4). Allerdings sind die Produktionsbedingungen vor allem in den Anbaugebieten des Zentrums und Südens so günstig. In der Nord-Ost Region wird ebenfalls Zuckerrohr angebaut. Dort sind die Produktionskosten jedoch höher. Deshalb vergibt die Regierung Brasiliens die von den USA gewährten zollgünstigen Importquoten in diese Region, damit der dort erzeugte Zucker weitgehend ohne staatliche Unterstützung auf dem Weltmarkt verkauft werden kann. Allerdings zahlt die Zentralregierung den Zuckerrohranbauern in dieser Region ca. 1,50 Euro pro Tonne Zuckerrohr zu. Etwa 75 Prozent des Zuckerrohrs wird im Zentrum und Süden angebaut. Der Rest wächst im Nordosten. Für die Zuckerproduktion liegt das Verhältnis zwischen Zentrum-Süden und dem Nordosten bei 65 zu 35 Prozent, für die Äthanolerzeugung bei 80 zu 20 Prozent und für den Export etwa bei 30 zu 70 Prozent. Aus diesen Zahlen lässt sich erkennen, dass es in Brasilien doch erhebliche regionale Unterschiede hinsichtlich Produktion und Weiterverarbeitung von Zuckerrohr gibt.

Brasilien hat niedrige Sozial- und Umweltstandards. Daraus ergibt sich aber ein nur moderater Wettbewerbsvorteil für dieses Land, wie eine Untersuchung zeigt (Grote et al., 2001). Die brasilianische Regierung hat über eine lange Periode direkt in der Zuckererzeugung interveniert. Diese direkte Steuerung der Produktionsmengen seitens der Politik gibt es seit einigen Jahren aber nicht mehr.

Indien

Als weltweit zweitgrößter Zuckererzeuger hat Indien einen relativ kleinen Anteil am Welthandel mit Zucker. Es exportiert etwa 1,5 Mt Zucker. Dies sind drei Prozent des gesamten Exports und sieben Prozent der eigenen Produktion. Die Exporte werden staatlich durch Zuschüsse zu den Transportkosten und der Befreiung der exportierten Mengen von der Produzentenabgabe gestützt.

Importe kommen kaum nach Indien, da es nur wenige Länder gibt, die ohne Exportsubventionen Gewinn bringend den indischen Markt beliefern könnten. Zudem hat Indien den einheimischen Markt mittels Importzöllen geschützt. Es erhebt einen sechzigprozentigen Importzoll und zusätzlich eine Abgabe von 14 Euro pro Tonne Rohzucker. Insgesamt ergibt dies einen Aufschlag von ca. 88 Euro pro Tonne.

Indien stützt die inländische Zuckerproduktion für die Konsumenten. Die Verarbeiter von Zucker müssen auf eine bestimmten Anteil der Produktion eine Abgabe leisten. Diese ermöglicht es, Zucker in „Fair-Price-Shops" zu verkaufen. Der Anteil wird je nach Marktlage festgesetzt. Andererseits setzt die Regierung monatlich fest, wie viel Zucker durch die Verarbeiter ohne diese Abgabe verkauft werden darf. Mit diesen beiden Instrumenten reguliert sie den einheimischen Markt.

Thailand

Thailand stützt den inländischen Zuckerpreis, indem es Quoten und Importzölle als Instrumente anwendet. Es erhebt einen Zoll von 65 Prozent für Importe innerhalb und 99 Prozent für solche außerhalb der Zollpräferenzen. Die Regierung setzt Erzeugerpreise für Zuckerrohr für den Beginn und für das Ende der Produktionsperiode fest. Sollte der Endpreis den zu Beginn übersteigen, dann erhalten die Erzeuger eine Zusatzzahlung. Ist die Situation umgekehrt, erhalten die Zuckerrohrmühlen eine Kompensation für die Differenz.

Für Thailand ist der Export von Zucker sehr wichtig. Es führt jährlich mehr als vier Mt und damit zwei Drittel der Produktion aus. Damit ist Thailand eines der Export intensivsten Zuckerproduzenten. Es erzielt Vorteile in der Ausfuhr, weil es einen hohen Anteil an den Zoll günstigen Importquoten der USA hält.

3. Auswirkungen der Zuckermarktreform der EU auf die südliche Hemisphäre

Die Auswirkungen der Zuckermarktreform auf die Entwicklungsländer der südlichen Hemisphäre sind vielschichtig und schwierig zu prognostizieren. Unter den Ländern der südlichen Hemisphäre werden vor allem diejenigen Länder profitieren, die aus der Reform Erleichterungen bei den Zuckerausfuhren in die EU erzielen. Das sind zum einen die Länder, die zur EBA-Gruppe (LDCs) zählen und denen bereits Zusagen für diese Zollbefreiung ohne Mengenbeschränkung gemacht wurden. Außerdem können auch diejenigen AKP-Länder, die nicht zu den LDCs gehören, von einer Reform Vorteile erhalten, wenn ihnen Einfuhrvergünstigungen eingeräumt werden. Schließlich könnten auch Brasilien, Indien und Thailand für zusätzliche Exporte in die EU in Frage kommen, wenn sie durch die EU-Zuckermarktreform Handelserleichterungen erhalten.

Es sind dies Länder, deren Angebots- und Nachfragereaktionen mehr oder weniger direkt von Weltmarktpreisen bestimmt werden. Sie haben nur geringe Präferenzquoten für Zuckerexporte in die EU. Folgende Faktoren sind als Einflussgrößen zu nennen. Hinsichtlich der Produktion ist die Entwicklung der Kosten in den Ländern der südlichen Hemisphäre zu beziffern. Entscheidend wird es diesbezüglich sein, wie sich die Nutzungskosten für landwirtschaftliche Fläche verändern, wenn die Ausweitung der Zuckerproduktion einen vermehrten Anspruch an Fläche erhebt. Sie bestimmen ca. ein Fünftel der gesamten Kosten der Primärerzeugung in Deutschland, jedoch nur ein Zehntel in Brasilien allerdings auch ein Fünftel in Thailand (Eurocare, 2003, Tabelle 4.3-2). Je stärker die Nutzungskosten bei vermehrter Zuckerproduktion ansteigen und je höher ihr Anteil an den gesamten Produktionskosten ist, desto stärker mildern sie die Anreize, die die Zuckermarktreform der EU durch höhere Weltmarktpreise hervorrufen könnte. Alle anderen Kostenkomponenten der Primärproduktion, wie z.B. die für Dünge- und Pflanzenschutzmittel sowie für Arbeitsleistungen, Kapitaleinsatz und Energie, lassen sich relativ leicht bestimmen, weil sie nur geringen Anpassungszwängen unterliegen.

Ebenso haben Ertragserwartungen für die Produktionsanpassung eine entscheidende Bedeutung. Allerdings dürften sich die Erträge von Zuckerrohr nicht nennenswert erhöhen, wenn die Preise in den Ländern der südlichen Hemisphäre durch die EU-Zuckerreform ansteigen. Je nach Intensität der Transmission der preislichen Veränderungen am Weltmarkt dürften sich die inländischen Preise vor allem in den oben genannten Ländern nicht besonders nach oben bewegen.

Eine Ausweitung der Primärproduktion bedingt ebenso, dass genügend Verarbeitungskapazität zur Verfügung steht. Zumindest gilt dies zur Herstellung von Rohzucker, also Zuckerrohrmühlen. Diese könnten kurzfristig durch Erhöhung des Auslastungsgrades ihre Kapazität steigern. Schwieriger wird es sein, wenn Erweiterungsinvestitionen vorgenommen werden müssen. In diesem Fall sollten die preislichen Anreize groß genug sein, um die Investitionen zu tätigen.

Auf der Nachfrageseite sind wichtige Einflussgrößen die allgemeine Steigerung der Zuckernachfrage aber auch die Möglichkeit, mit Substituten zu arbeiten. Letzteres gilt besonders für Isoglukose, deren Herstellungskosten mit denen des Rohrzuckers vergleichbar sind. Süßwaren- und Getränkeindustrie, aber auch andere industrielle Verarbeiter setzen vermehrt auf dieses Produkt. Schließlich wird vermehrt an einem anderen Zuckerersatzstoff aus der Stevia-Pflanze, die in Lateinamerika beheimatet ist, aber auch in Mitteleuropa problemlos angebaut werden kann, gearbeitet. Wenn auch die Produktion noch nicht aufgenommen worden ist, als Nahrungsmittelergänzungsstoff steht dieses Produkt in Deutschland kurz vor der Zulassung. Ihm wird ein wesentlich höherer Süßigkeitsgehalt sowie keine Kalorien nachgesagt und auch geringere bzw. keine gesundheitlichen Nebenwirkungen, wie z. B die Entstehung von Zahnbelag. Das ist ein Beispiel für das Heranwachsen von Konkurrenzprodukten für Zucker.

Durch die Reduzierung des institutionellen Zuckerpreises in der EU können die Entwicklungsländer zu ungünstigeren Bedingungen in die Union exportieren. Die Zuckerimporte der EU aus diesen Ländern belaufen sich gegenwärtig auf etwa 1,8 Mt. Ohne Anpassung der Exportmengen an die durch die Zuckermarktreform reduzierten EU-Preise würden die Erlöse auch um die Verringerung sinken, also etwa 33 Prozent. Aber natürlich ist die Wahrscheinlichkeit hoch, dass sich ebenso die Ausfuhren in die EU von den LDCs und den dem Zuckerprotokoll beigetretenen AKP-Staaten anpassen, weil die preislichen Anreize nicht mehr so hoch sein werden. Die LDCs würden sowohl ohne als auch mit Reform ab 2009 vollen Zugang zum EU-Markt haben und die EU-Preisreduktion könnte sich somit voll auf die Exporterlöse dieser Länder durchschlagen. Allerdings dürften sich die Exportmengen auch verringern und damit der Exporterlös noch niedriger im Vergleich zur gegenwärtigen Zuckermarktpolitik ausfallen. Bei einer Anpassung letzterer um zehn Prozent käme es danach zu einem Rückgang der Exporterlöse um mehr als 40 Prozent. Allerdings ist es denkbar, dass die Reduzierungen der Exportmengen in die EU erheblich größer sind und in der Nähe von 20 Prozent bis 30 Prozent liegen. Das ist dann der Fall, wenn einige Entwicklungsländer ihre Zuckerproduktion ganz einstellen müssen, weil der EU-interne Preis nicht kostendeckend ist.

Tabelle 6 zeigt Simulationsergebnisse für ca. zehn Jahre nach der Reform. Es werden die Zuckerexporte der Entwicklungsländer insgesamt und nicht nur die in die EU in einem Referenz- und einem Reformszenario abgeschätzt. Der Grund für die Diskussion der gesamten Handelsmengen ist, dass nicht nur die direkten Auswirkungen des Zuckerhandels mit der EU, sondern auch die Auswirkungen auf Importe und Exporte mit anderen Ländern betrachtet werden müssen. Das Referenzszenario zeigt Ergebnisse, die durch die jetzige Zuckermarktpolitik der EU mit einigen Anpassungen für nach 2010 zu erwarten sind. Eine wichtige Änderung enthält dieses ‚Szenario', denn in ihm werden die Zuckerrübenquoten soweit gesenkt, dass die EU keine subventionierten Exporte mehr auf dem Weltmarkt absetzen muss. Dem Reformszenario liegt die Annahme zu Grunde, dass der Referenzpreis für Zucker in der EU auf 500 Euro gesenkt wird. Dies ist eine moderate Absenkung, die etwas geringer ausfällt, als es die EU-Kommission vorgeschlagen hat. Wichtig ist noch für die Diskussion folgender Aspekt. Den Entwicklungsländern wird keine zusätzliche Handelserleichterung eingeräumt.

Tab. 6: Auswirkungen der EU-Zuckermarktreform auf den gesamten Nettohandel der Entwicklungsländer mit Zucker

	Referenz in 1000 t	**Reform in 1000 t**	**Veränderung in %**
AKP-Länder, insgesamt	-1.370	-1.325	-3,3
Brasilien	21.599	22.069	2,2
Indien	-4.529	-4.324	-4,5
Ärmste Entwicklungsländer (LDCs), insgesamt	-3.280	-3.375	2,9
Hauptexporteure	19.169	19.519	1,8
Hauptimporteure	-12.861	-12.724	-1,1
Mittelmehrländer	-5.203	-6.034	16,0
Andere Entwicklungsländer	-12.293	-11.928	-3,0
Restliche Welt	-3.249	-3.181	-2,1

Quelle: Eurocare, (2003), Option 4a, Tabelle 9.7-1

Wie aus den Zahlen zu erkennen ist, geht im Reformszenario die Zuckereinfuhr der AKP-Länder im Vergleich zum Referenzlauf geringfügig zurück, während sie für die LDCs leicht ansteigt. Gleiches lässt sich für alle Hauptimporteure feststellen. Aber Indien kann seine Zuckereinfuhr reduzieren. Besonders fällt der erhöhte Bedarf an

Zuckerimporten in den Mittelmeerländern auf. Insgesamt zeigt sich ein recht uneinheitliches Bild bei den Ländern, die Nettoimporteure von Zucker sind. Die Veränderungen zwischen Referenzlauf und Reformszenario halten sich bei den Nettexporteuren auch in Grenzen. Die Hauptexporteure erhöhen ihre Zuckerausfuhr leicht. Brasilien kann überdurchschnittlich zulegen.

Die Ergebnisse zeigen insgesamt, dass sich das Mengengerüst des Zuckerhandels durch eine Zuckermarktreform der EU, die sich auf den Wegfall von subventionierten Zuckerexporten als Hauptziel beschränkt und dies mit einer Kombination von Senkung des Referenzpreises und der Quoten erzielt, nicht stark verändert. Mit dem Absenken des EU-Preises gehen aber die Einnahmen der AkP-Länder und LDCs zurück. Augenblicklich erzielen diese einen Erlös aus dem Export von Zucker in die EU, der im Vergleich zu den am Weltmarkt erzielbaren Ausfuhreinnahmen um 560 Mill. Euro höher liegt. Diese Beträge werden auch als Entwicklungshilfe der EU für diese Gruppe der Entwicklungsländer angesehen. Wenn der EU-Zuckerpreis um ein Drittel reduziert wird, dann geht auch dieser Vorteil stark zurück. Es wird seitens der EU-Kommission deshalb erwogen, die betroffenen Länder dafür zu kompensieren und ihnen zusätzliche Entwicklungshilfe zu zahlen. Wenn damit eine Entkopplung der ‚Entwicklungshilfe' vom Zucker verbunden ist, stellen sich diese Länder zumindest genauso gut, aber wahrscheinlich sogar besser dar, denn damit brächte diese Unterstützung den notwendigen Spielraum, um sie dort zu verwenden, wo sie optimal eingesetzt werden kann. Es ist ja nicht einzusehen, warum es Entwicklungshilfe geben soll, die gerade dem Zuckersektor in den Empfängerländern zu Gute kommt. Diese Art von Verwendungseinschränkung ist nicht die beste Form der finanziellen Hilfeleistungen der EU. Bei voller Kompensation hätten die Entwicklungsländer also keine finanziellen Einbußen zu erleiden, aber durch Aufhebung der ‚Bindung an den Zuckersektor' trotzdem einen positiven Effekt zu verzeichnen. Zu bedenken ist auch, dass manche der AKP-Länder und LCDs auch am Weltmarkt verkaufen könnten, denn der dort erzielbare Preis wird durch Zuckermarktreform der EU steigen.

Allerdings hätten diese zusätzlichen Kompensationszahlungen einen unangenehmen Beigeschmack. Sie können nämlich als eine Art ‚Freikauf' der EU für das nicht vollständige Liberalisieren ihres Zuckermarktes gesehen werden. Erst der Abbau aller Handelsbeschränkungen und Protektionen wäre deshalb die vorteilhafteste Lösung und würde den Entwicklungsländern die größten Vorteile bringen. Die Verteilung dieser Effekte auf die einzelnen Entwicklungsländer wäre in diesem Fall aber sicherlich sehr anders, als sie bei der jetzigen Zuckerpolitik ist. Vollständige Liberalisierung brächte vor allem den Ländern Vorteile, die, wie Brasilien, gegenwärtig starke Einschränkungen beim Zuckerexport in die EU haben. Nachteilig wäre sie dagegen für Länder mit wesentlich höheren Produktionskosten als Brasilien. Zu denen gehören viele der ärmsten Länder. Mauritius müsste vermutlich bei einer vollständigen Liberalisierung die Zuckerproduktion ganz einstellen. Ohne strukturelle Hilfe wäre dies für dieses Land der wirtschaftliche Ruin. Im Saldo führt Handelsliberalisierung immer zur Steigerung der Wohlfahrt, die es den Gewinnern ermöglichen sollte, die Länder mit Wohlfahrtsverlusten zu kompensieren. Allerdings zeigt die Realität, dass dies bisher immer nur Lippenbekenntnisse waren.

Referenzen

Evangelischer Entwicklungsdienst (2004): Die Reform der EU-Zuckermarktverordnung, Bonn

Grote, Ulrike, Claus Deblitz, Tobias Reichert und Susanne Stegmann (2001), Umweltstandards und internationale Wettbewerbsfähigkeit: Analyse und Bedeutung im Rahmen der WTO, Kiel.

EU-Kommission (2004), The common organisation of the market in sugar, Brussels.

EU-Kommission (2003), Sugar: International analysis and production structures within the EU, Tabelle 1.1, Brüssel.

Eurocare (2003), Assessing the impact of future options for the future reform of the Sugar Common Market Organisation, Bonn

Wirtschaftliche Vereinigung Zucker (2005), Der Weltzuckermarkt, www.zuckerwirtschaft.de/2_3.html

AG 1:

Wenn nicht Zucker, was dann: Bioethanol und Biomasse als Ausweg?

Karsten Block

Zucker: Markt oder Ordnung?
Was bringen Biokraftstoffe der Landwirtschaft?

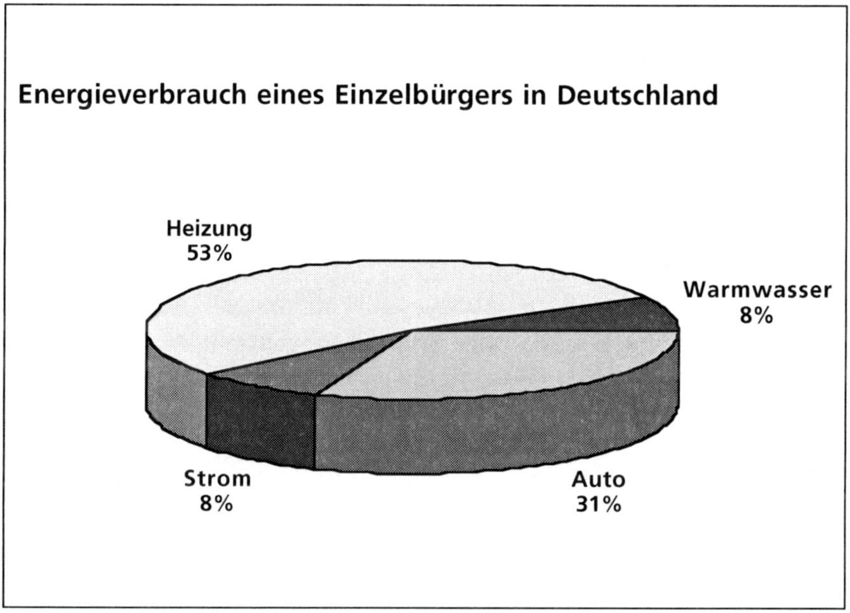

Nutzung von nachwachenden Rohstoffen

Anbauflächen	1993 Basis-fläche	1993 Silll.-fläche	1995 Basis-fläche	1995 Silll.-fläche	1997 Basis-fläche	1997 Silll.-fläche	1999 Basis-fläche	1999 Silll.-fläche	2001 Basis-fläche	2001 Silll.-fläche	2003 Basis-fläche	2003 Silll.-fläche
Rohstoff												
Stärke	120		126	3	123		125		125,0		125,0	
Zucker	7		8		7		7		7,0		7,0	
Rapsöl	64	61	336	331	187	107	371	361	190,0	322,7	340,0	328,8
Leinöl	29	2	57	3	96		200	1	31,8	0,4	5,0	0,4
Sonnenblumenöl	10	1	30	17	23	3	28	7	20,0	4,9	15,0	3,2
Faserpflanzen	1		3		4		5		2,0		1,5	
Heilstoffe u.a.	3	1	5	1	5	1	4		4,0	0,7	4,0	0,7
Sonstiges		2	7	7	1	1	1	1		2,8		5,1
Summe	**234**	**67**	**572**	**362**	**446**	**112**	**741**	**370**	**380**	**332**	**498**	**338**
NR Gesamt	**301**		**934**		**558**		**1.111**		**711**		**836**	

Quelle:
Bundesministerium für Ernährung, Landwirtschaft und Forsten, FNR

Bioenergie: das verkannte Zukunftspotential !

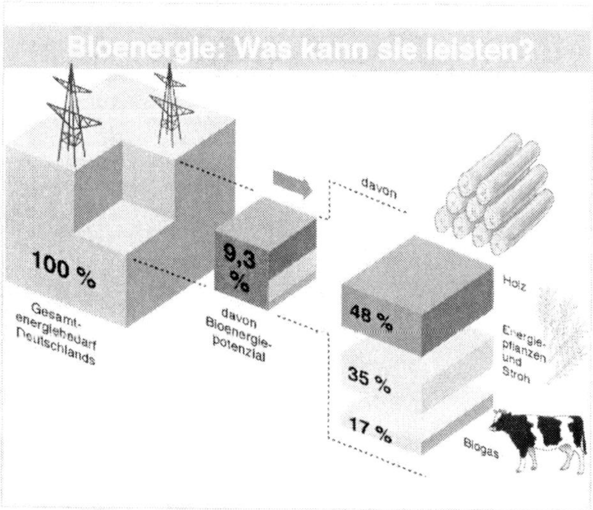

Energetische Nutzug von Biomasse

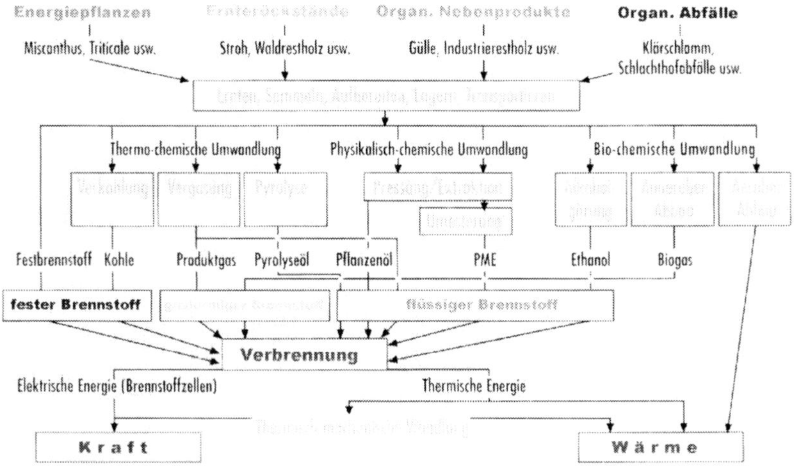

Kaltschmidt 2003

Rohstoffpotentiale in Deutschland

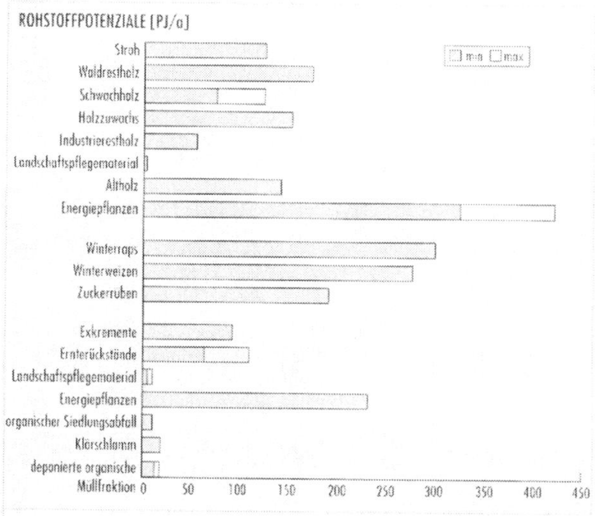

Kaltschmidt 2003

Raps als Treibstoff & Futter: ein idealer Kreislauf

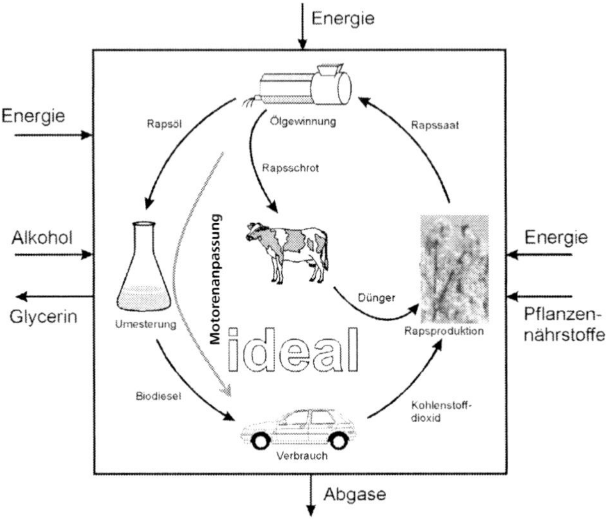

Biodieselkapazitäten in Deutschland bis 2003

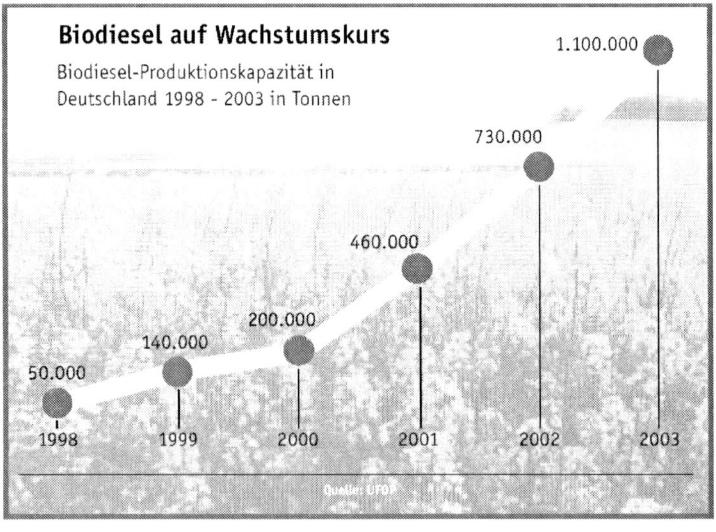

Welt-Ethanolproduktion und Verteilung

Gesamtproduktion 2000: 313,9 Mil. hl

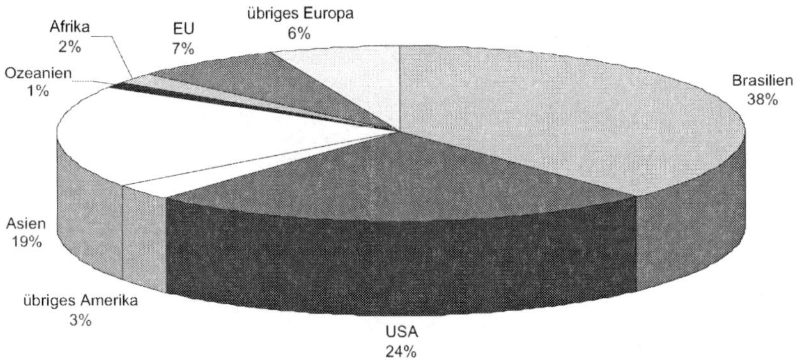

Bioethanolanlagen in Deutschland

- **Schwedt** **80.000 t Alkohol**
- **Zörbig** **80.000 t Alkohol**
  - **Input:** **500.000 t Roggen**
- **Zeitz** **260.000 t Alkohol**
  - **Input** **700.000 t Weizen**
- **Getreideernte Deutschland**
  45 – 50 Mill. t

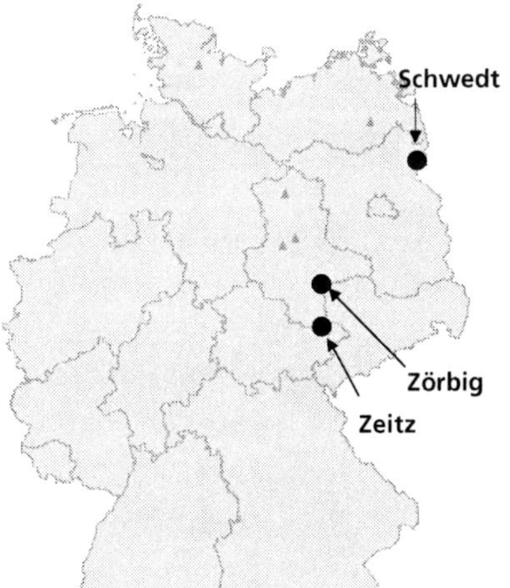

Alkohol (Ethanol) aus Zucker

- Der Zuckermarkt ist in der EU geregelt durch eine Zuckermarktordnung.
- Der Anbau von Zuckerrüben bringt der Landwirtschaft eine hohe Wertschöpfung, und führt gegenüber dem Weltmarkt zu einem hohen Zuckerpreis.
- Die Verarbeitung der Rübe zu Zucker erfolgt in industriellem Maßstab.
- Teile der Wertschöpfungskette sind durch die Landwirtschaft nicht zu übernehmen.
- Bioethanol aus Zucker kann zur zu besseren Preisen für C-Rüben führen.

Bioethanol-Ertrag (Weber 2004)

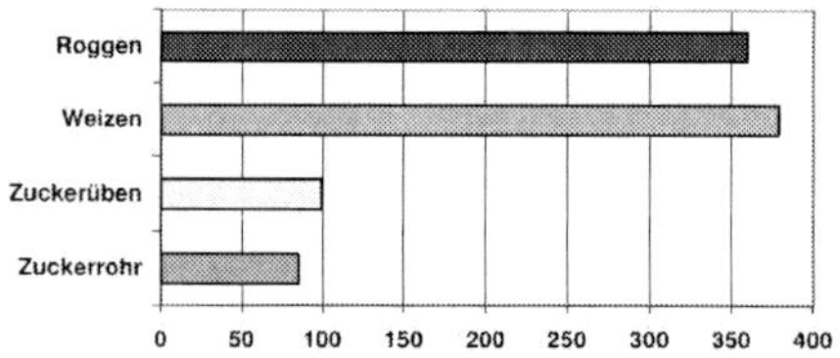

Abb. 11: Bioethanol-Erträge der verschiedenen Rohstoffe in Liter / Tonne

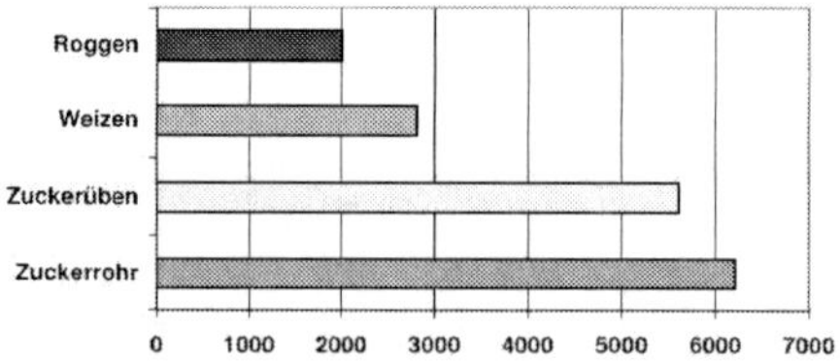

Abb. 12: Bioethanol-Erträge der verschiedenen Rohstoffe in Liter / Hektar

Ethanolproduktion – Rohstoffpreis

Produkt	Ertrag/ha	EUR/t	Einstandspreis/ha EUR/ha
Zucker Weltmarkt	8,5	220	1870
Zucker Europa	8,5	632	5372
Getreide	8	120	960

Erzeugung von Alkohol (Ethanol) in landwirtschaftlichen Brennereien

- Produktion von Bioethanol:
  - 100 kg Getreide → 37 – 42 l Alkohol
  - 1 ha Getreide (80 dt) → 2.800 – 3.100 l Alkohol

- landwirtschaftliche Brennereien haben den Kreislauf der Nährstoffe weitgehend geschlossen.

- Bessere Auslastung der ca. 800 landwirtschaftlichen Brennereien und ausgeschiedenen gewerblichen Brennereien.

Erzeugung von Alkohol (Ethanol) in landwirtschaftlichen Brennereien

- Alkohol kann in landwirtschaftlichen Brennereien für 0,55 – 0,65 EUR erzeugt werden.
- Die Schlempeverwertung kann über Vieh erfolgen
- Es wird keine Energie für die Trocknung der Schlempe benötigt.
- Alternativ gibt es Synergieeffekte bei der Entsorgung von Schlempe über eine Biogasanlage:
  - Energie für das Brennen kann bereitgestellt werden
  - 10 m^3 Schlempe = 300 m^3 Biogas = 600 kW Strom
- Ethanol ist aufgrund der hohen Energiedichte transportunempfindlich

Moderne Biogasanlage – Schnittzeichnung

Zeichnung: Gerrit Holz, Biogas Nord

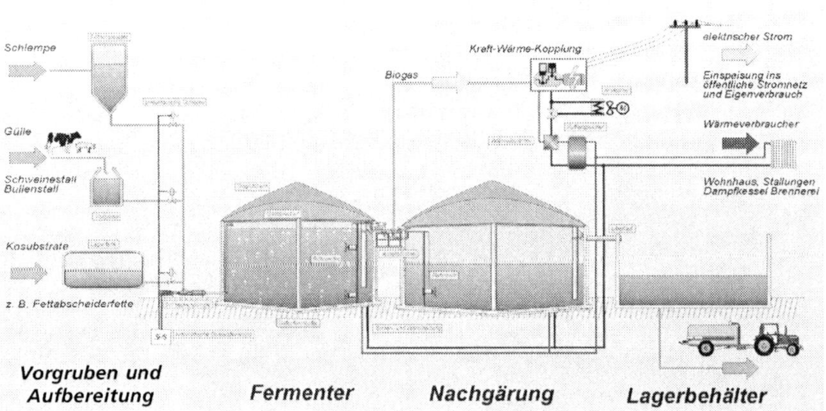

Biogas und Flächenbedarf

Biogasanlagen auf NaWaRo-Basis haben einen hohen Flächenbedarf:

- 2,5 – 2,8 ha je kW oder 35-40 ha/100 kW
- Neue Biogasanlagen haben eine durchschnittliche Leistung von ca. 230 kW = 80 ha Flächenbedarf und nutzen Stillegungsflächen
- 1.000 Anlagen entstehen **2005** ???

Sonstige Verfahren an Biogasanlagen

Landwirtschaftliche Biogasanlagen haben oft eine zu geringe Wärmenutzung:

- Biogas könnte hier alternativ zu *Methanol* synthetisiert werden.
- Herstellung von Autogas (Erdgasauto) durch direktes Abfüllen oder Einspeisung von aufbereiteten Biogas in das Erdgasnetz oder Direktverkauf

Biogasanlagen:
Chancen und Begrenzungen in der Landwirtschaft

Chancen

- Neue Einkommensquelle
- Gesicherte Stromabnahme
- Gesicherte Stromvergütung
- Einnahmen aus Kofermenten
- Entwicklung eines neuen betrieblichen Standbeins
- Bessere Verwertung von Ackerfrüchten

Begrenzungen

- Rentabilität von Kleinanlagen
- Arbeitszeitanspruch
- Flächenanspruch
- Transportentfernung bei Gemeinschaftsanlagen
- Kofermentebeschaffung
- Grenzen Dünge-VO
- Auflagen Bioabfall-VO

Choren: zweistufiges Vergasungsverfahren

Verfahrensschema Carbo-V®

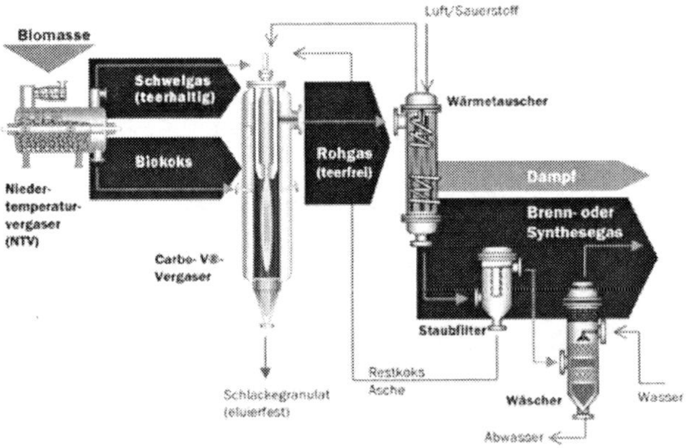

CHOREN INDUSTRIES

BtL – Kraftstoff der Zukunft?

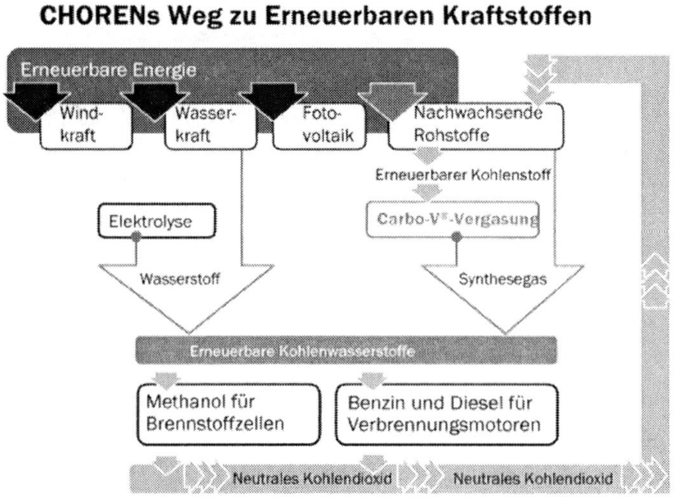

Dezentrale Verdichtung – Zentrale Kraftstoffbereitung

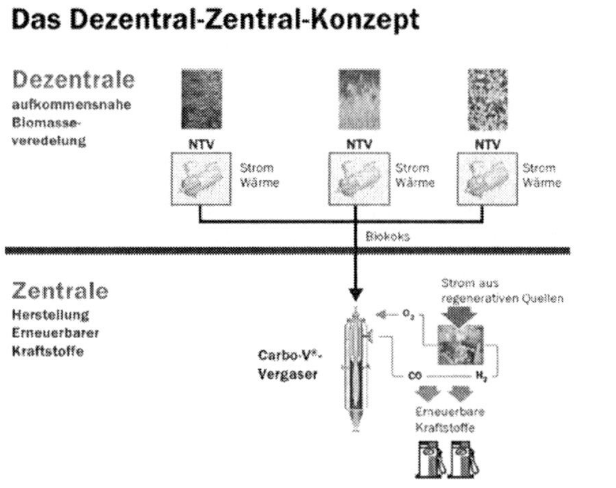

Choren

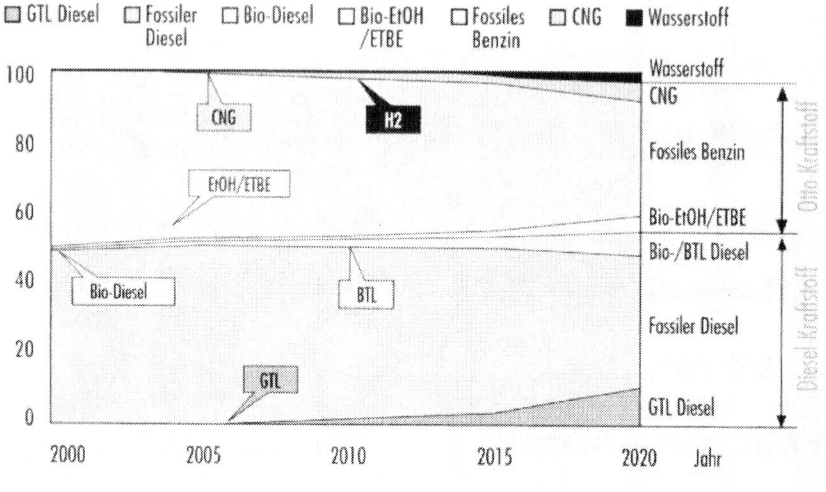

R. Maly, DaimlerChrysler 2003

Kraftstoffe aus Biomasse (BtL)

- Durch eine zweistufige Pyrolyse kann relativ preiswerte Biomasse (Stroh, Holz, Abfälle) zur Herstellung von „Sunfuels" oder BTL (Biomass to Liquid) genutzt werden. Dabei gehen ca. 70 % Energie verloren
- Bleibt die erste Synthesestufe in der Hand von Landwirten oder Genossenschaften, so kann hieraus ein neues Betätigungsfeld für Landwirte entstehen.
- Am Ende werden voraussichtlich oligopole Unternehmen einen Flaschenhals bilden und den Preis bestimmen

Wärme: Einsatzgebiete für Landwirte

- Eigenheizung (30 – 150 kW)
  - Verdrängung von Heizöl und Gas
- Mikronetze (60-150 kW)
  - Wärmecontracting, Dienstleistung
- Versorgung von Objekten bis 1 MW
  - Kooperation von Landwirten
- Versorgung von Objekten > 1 MW
  - Strategische Partnerschaften: Kooperation von Landwirten mit anderen Gesellschaften (Energieversorger, Stadtwerke, Altholzentsorger, ...
- KWK: ???

Resümee

- An neuen Entwicklungen ist die Land- und Fortwirtschat nicht automatisch mit einer besseren Wertschöpfung beteiligt.
- Wertschöpfung ist nur zu erreichen, wenn ein Teil der Verarbeitung in der Landwirtschaft bleibt.
- Auf den Massenmärkten ist für Landwirte kaum Wertschöpfung zu erzielen. Neue Verwertungsmöglichkeiten können auf den landwirtschaftlichen Produktmärkten zu Preissteigerungen führen.
- Die Landwirtschaft sollte sich die dezentrale Wärmeerzeugung und auf Nischenmärkte konzentrieren. Hier lässt sich gemeinschaftliche Wertschöpfung durch Organisation, Investition und Vermarktung erzielen.

Dietrich Klein

Wenn nicht Zucker, was dann: Bioethanol und Biomasse als Ausweg?

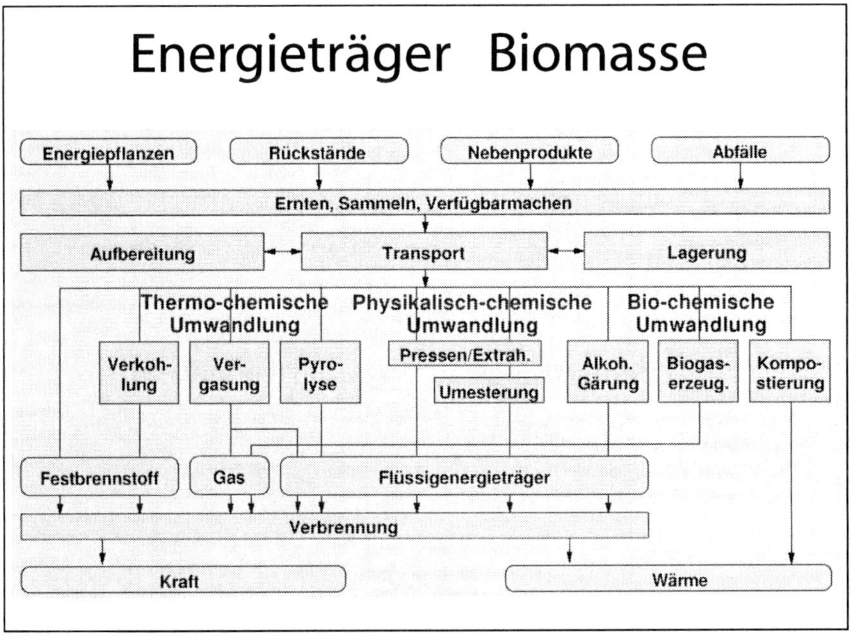

Biokraftstoffe

- Biodiesel
- Bioethanol
- BTL-Synthesekraftstoff

Marktanteile Biokraftstoffe in Deutschland 2010 (gemäß EU-Richtlinie 2003/30)

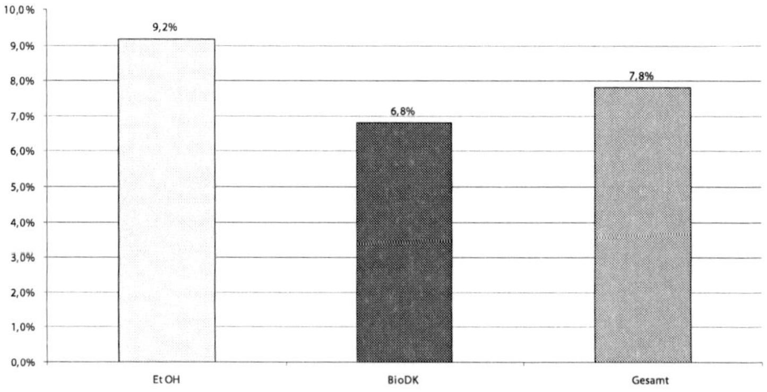

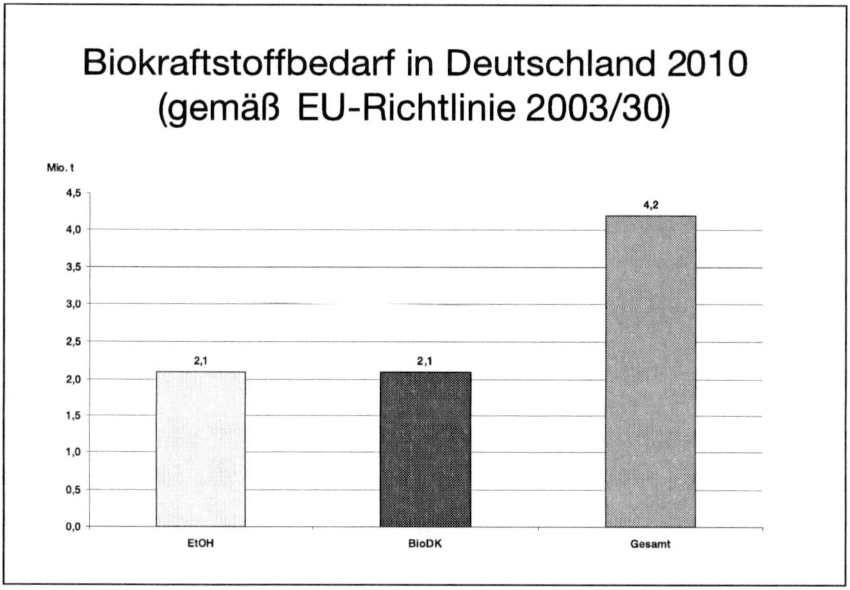
Biokraftstoffbedarf in Deutschland 2010
(gemäß EU-Richtlinie 2003/30)
Mio. t
4,5
4,0
3,5
3,0
2,5
2,0
1,5
1,0
0,5
0,0
2,1
2,1
4,2
EtOH
BioDK
Gesamt

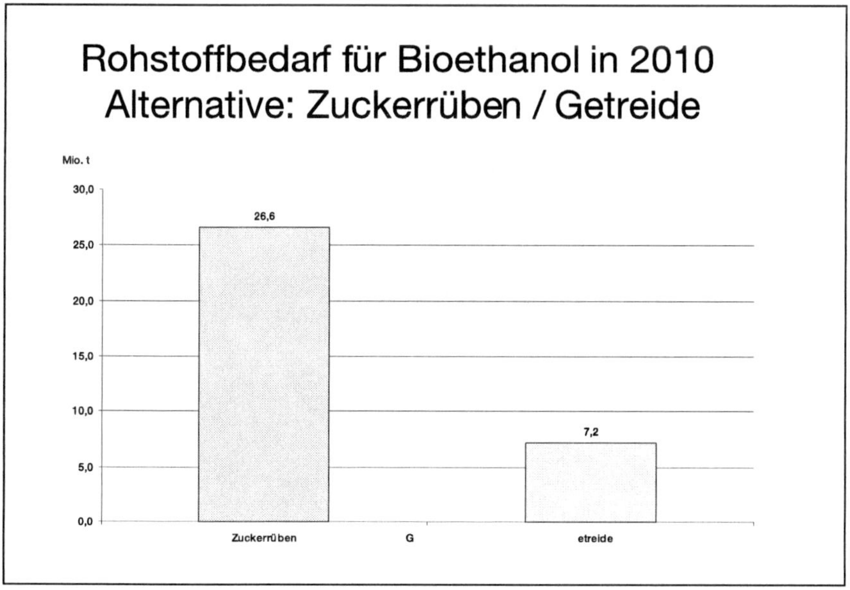
Rohstoffbedarf für Bioethanol in 2010
Alternative: Zuckerrüben / Getreide
Mio. t
30,0
25,0
20,0
15,0
10,0
5,0
0,0
26,6
7,2
Zuckerrüben
G
etreide

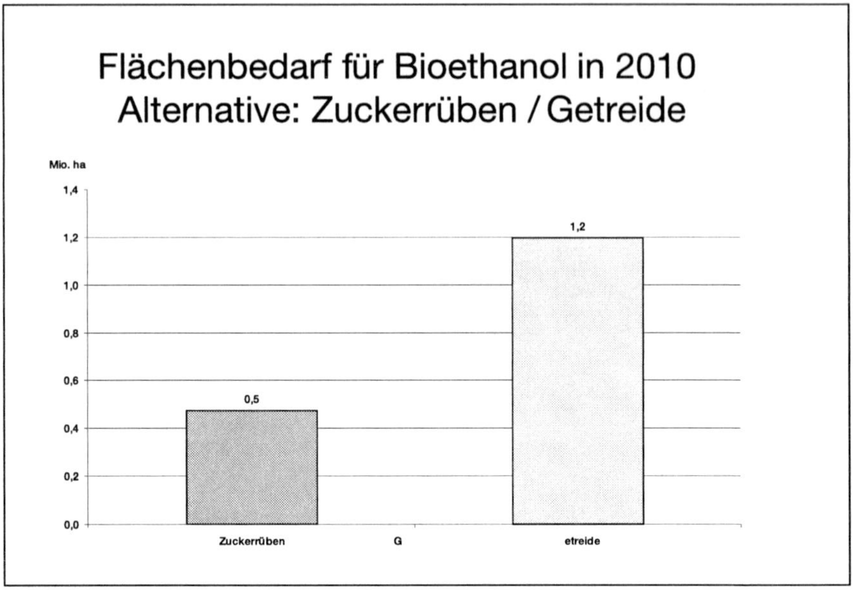
Flächenbedarf für Bioethanol in 2010
Alternative: Zuckerrüben / Getreide
Mio. ha
1,4
1,2
1,0
0,8
0,6
0,4
0,2
0,0
1,2
0,5
Zuckerrüben
G
etreide

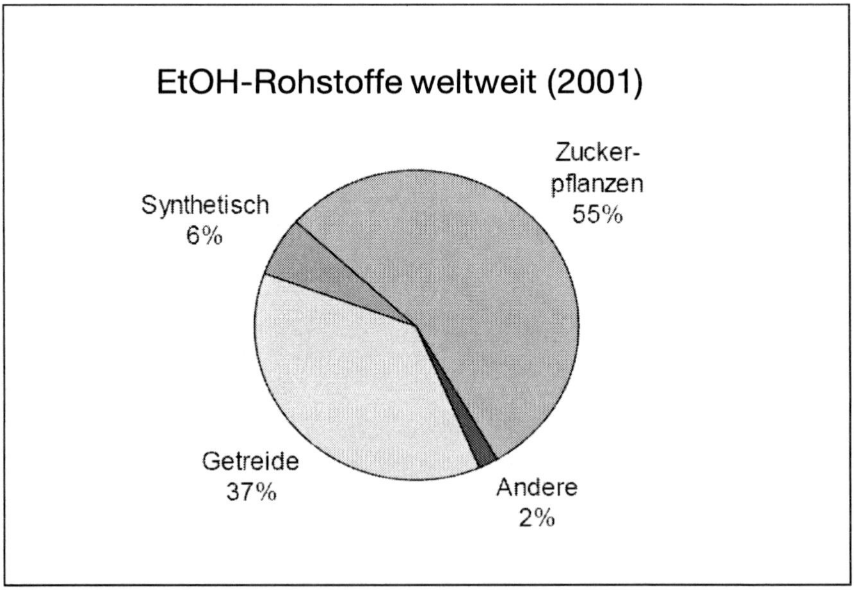
EtOH-Rohstoffe weltweit (2001)
Zucker-
pflanzen
55%
Synthetisch
6%
Getreide
37%
Andere
2%

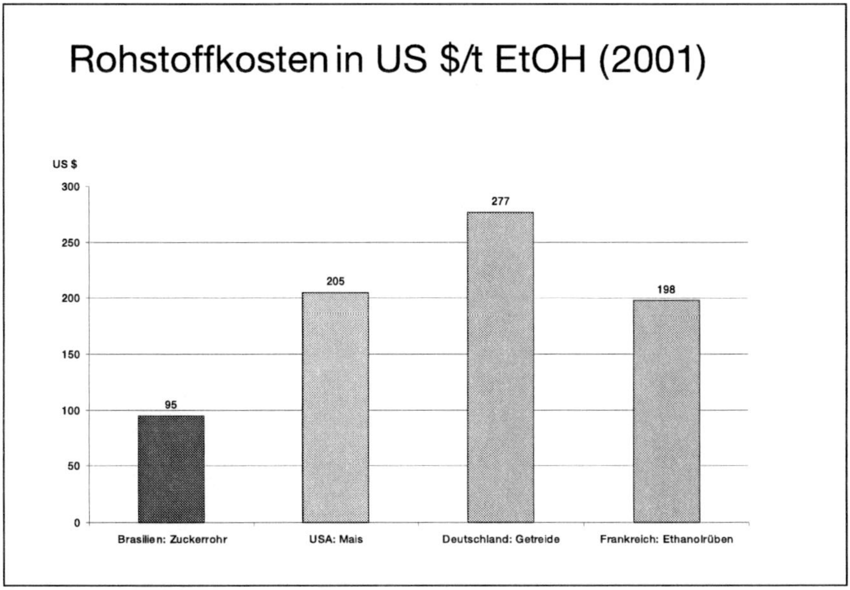
Rohstoffkosten in US $/t EtOH (2001)
US $
300
250
200
150
100
50
0
95
205
277
198
Brasilien: Zuckerrohr
USA: Mais
Deutschland: Getreide
Frankreich: Ethanolrüben

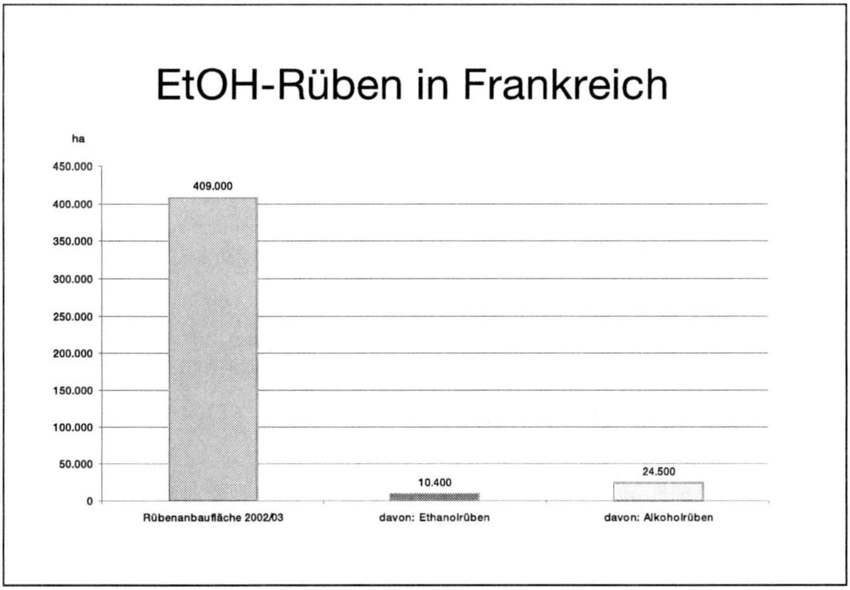
EtOH-Rüben in Frankreich
ha
450.000
400.000
350.000
300.000
250.000
200.000
150.000
100.000
50.000
0
409.000
10.400
24.500
Rübenanbaufläche 2002/03
davon: Ethanolrüben
davon: Alkoholrüben

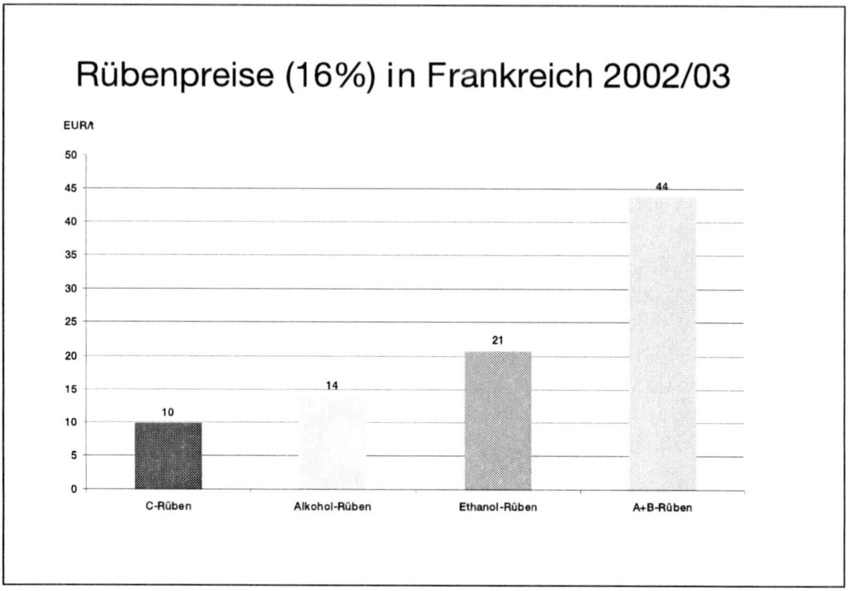
Rübenpreise (16%) in Frankreich 2002/03
EUR/t
50
45
40
35
30
25
20
15
10
5
0
10
14
21
44
C-Rüben
Alkohol-Rüben
Ethanol-Rüben
A+B-Rüben

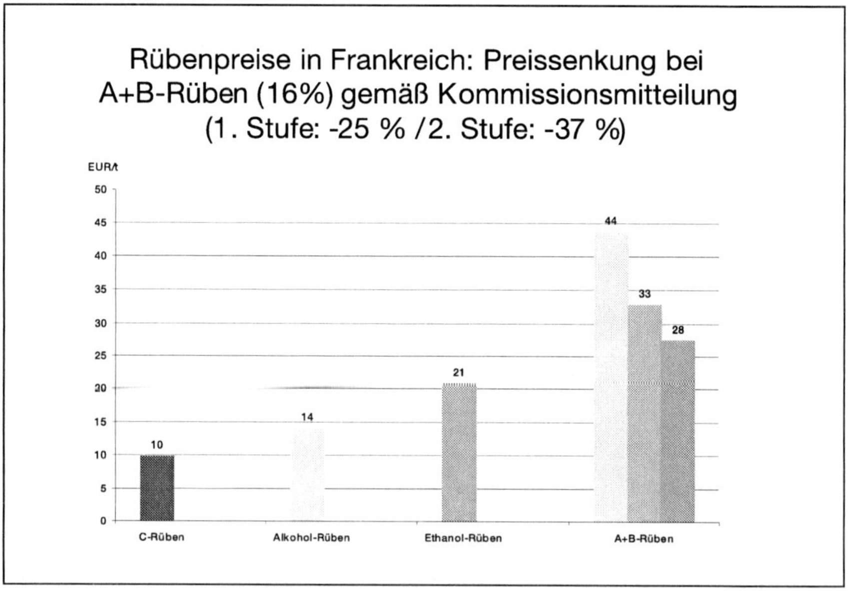
Rübenpreise in Frankreich: Preissenkung bei
A+B-Rüben (16%) gemäß Kommissionsmitteilung
(1. Stufe: -25 % / 2. Stufe: -37 %)
EUR/t
50
45
40
35
30
25
20
15
10
5
0
10
14
21
44
33
28
C-Rüben
Alkohol-Rüben
Ethanol-Rüben
A+B-Rüben

Konsequenz:

Die bislang in Frankreich wegen signifikant höherer Zuckerträge und geringerer Kosten mögliche Erzeugung von Ethanolrüben kommt bei den von der Kommission vorgeschlagenen Kürzungen von Zuckerquoten und Preisen zum Erliegen.

Bioethanol aus Getreide:

Nachhaltige Chance für den Ackerbau?

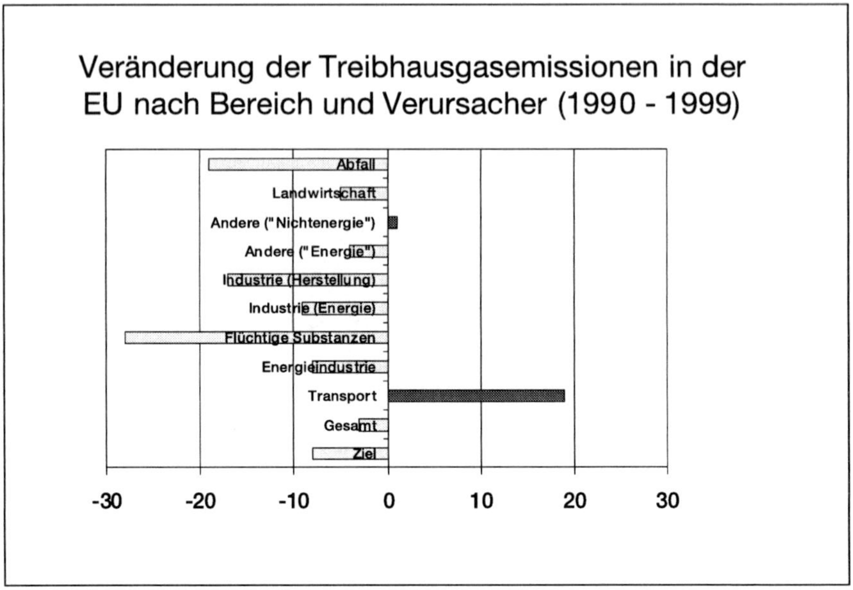
Veränderung der Treibhausgasemissionen in der EU nach Bereich und Verursacher (1990 - 1999)
Abfall
Landwirtschaft
Andere ("Nichtenergie")
Andere ("Energie")
Industrie (Herstellung)
Industrie (Energie)
Flüchtige Substanzen
Energieindustrie
Transport
Gesamt
Ziel
-30
-20
-10
0
10
20
30

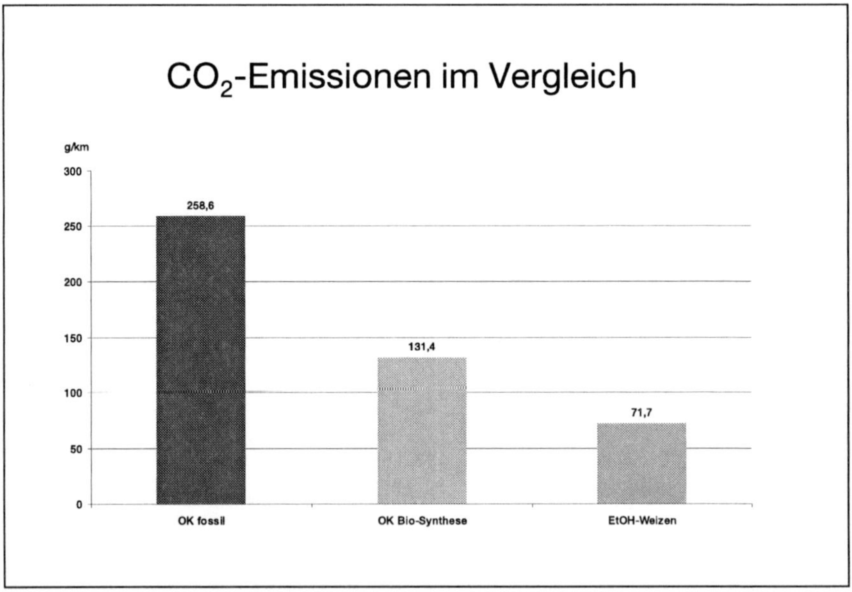
CO_2-Emissionen im Vergleich
g/km
300
250
200
150
100
50
0
258,6
131,4
71,7
OK fossil
OK Bio-Synthese
EtOH-Weizen

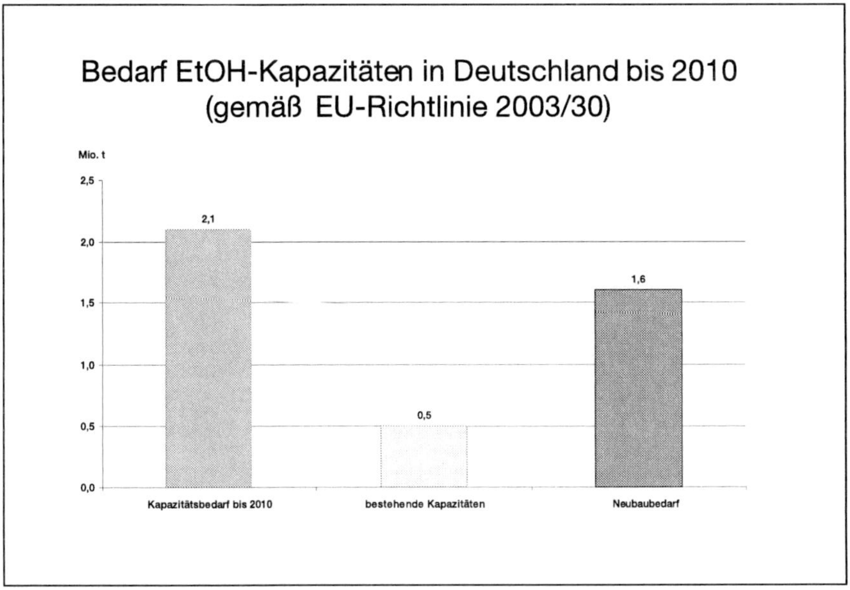
Bedarf EtOH-Kapazitäten in Deutschland bis 2010
(gemäß EU-Richtlinie 2003/30)
Mio. t
2,5
2,0
1,5
1,0
0,5
0,0
2,1
0,5
1,6
Kapazitätsbedarf bis 2010
bestehende Kapazitäten
Neubaubedarf

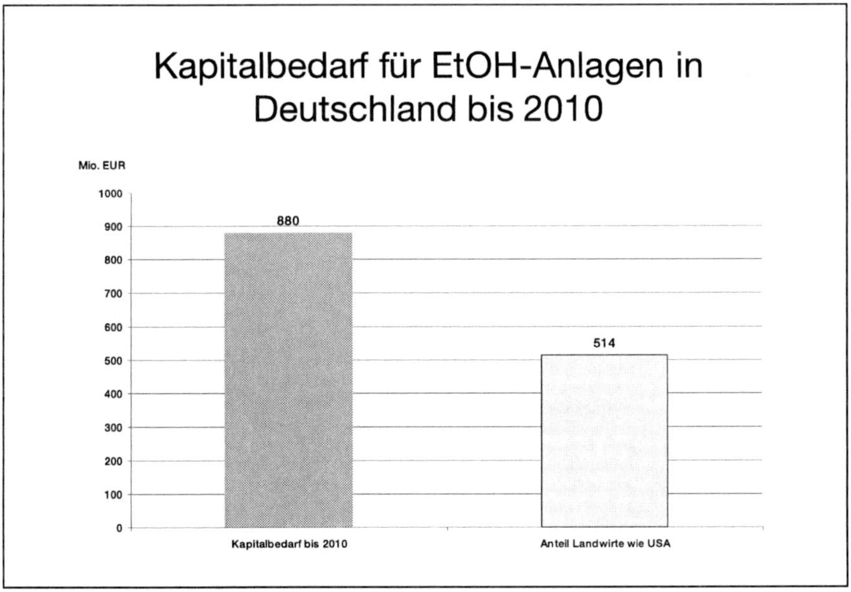
Kapitalbedarf für EtOH-Anlagen in
Deutschland bis 2010
Mio. EUR
1000
900
800
700
600
500
400
300
200
100
0
880
514
Kapitalbedarf bis 2010
Anteil Landwirte wie USA

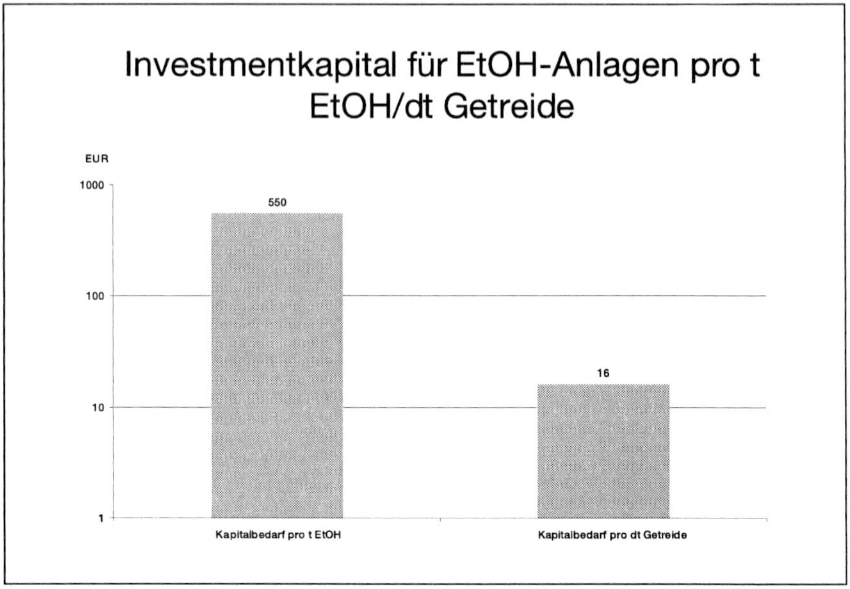
Investmentkapital für EtOH-Anlagen pro t EtOH/dt Getreide
EUR
1000
100
10
1
550
16
Kapitalbedarf pro t EtOH
Kapitalbedarf pro dt Getreide

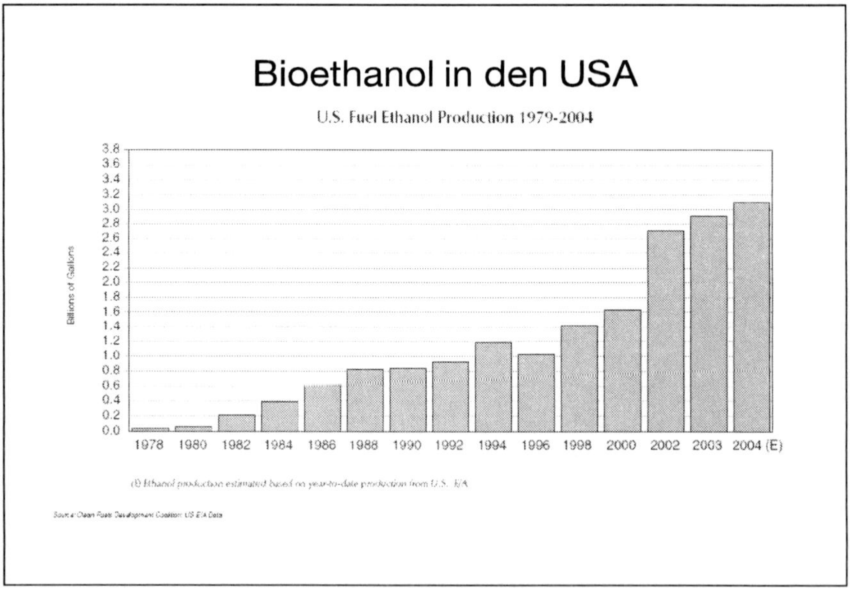
Bioethanol in den USA
U.S. Fuel Ethanol Production 1979-2004
Billions of Gallons
3.8
3.6
3.4
3.2
3.0
2.8
2.6
2.4
2.2
2.0
1.8
1.6
1.4
1.2
1.0
0.8
0.6
0.4
0.2
0.0
1978
1980
1982
1984
1986
1988
1990
1992
1994
1996
1998
2000
2002
2003
2004 (E)
(E) Ethanol production estimated based on year-to-date production from U.S. EIA

Bioethanol in den USA: 58 % Farmeranlagen

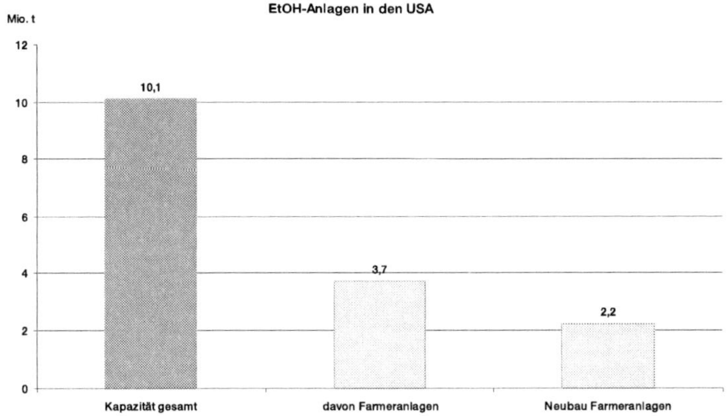

Investmentkapital für typische Farmeranlagen in USA

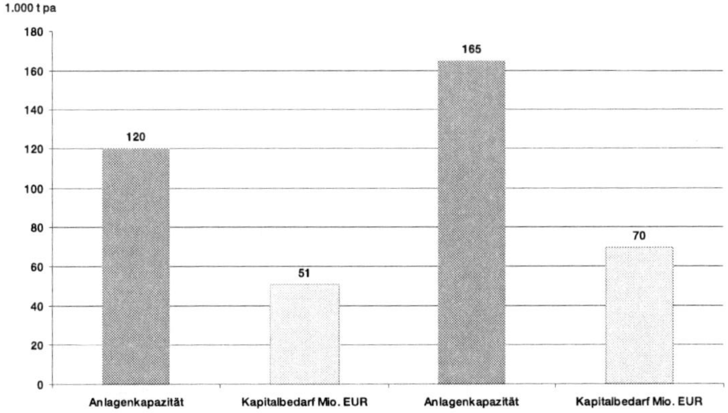

Beispiel: Adkins Energy LLC

- Standort: Lena, Illinois
- Investoren:
  Adkins Energy Coop. (300 Farmer)
- Kapazität: 118.500 t EtOH
- Rohstoff: Mais
- Investmentkapital: 50 Mio. EUR / 422 EUR/t EtOH pa

http://www.adkinsenergy.com

Risiko: Importe

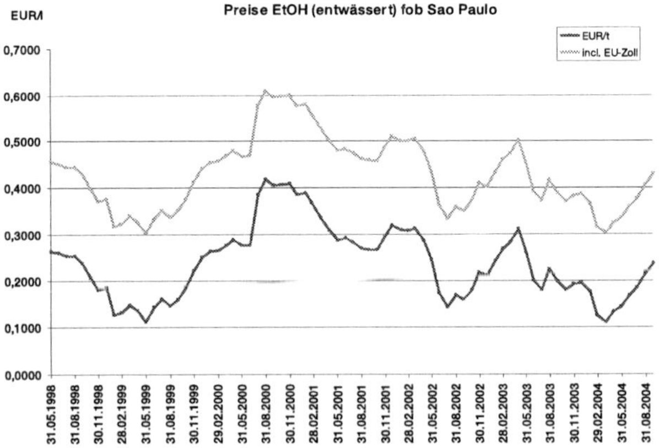

Wirtschaftliche Rahmenbedingungen

- Wirksamer Außenschutz
- Differenzierte Steuerregelung
- Investitionsförderung für ldw. EtOH-Anlagen im ländlichen Raum

Landwirtschaftliche Arbeitsgruppe Biokraftstoffe (LAB)

Dietrich Klein
Reinhardtstr. 18
10117 Berlin
Telephone 030 31904232
Fax 030 31904233
d.klein@bauernverband.net

Gerd Wesselmann[1]

Wenn nicht Zucker, was dann: Bioethanol und Biomasse als Ausweg?

Bericht aus der Arbeitsgruppe 1

Für mein Resumée möchte ich einen kleinen Bogen spannen.

Meine landwirtschaftliche Lehre fand 1972 in einem Kreis statt, der zu denjenigen mit den meisten Betrieben über 100 ha zählte. Als mir seinerzeit mein Lehrherr mitteilte, er hätte nicht so viel Zeit für mich, weil er im Vorstand einer Zuckerfabrik heftig mitarbeite, musste ich dann die ca. 300 Hektar Zuckerrüben, die er beabsichtigte in Zukunft auch zu erweitern, mehr oder weniger selber düngen. Und nachdem er mich noch gefragt hatte, was ich denn bisher gelernt habe, und ich geantwortet hatte, Buchführung, dann gab er mir für die Pausen auch noch die Buchführung mit. „Und in zwei Tagen komme ich dann von der Vorstandssitzung wieder und Sie berichten mir, wie es um meinen Betrieb steht. Und den Dünger haben Sie dann auch gestreut!"

Damals hätte ich mir nicht vorstellen können, wüsste es aber heute nur allzu gern, wie seine Antwort heute – nach 40 Jahren Zuckermarktordnung – auf deren Probleme ausgefallen wäre.

Darüber hinaus war dieser nette Kerl, und der eine oder andere aus der entsprechenden Industrie wird ihn ja kennen, auch noch Vorstandsvorsitzender einer der ganz wenigen Banken, die sich praktisch ausschließlich mit Landwirtschaft beschäftigen. Ich darf das an dieser Stelle einmal diese Bank benennen: die Kurhessische Landbank in Kassel. Und der Kreis, von dem ich eben sprach, war der ehemalige Kreis Hofgeismar – mitten in Deutschland gelegen und in der Nähe einiger Zuckerfabriken, die im Zuge der Zeit eine Wandlung durchgemacht haben. Jedenfalls hatte mein Lehrherr dann auch als Banker damit zu tun, wie Bauern zu finanzieren seien, die Zuckerrüben in größeren Mengen anbauten.

Abschließend also: Wenn ich jetzt wüsste, was gerade er heute zu der Entwicklung sagen würde, die wir hier diskutieren – „Wenn nicht Zucker: was dann?" –, wäre das sicher außerordentlich informativ und spannend.

Damit nun zu meinem Arbeitskreis – eingeleitet durch ganz ausgezeichnet vorbereitete Referate.

Zuerst Herr Dr. Block. Er hat, ausgehend von seiner Absicht, Landwirte in Richtung Einkommensalternativen zu beraten, verschiedene Möglichkeiten der energieorientierten Nutzung landwirtschaftlicher Rohstoffe dargestellt. Hierzu kann ich die Tagungsleitung nur bitten, die hervorragenden Folien vielleicht dem Tagungsband beizulegen. Er ging relativ schnell auf Raps ein, in Richtung Biodiesel. Anschließend erläuterte er relativ ausführlich die Möglichkeit, Alkohol zu erzeugen aus Zuckerrüben und aus Getreide letztlich auch. Allesamt Möglichkeiten zur Einkommenserzielung für Landwirte alternativer Art. Er sah das Szenario ziemlich optimistisch. Zudem seien die Volumina steigend. Aber er sah es gleichzeitig auch sehr differenziert. Bereits er wies auf erforderliche Kostenkalkulationen hin, die im Vergleich zu anderen diversen unterschiedlichen Nutzungen zwischen den einzelnen Rohstoffarten in Zukunft auch sehr differenziert durchzuführen seien.

Diese Richtung setzte der zweite Referent, Herr Klein, zum Stichwort Bioethanol, sehr stark fort. Er betonte, dass Bioethanol gut geeignet sei, um landwirtschaftliche Rohstoffe, Zuckerrüben und insbesondere auch Getreide, zu verwerten. Zusätzlich erwähnte er die sogenannten BTL-Kraftstoffe für die mittelfristige Zukunft. Auch er sagte, dass die Volumina, die in Betracht kämen, steigend seien und noch stärker gesteigert werden könnten, wenn sich bestimmte Rahmenbedingungen verbesserten. Aber er setzte dann ein deutliches negatives Zeichen in unsere Runde hinein, als er die Marktpreise und die Kostenverhältnisse vergleichend beurteilte. Er sagte – um es deutlich auszudrücken: die Kosten der Erzeugung hier in Deutschland müssten deutlich sinken, sonst könnte hier nicht zu den entsprechend auskömmlichen Preisen produziert werden. Und letztlich könnten die Rohstoffmärkte nicht aus der Biomasse ausreichend beliefert werden. Er sah also hier eine nicht allzu positive Zukunft für Landwirte, die sich in diese Richtung begeben wollten.

Herr Prof. Zeddies unterstützte dieses von einer anderen Seite. Er brachte in unsere Runde den Gedanken ein, dass möglicherweise, wenn Bioethanol aus heimischen Rohstoffen erzeugt werden könnte, sich dann auch die Preisverhältnisse der Endprodukte in deutschen Märkten deutlich nach oben entwickeln – oder jedenfalls zu positiveren Verhältnissen für Erzeuger führen könnten. So könnte ggf. selbst die Erzeugung von Bioethanol aus Getreide rentabel werden.

Das Ergebnis aus unserer Arbeitsgruppe ist schließlich – aus meiner Sicht – ein sehr nachdenkliches:

1. Es gilt mehr denn je, Informationen aus obigen Bereichen angemessen zu recherchieren. Damit meine ich, für Landwirte und auch für die beteiligten Industrien, müssen wesentlich stärkere Marktrecherchen, Preisrecherchen, Kostenrecherchen durchgeführt werden, um die Verhältnisse, die sich daraus ergeben, sorgfältig in alle erforderlichen Überlegungen und Kalkulationen einzuführen und zu berücksichtigen. Hier sind wir, glaube ich, noch sehr am Anfang und sehr unsicher.
2. Obige Kalkulationen – insbes. bzgl. Preise und Kosten – sollten nutzungsorientiert durchgeführt werden. Das heißt: der positive Trend zur Erzeugung von Energie aus nachwachsenden Rohstoffen sollte fortgeführt und dazu genutzt werden, dass obige Kalkulationen vor dem richtigen „atmosphärischen" Hintergrund durchgeführt werden. Damit meine ich deutlich, dass man sich untereinander – Erzeuger und Verarbeiter – mehr denn je und ehrlich verständigen sollte.
3. Es ist mehr denn je erforderlich, in Wertschöpfungsketten zu denken und auch zu agieren. Das heißt: Alle Personen, Organisationen und Unternehmen der zentralen Wertschöpfungskette – von Landwirten, die nachwachsende Rohstoffe erzeugen, über Verarbeiter, die marktfähige Produkte herstellen, bis zu Anwendern oder Verbrauchern, die die jeweiligen Endpreise akzeptieren – müssen sich wesentlich stärker in dieser Wertschöpfungskette beheimatet fühlen. Immer wieder tritt in entsprechenden Diskussionen aber eine zu starke Polarität hervor.
4. Wirtschafts- und vor allem agrarpolitische Förderszenarien sollten – das kam in einigen Wortmeldungen deutlich zum Ausdruck – wesentlich einheitlicher, zielrichtiger und als möglichst einheitlicher Pfad ausgestaltet werden, damit vor allen Dingen auch alle beachtliche Größenordnungen erreichenden Investitionen tatsächlich unter richtigen Abschreibungsbedingungen finanziert werden könnten.

5. Die Weiterbildung und Beratung der Landwirte in allen oben zur Diskussion stehenden Bereichen ist dringend erforderlich. Wir haben an der einen oder anderen Stelle gemerkt, dass Landwirte ziemlich unsicher sind, wie sie diese Situation beurteilen können. Es gipfelte eigentlich in der Frage eines Landwirtes, die ich nur sehr unterstützen kann: „Ja, haben wir denn jetzt alles falsch gemacht in der Vergangenheit – oder wie ist das zu beurteilen?"

Abschließend möchte ich noch etwas zur Finanzierung sagen. Hierzu wurde ich in unserem Arbeitskreis, obwohl Herr Lange gestern dazu aufrief, vor lauter anderer Diskussion nicht sehr gefordert. Ich bin aber ausdrücklich gebeten worden, jetzt hier zur Finanzierung aus der Sicht finanzierender Banken noch etwas zu sagen. Hierzu also nun zwei Dinge:

1. Die Finanzierungsvolumina, die in Betracht kommen, sind sowohl auf landwirtschaftlicher als auch industrieller Seite ganz erheblich. Besonders schwierig wird die Finanzierung, wenn wir daran denken, dass bestimmte in den gesamten Prozess eingebundene Unternehmen, hier insbesondere die Zuckerfabriken, in der Vergangenheit Investitionen getätigt und finanziert haben, die jetzt noch laufen, deren weitere Finanzierung aber vor dem Hintergrund aktueller Entwicklungen der Zuckermarktordnung schwierig zu ändern ist. Jedenfalls sind hier natürlich einige Verluste möglicherweise schon vorprogrammiert, wenn seitens der Politik allzu drastisch umgelenkt werden sollte. Aber auch die Zuckerfabriken haben sicherlich ihren aktiven Part zum Wandel beizutragen.
2. Ich habe die Freude und Ehre, eine nicht ganz kleine Bank zu vertreten. Auch finanzieren wir den einen größeren Landwirt und die andere größere Industrie. Wir als genossenschaftliche Bankengruppe haben jedenfalls seit etwa zwei Jahren in unserem Hause eine größere Arbeitsgruppe für nachwachsende Rohstoffe gebildet, die sich ausschließlich mit der Finanzierung dieser neuen Aktivitäten beschäftigt, also hierfür ein Spezial-Know-How aufbaut. Ich weiß, dass andere Banken dieses zum Teil auch machen. Wir Banken sind durch unsere in der Vergangenheit in Mittelstand und Gewerbe praktizierten Projektfinanzierungen, wie wir derartige Finanzierungen nennen, eigentlich sehr gut vorbereitet. Das Wort 'eigentlich' möchte ich aber noch ein Stück relativieren und folgendes feststellen: Es fehlt uns in vielen Fällen eine klare und für wenigstens einige Jahre –

acht, zehn – ausreichend sichere Finanzierungsgrundlage, die wiederum eine einigermaßen sichere Kalkulation ermöglicht.

Dieses war ein etwas nachdenklicher Bericht einer ebenso spannend wie eigentlich optimistisch diskutierenden Arbeitsgruppe. Aus dieser Arbeitsgruppe heraus möchte ich also gerne den Optimismus bezüglich nachwachsender Rohstoffe und ihrer wirtschaftlich korrekten Positionierung als Impuls hier jetzt hineingeben.

Anmerkung

1 Dr. Gerd Wesselmann, WGZ-Bank, Westdeutsche Genossenschafts-Zentralbank eG – Landwirtschaft –

AG 2:

Verbraucher und die Reform: Würde Zucker wirklich billiger? Wäre billiger Zucker wirklich gut?

Ulrich Nöhle

Würde Zucker wirklich billiger? Wäre billiger Zucker wirklich gut?

Zucker ist ein unverzichtbares und allgegenwärtiges Grundnahrungsmittel. Zucker wird direkt als Haushaltszucker verwendet oder als verarbeitetes Erzeugnis in zusammengesetzten Lebensmitteln verzehrt.

Endverbraucherpreise

Derzeit liegt der Verbrauch von Haushaltszucker bei 35 kg pro Kopf im Jahr, entsprechend eines Jahresverbrauches in Deutschland von 3,063 Mio. t. Davon entfallen zirka 17 Prozent auf Haushaltszucker, die einem Pro-Kopf-Verbrauch von 6 kg pro Jahr entsprechen. Würde der Zuckerpreis am Regal um 33 Prozent (20,8 Cent vom Interventionspreis pro kg), so spart jeder Verbraucher 1,24 EUR pro Jahr.

Zucker zur industriellen Verarbeitung

Würde bei zuckerhaltigen Fertigwaren der industrielle theoretische Zuckerpreis von 63 Cent pro kg (Interventionspreis) um 33 Prozent sinken, so spart der Verbraucher nach Weiterverarbeitung pro 100 g bzw.100 ml Fertigware: 0,9 Cent bei Schokolade, 1,4 Cent bei Konfitüre, 0,1 Cent bei Limonade und 0,4 Cent bei feinen Backwaren.

Diese Einsparungen finden sich beim Verbraucher kaum wieder, weil Zucker nach Wasser und Mehl die günstigste Zutat überhaupt ist. Auch Brötchen sind seit der Halbierung des Getreidepreises nicht preiswerter, sondern deutlich teurer geworden.

Es darf daher bezweifelt werden, ob diese potenziellen, eher vernachlässigbaren Einsparungen beim Verbraucher tatsächlich „ankommen".

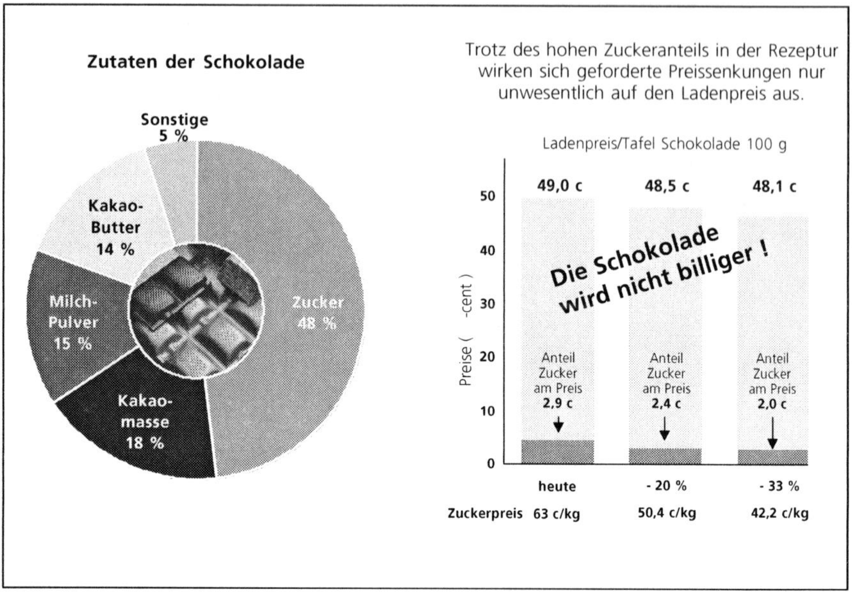
Zutaten der Schokolade
Sonstige 5 %
Kakao-Butter 14 %
Milch-Pulver 15 %
Kakaomasse 18 %
Zucker 48 %
Trotz des hohen Zuckeranteils in der Rezeptur wirken sich geforderte Preissenkungen nur unwesentlich auf den Ladenpreis aus.
Ladenpreis/Tafel Schokolade 100 g
Preise (-cent)
49,0 c
48,5 c
48,1 c
Die Schokolade wird nicht billiger !
Anteil Zucker am Preis 2,9 c
Anteil Zucker am Preis 2,4 c
Anteil Zucker am Preis 2,0 c
heute
- 20 %
- 33 %
Zuckerpreis 63 c/kg
50,4 c/kg
42,2 c/kg

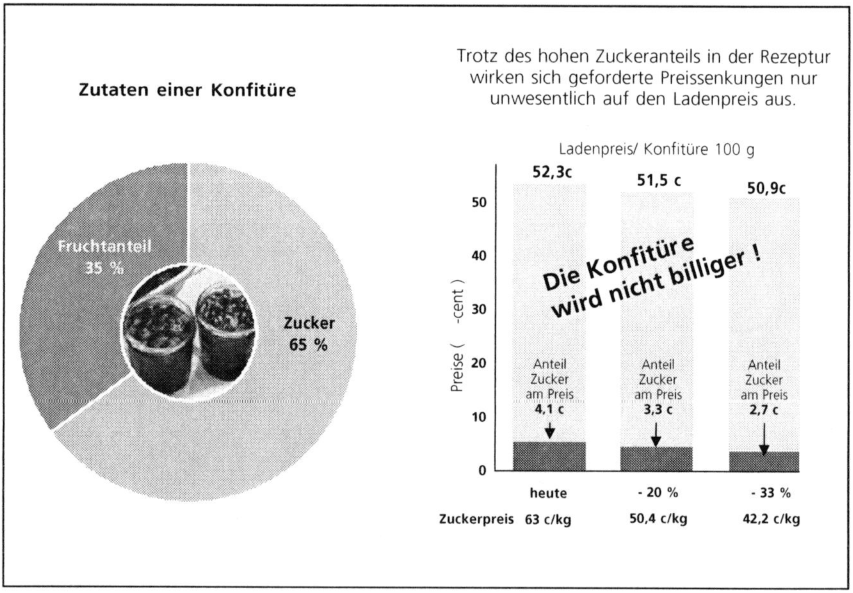
Zutaten einer Konfitüre
Fruchtanteil 35 %
Zucker 65 %
Trotz des hohen Zuckeranteils in der Rezeptur wirken sich geforderte Preissenkungen nur unwesentlich auf den Ladenpreis aus.
Ladenpreis/ Konfitüre 100 g
Preise (-cent)
52,3c
51,5 c
50,9c
Die Konfitür e wird nicht billiger !
Anteil Zucker am Preis 4,1 c
Anteil Zucker am Preis 3,3 c
Anteil Zucker am Preis 2,7 c
heute
- 20 %
- 33 %
Zuckerpreis 63 c/kg
50,4 c/kg
42,2 c/kg

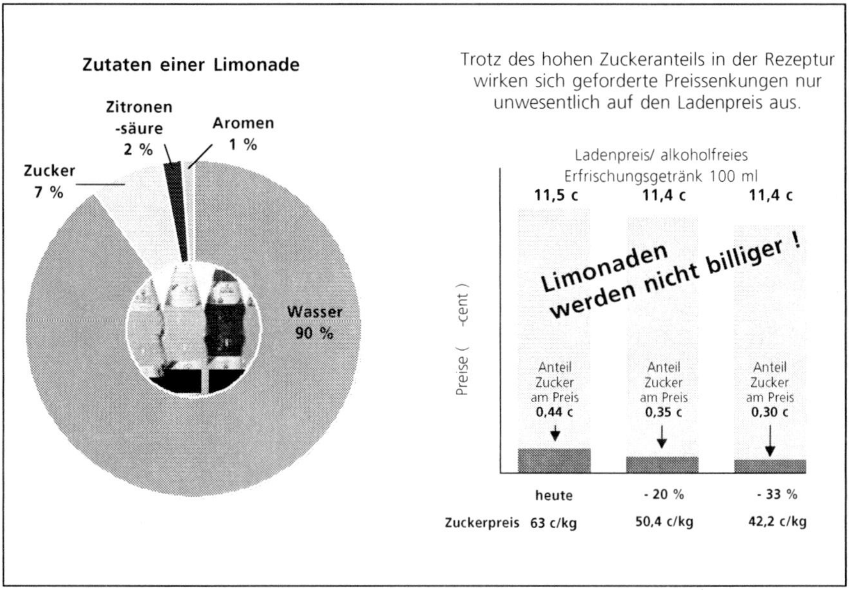
Zutaten einer Limonade
Zitronen -säure 2 %
Aromen 1 %
Zucker 7 %
Wasser 90 %
Trotz des hohen Zuckeranteils in der Rezeptur wirken sich geforderte Preissenkungen nur unwesentlich auf den Ladenpreis aus.
Ladenpreis/ alkoholfreies Erfrischungsgetränk 100 ml
11,5 c
11,4 c
11,4 c
Limonaden werden nicht billiger !
Preise (-cent)
Anteil Zucker am Preis 0,44 c
Anteil Zucker am Preis 0,35 c
Anteil Zucker am Preis 0,30 c
heute
- 20 %
- 33 %
Zuckerpreis 63 c/kg
50,4 c/kg
42,2 c/kg

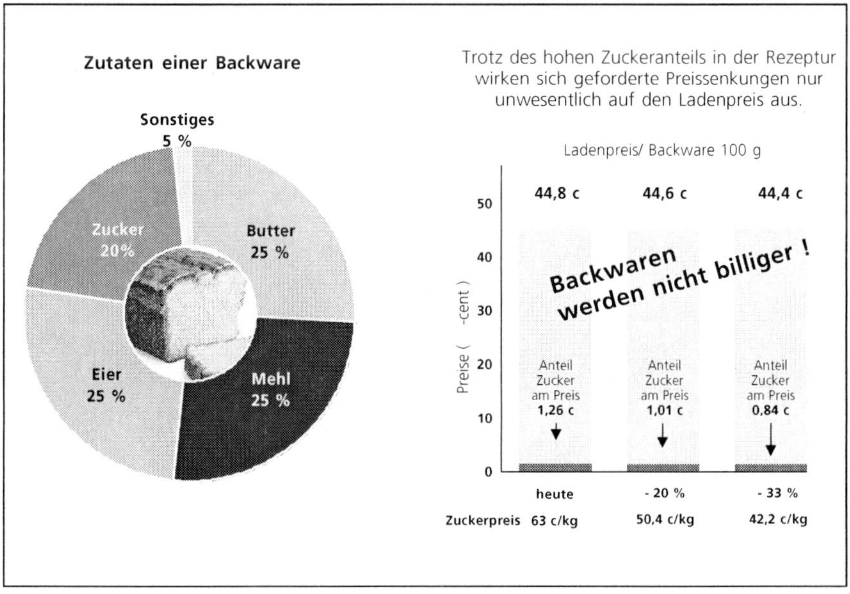
Zutaten einer Backware
Sonstiges 5 %
Zucker 20%
Butter 25 %
Eier 25 %
Mehl 25 %
Trotz des hohen Zuckeranteils in der Rezeptur wirken sich geforderte Preissenkungen nur unwesentlich auf den Ladenpreis aus.
Ladenpreis/ Backware 100 g
44,8 c
44,6 c
44,4 c
50
40
30
20
10
0
Backwaren werden nicht billiger !
Preise (-cent)
Anteil Zucker am Preis 1,26 c
Anteil Zucker am Preis 1,01 c
Anteil Zucker am Preis 0,84 c
heute
- 20 %
- 33 %
Zuckerpreis 63 c/kg
50,4 c/kg
42,2 c/kg

Export verarbeiteter Lebensmittel

Einige Kritiker behaupten, der deutsche Süßwarenexport würde durch die europäischen Zuckerpreise behindert und sei nicht wettbewerbsfähig. Im Jahr 2002 betrugen die Exportanteile der deutschen Zucker verarbeitenden Industrie bei:

- Backwaren 2,3 Prozent
- Dauerbackwaren 12,6 Prozent
- Süßwaren 18,3 Prozent
- Erfrischungsgetränke 3,3 Prozent
- Speiseeis 11,3 Prozent
- Ernährungswirtschaft insgesamt 12, 6 Prozent.

Davon entfallen allerdings 83 Prozent auf das EU-Gebiet, also das Gebiet der Zuckermarktordnung. Nur 2,1 Prozent der zuckerhaltigen Erzeugnisse werden außerhalb der EU exportiert. Dafür wiederum erhalten die Exporteure Exporterstattungen für so genannte Nicht-Anhang-I-Waren in Höhe von 156 Mio. EUR (finanziert aus Produktionsabgabe, also haushaltsneutral, 2003). Wettbewerbsverzerrungen kann es folglich nicht geben. Abgesehen davon steigerte die deutsche Süßwarenindustrie ihren Absatz in 2004 in der EU um mehr als acht Prozent und – unter den bestehenden Zuckerpreisen – im Drittlandexport um mehr als sechs Prozent. Die Süßwaren(export)industrie leidet also offensichtlich unter der Zuckermarktordnung.

Andere Kostenbetrachtungen zeigen ebenfalls ein haushaltsneutrales Bild:

A/B-Quotenzuckerexport:	1,1 Mio. t exportiert; 560 Mio. EUR Exporterstattungen aus Produktionsabgabe sowie 225 Mio. EUR sonstige Erstattungen (Chemiezucker, Lagerhaltung, Absatzförderung)
C-Zuckerexport:	keine Erstattungen
AKP-Zuckerreexport:	698 Mio. EUR Exporterstattungen aus EU-Haushalt in 2003.

Insgesamt stellt sich der EU-Haushaltsaufwand für Zucker mit Ausnahme des AKP-Zuckerreexports, der als Entwicklungshilfe gedacht ist, als haushaltsneutral dar, weil er aus der Produktionsabgabe finanziert wird.

Eine ganzheitliche Betrachtung des Weltzuckermarktes erfordert aber auch eine Beleuchtung der möglichen Konsequenzen einer Verlagerung der landwirtschaftlichen Produktion von der Nordhalbkugel auf die Südhalbkugel. Hier gilt es zu bedenken, dass in der Regel insbesondere in wenig systematisch arbeitenden Kulturen auf der Südhalbkugel unserer Erde

- Gentechnikfreiheit nicht garantierbar ist,
- Rückverfolgbarkeit nicht gesichert ist,
- Urwaldrodung oftmals unvermeidbar ist,
- keine Nachhaltigkeit darstellbar ist,
- Unterernährung in den exportierenden Ländern oft zu beobachten ist,
- die WTO grundsätzlich keine sozialen und Umwelt-Mindeststandards verhandelt,
- Zerstörung der heimischen bäuerlichen Struktur die Folge der Verlagerung ist, und
- das Gleichgewicht aus Ökonomie, Ökologie und Sozialem nicht gewahrt bleibt.

Eine der bedeutendsten Fragen aber lautet: „Macht Zucker krank?"

Dazu ist festzustellen: Es gibt keine gesunden oder kranken Lebensmittel, sondern nur eine gesund erhaltende oder krankmachende Lebensweise. Übergewicht entsteht durch überkalorische Ernährung in Verbindung mit mangelnder Bewegung und nicht etwa durch Aufnahme einzelner Lebensmittel. Zucker hat ebenso viele Kalorien wie Eiweiß und halb so viele wie Fette. Übergewicht ist auch nach einhelliger Aussage zahlreicher Wissenschaftler ein „Verhaltensproblem" überversorgter Gesellschaften und kann nicht auf einzelne Inhaltsstoffe von Lebensmittel zurück geführt werden.

Mit der von der Kommission angedachten Reform der Zuckermarktordnung wird der Haushaltszuckerbedarf nur unwesentlich preislich reduziert und weiterverarbeitete Produkte mit Zucker werden nicht preisgünstiger angeboten. Die Nachfrage nach Zucker bzw. der Zuckerkonsum würde sich nicht ändern. Die sozialen Auswirkungen auf den heimischen Arbeitsmarkt wären dagegen dramatisch (Verlust von ca. 100.000 Arbeitsplätzen in der EU-25). Ein Gewinn für den Zuckerrohrschneider vor Ort ist fraglich – ein Gewinn der großflächigen Agroindustrie der Südhalbkugel ist dagegen absehbar. Es wird in Frage gestellt, ob diese Entwicklung durch unsere Volksvertreter gefördert werden sollte. Die Umweltauswirkungen verschieben sich von einem hochentwickelten, sehr sauberen, mit Grenzwerten gelenktem Umfeld der EU in ein weniger sauberes, ungelenktes Umfeld der Südhalbkugel. Ernährungsphysiologisch ist eine besondere Relevanz gegenüber anderen Lebensmitteln in einer ausgewogenen Diät nicht darstellbar.

Jutta Roosen

Verbraucher und die Reform Würde Zucker wirklich billiger? Wäre billiger Zucker wirklich gut?

Der Verbraucher wird in Diskussionen um die Reform der Zuckermarktordnung (ZMO) häufig ausgeblendet. Auch wenn er die vollen Kosten für die Abschottung des Marktes zu tragen hat, scheinen die Kosten für den einzelnen Verbraucher gering. Der Einfluss auf die Nachfrage wird ignoriert. Zudem stellt sich in der allgemeinen gesundheitlichen Diskussion um ernährungsbedingte Krankheiten die Frage, ob eine Senkung der Zuckerpreise und eine einhergehende Steigerung des Zuckerkonsums[1] wünschenswert sind. Ernährungsbedingte Krankheiten sind ein vielschichtiges Problem und der Anteil, den sie an den Kosten des Gesundheitssystems verursachen, wird auf 30 Prozent geschätzt (BMG, 1993). Dabei liegt der Fokus der aktuellen Diskussion vor allem bei den Risikofaktoren Übergewicht und Fettleibigkeit (DGE, 2004).

In diesem Beitrag sollen diese Auswirkungen einer Reform der ZMO auf den Verbraucher näher untersucht werden. Dabei wird davon ausgegangen, dass die Reform, wie sie im einzelnen auch gestaltet sein mag, zu einer Senkung des Zuckerpreises führt. Es bietet sich an, zunächst über die Auswirkung einer Reform der ZMO auf die Verbraucherpreise für Haushaltszucker und verarbeitete Produkte wie Süßwaren und Getränke einzugehen. Anschließend erfolgt eine gesundheitsbezogene Beurteilung des Zuckerverbrauchs. Abschließend werden die möglichen Auswirkungen der Reform auf den Zuckerverbrauch diskutiert und verbraucherpolitisch beurteilt.

Auswirkungen der Reform auf die Verbraucherpreise

In der Bundesrepublik betrug der Zuckerkonsum in 2002/2003 pro Kopf und Jahr 37 kg (WVZ, 2005). Allerdings werden nur 16,4 Prozent dieser 37 kg, also 6,1 kg, in Form von Haushaltszucker konsumiert. Die übrigen 30,9 kg gelangen in Form verarbeiteter Produkte zum Verbraucher. Die Formen der Zuckerverarbeitung sind vielfältig und Zucker wird zu 19 Prozent in Getränken, 20 Prozent in Süßwaren, zehn Prozent in Dauerbackwaren und Nährmittel und zu jeweils sechs Prozent in Speiseeis und Molkereiprodukte bzw. in Marmelade und Obstkonserven verbraucht. Bei den Süßwaren machen die Unternehmen ihren Umsatz zu 46 Prozent mit Schokoladenwaren, zu 23 Prozent mit Zuckerwaren und zu 14 Prozent mit Süßgebäck (Lebensmittelzeitung, 2005).

Der Zuckerverbrauch ist, von kleineren Schwankungen abgesehen, seit den 80er Jahren stabil geblieben (DGE, 2004). Dennoch weisen die Ausgaben für Zucker, Süßwaren und Marmelade nach den laufenden Wirtschaftsrechnungen des Statischen Bundesamts für einen durchschnittlichen Vier-Personen Haushalt (Haushaltstyp II) einen steigenden Trend auf. So ist der Anteil der Ausgaben für diese Produktgruppe an den Gesamtausgaben für Nahrungsmittel von 5,2 Prozent in 1982 auf 6,9 Prozent in 1997 gestiegen. Dieser Anstieg der anteiligen Ausgaben bei gleich bleibender Verbrauchsmenge deutet auf eine Verlagerung des Konsums zu höherwertigen und/oder stärker verarbeiteten Produkten hin.

Während davon auszugehen ist, dass Senkungen des Erzeugerpreises für Zucker beim Haushaltszucker mehr oder minder eins zu eins weiter gegeben werden, ist damit zu rechnen, dass die Preissenkungen der verarbeiteten Produkte wesentlich geringer ausfallen werden. Dabei hängt die Weitergabe von Preisvorteilen durch die zuckerverarbeitende Industrie vor allem von zwei Faktoren ab: dem Verarbeitungsgrad und der Kapitalintensität der Produktion sowie der Wettbewerbsintensität des Sektors. So kommen Morrison Paul und MacDonald (2003) in einer Studie des Ernährungssektors in den USA zu dem Schluss, dass eine einprozentige Änderung der Agrarpreise zu einer Veränderung der Lebensmittelpreise um 0,237 Prozent führt. Die Autoren führen dieses Ergebnis darauf zurück, dass in weiten Bereichen des Ernährungssektors der Anteil der landwirtschaftlichen Rohstoffe nur einen kleinen Teil der Gesamtkosten ausmacht, da weite Bereiche der Lebensmittelverarbeitung sehr kapitalintensiv geworden sind.

Ein weiterer Faktor, der die Weitergabe von Preissenkungen beeinflusst, ist der Wettbewerbsgrad eines Industriesektors. Auch wenn keine Studien zur Preistransmission in der Zuckerindustrie vorliegen, suggerieren die Absatzkanäle der Lebensmittelindustrie einen intensiven Wettbewerb auf Ebene der Zuckerverarbeiter. So kommt eine Befragung von 500 Verbrauchern durch die Innofact AG im Januar 2005 zu dem Ergebnis, dass 40 Prozent des Süßwarenbudgets im Discounter ausgegeben werden. Dieses deckt sich mit tatsächlichen Verkaufzahlen, die z.B. von ACNielsen erhoben werden, nach denen Discounter (ohne Aldi) einen Marktanteil von ca. 33 Prozent haben (Lebensmittelzeitung, 2005). Allerdings stellt man gerade bei Schokoladen im letzten Jahr einen Wachstumstrend im Hochpreissegment fest (Lebensmittelzeitung, 2005).

Ein weiteres Indiz für starken Wettbewerb bei Süßwaren sind die Werbeausgaben. Im Bereich der Markenprodukte ist der Süßwarenmarkt ein extrem stark umworbener Markt (vgl. ACNielsen Werbeforschung S + P GmbH). Gründe hierfür liegen auf der Hand. Zum einen sind Einkäufe von Süßwaren häufig Impulskäufe, so dass gut platzierte Werbung die Kaufentscheidung beeinflussen kann. Zum anderen ist gerade die Süßwarenindustrie durch einen hohen Innovationsgrad geprägt und die erfolgreiche Platzierung von neuen Produkten am Markt bedarf intensiver Marketingmaßnahmen.

Beim Haushaltszucker hat der Discount einen Marktanteil von über 50 Prozent (ZMP, 2004). Schwieriger einzuschätzen ist der Markt für zuckerhaltige Getränke. Man beobachtet im Markt für alkoholfreie Getränke starke Zuwächse beim Wasser (Mineralwasser, Tafelwasser etc.) und bei den Wellnessgetränken (Lebensmittelzeitung, 2004). Die Neuorientierung von führenden zucker- und kohlesäurehaltigen Limonaden- und Colagetränkeherstellern in diese Sektoren legt nahe, dass der Markt für klassische Limonaden- und Colagetränke in Zeiten steigenden Gesundheitsbewusstsein der Verbraucher schwieriger geworden ist.

Abschließend lässt sich festhalten, dass, um präzise Vorhersagen über die Auswirkungen der Zuckermarktreform auf die Verbraucherpreise machen zu können, wesentliche Daten und Studien fehlen. Es ist davon auszugehen, dass die zu erwartende Preisminderung bei Haushaltszucker zu großen Teilen weitergegeben wird. Auch bei verarbeiteten Produkten legt die derzeitige Marktlage nahe, dass Preissenkungen weitergegeben werden. Das Ausmaß dieser Preistransmission wird dabei stark von der Marktstellung des Produkts abhängen. Die zu erwartende Preistransmission sollte jedoch nicht darüber hinweg täuschen, dass Zucker bei vielen Süßwaren und anderen verarbeiteten Produkten nur einen geringen Kostenanteil ausmacht, so dass Preissenkungen am einzelnen Produkt für den Verbraucher im Einzelnen kaum spürbar sein werden. Nichtsdestotrotz sind auch geringe Preisminderungen ein Wohlfahrtsgewinn für den Verbraucher.

Auswirkungen des Zuckerkonsums auf die Gesundheit

Bevor näher auf die Veränderung des Zuckerverbrauchs aufgrund niedrigerer Verbraucherpreise eingegangen wird, soll zunächst die Frage beleuchtet werden, ob der Zuckerkonsum aus gesundheitlicher Sicht ein Problem darstellt. Die derzeitige Diskussion über steigende Prävalenz von Übergewicht und Diabetes-Typ II (DGE, 2004) legen nahe, dass ein steigender Zuckerkonsum aus gesundheitlicher Sicht nicht gewünscht sein kann. Dabei ist festzuhalten, dass Zucker, der aus dem Kohlenhydrat Saccharose besteht, ein Energielieferant ist und somit den Energiehaushalt des menschlichen Körpers beeinflusst. Die durch Zucker gelieferten Kalorien sind aber weder „gesünder" noch „ungesünder" als die anderer Nährstoffe, wie z.B. aus anderen Kohlenhydraten, Proteinen oder Fett.

Problematisch ist vielmehr, dass Menschen, die einen zu hohen Anteil ihres Energiebedarfs durch Zucker decken, nicht genügend andere Nährstoffe, insbesondere Mikronährstoffe und Vitamine, aufnehmen (Mardis, 2001). So haben Linseisen et al. (1998) für Deutschland gezeigt, dass bei gleicher Energieaufnahme, ein höherer Zuckeranteil zu einer schlechteren Versorgung mit Mikronährstoffen führt. Ähnliche Ergebnisse wurden in Großbritannien gefunden (Mardis, 2001). Für die USA finden Popkin und Nielsen (2003) Evidenz, dass bei Kindern ein vermehrter Konsum gesüßter Erfrischungsgetränke mit einem niedrigeren Milchkonsum einhergeht und somit zu einer schlechteren Versorgung mit bestimmten Mikronährstoffen führt.

Dieser Zusammenhang zwischen Zuckeraufnahme und Mirkonährstoffversorgung wird als „leere Kalorien"-Hypothese bezeichnet. Da Produkte, die reich an Zucker sind, häufig arm an anderen Nährstoffen sind, führt ein höherer Zuckerkonsum dazu, dass weniger wertvolle Nährstoffe aufgenommen werden. Dieser negative Effekt lässt sich nur vermeiden, wenn Zucker als zusätzliche Energie aufgenommen wird. Dies führt durch die erhöhte Energiebilanz zu anderen negativen Folgen, z.B. Übergewicht.

Aufgrund dieser Hypothese „leerer Kalorien" empfehlen die Weltgesundheitsorganisation (WHO) sowie die Deutsche Gesellschaft für Ernährung e.V. (DGE) einen Zuckerkonsum, der zehn Prozent der Gesamtenergiezufuhr nicht übersteigt. Nach den Daten der FAO liegt dieser Anteil in Deutschland in 2001 bei 12,9 Prozent und ist seit 1961 um 1,2 Prozent gestiegen. Hiermit liegt Deutschland im oberen Feld der Energieaufnahme durch Zucker und Süßungsmittel in den OECD Ländern (Mittel der EU-15: 11 Prozent, USA: 17,4 Prozent).

Von dieser Überversorgung sind nach dem Ernährungsbericht 2004 alle Altersgruppen der deutschen Bevölkerung betroffen. Besonders stark ausgeprägt ist sie jedoch bei Kindern und Jugendlichen, die sogar die 15 Prozent Marke übersteigen. Mit zunehmendem Alter sinkt der Anteil von Saccharose an der Energieversorgung und nimmt dann erst im Seniorenalter (> 65 Jahre) wieder zu. Hauptquelle der Saccharose sind bei Kindern und Jugendlichen Süßigkeiten und Eiskrem, Molkereiprodukte und Erfrischungsgetränke. Bei der älteren Bevölkerung sind es vor allem Haushaltszucker, Gebäck und Backwaren (DGE, 2004).

Die Zuckermarktordnung – Ein Instrument des Verbraucherschutzes?

Die steigende Prävalenz von Übergewicht und Fettleibigkeit hat eine Diskussion um die Besteuerung von Lebensmitteln entfacht. Während die Diskussion nach Äußerungen von Verbraucherministerin Künast zu Beginn 2004 in Deutschland schnell wieder abebbte, wird in anderen Ländern, wie den USA, diese Option weiterhin ernsthaft diskutiert und wurden zumindest zeitweilig in einigen Staaten auch umgesetzt (Kuchler et al. 2005).

Die derzeitige ZMO hält die Zuckerpreise in der EU künstlich hoch und wirkt auf den Zuckerpreis wie eine Verbrauchssteuer. Somit könnte man argumentieren, dass eine Reform der ZMO zu ungewünschten Verbrauchseffekten aufgrund sinkender Preise führt. Es ist allerdings fraglich, ob sinkende Zuckerpreise einen wesentlichen Effekt auf den Zuckerverbrauch haben werden. Schätzungen beschreiben die Nachfrage nach Zucker als sehr unelastisch (z.B. beträgt die Nachfrageelastizität nach Tyers und Anderson [1991] -0,12) und lassen eine geringe Mengenanpassung vermuten. Harris und Tangermann haben bereits 1993 eine Studie zur Zuckermarktliberalisierung in der EU durchgeführt. Unter der Annahme einer relativ hohen Nachfrageelastizität von -0,48 Prozent schätzen sie eine Konsumänderung bei konstanten Margen in der zuckerverarbeitenden Industrie von 8,2 Prozent. Auf den heutigen Zucker- und Lebensmittelkonsum berechnet, würde das den Zuckeranteil an der Gesamtenergieversorgung um weniger als ein Prozent steigern. Eine Nachfrageelastizität von -0,48 Prozent ist dabei auch nur realistisch, wenn eine Substitution von Zucker durch Isoglucose berücksichtigt wird. Während eine solche Substitution die Zuckerindustrie in Bedrängnis bringen könnte, ist dieser Ersatz für die Ernährungsqualität nicht von Bedeutung, so dass der gesundheitliche Effekt eher kleiner ausfallen dürfte.

Insgesamt sind also nur geringe Effekte auf den Verbrauch zu erwarten. Zu diesem Schluss kommen auch viele Studien die sich mit der Besteuerung von Lebensmitteln beschäftigen (vgl. Kuchler et al., 2005). Dieses widerspricht nicht der Diskussion um mögliche Lebensmittelsteuern zur Verbesserung der Ernährungsqualität, da solche Steuern häufig dem Zweck dienen sollen, dem Staat zusätzliche Mittel zur Durchführung von Ernährungsprogrammen zur Verfügung zu stellen.[2] Erfolgt die Preiserhöhung für Zucker allerdings durch die ZMO, wie es derzeit der Fall ist, fallen diese Einnahmen nicht dem Staat zu, sondern den Zuckerproduzenten und können somit auch nicht in Ernährungsprogramme fließen (Henze, 1998). Sollen solche Steuern zu Verbrauchsänderungen führen, müssen sie aufgrund der geringen Nachfrageelastizitäten relativ hoch angesetzt werden.

Selbst wenn diese als gering einzuschätzenden Konsequenzen der Zuckermarktreform auf den Verbrauch aus gesundheitlicher Sicht negativ beurteilt werden, rechtfertigt dies nicht die Fortführung der ZMO. Sie wäre ein sehr ineffizientes Instrument der Verbrauchssteuerung. Aus Sicht des Verbraucherschutzes sind zudem andere Aspekte, wie Werbung, die Zusammensetzung von Lebensmitteln, insbesondere von so genannten Kindernahrungsmitteln, und die Platzierung von Werbung für und der Verkauf von Süßigkeiten und zuckerhaltigen Erfrischungsgetränken in Schulen als prioritär anzusehen.

Anmerkungen

1 Ernährungswissenschaftlich lässt sich Zucker in Einfachzucker (Monosaccharide, z.B. Glucose und Fructose), Zweifachzucker (Disaccharide, z.B. Saccharose und Lactose) und Mehrfachzucker (Polysaccharide, z.B. Stärke) unterscheiden. In diesem Beitrag bezieht sich der Begriff „Zucker" sich auf den Zucker, der aus Zuckerrüben oder Zuckerrohr gewonnen wird, also auf das Disacharid Saccharose. Dieser Zucker wird von Verbrauchern als Haushaltszucker im Einzelhandel in Form von Streuzucker, Puderzucker, Gelierzucker, Würfelzucker etc. gekauft oder von Verarbeitern in der Herstellung von Lebensmitteln verwendet und somit vom Verbraucher in verarbeiteten Produkten verzehrt.

2 Diese Zweckbindung (Affektation) von Steuereinnahmen ist in Deutschland jedoch grundsätzlich nicht erlaubt.

Literatur

Anderson, K. und R. Tyers, 1991. Global Effects of Liberalizing Trade in Farm Products. New York.

Bundesministerium für Gesundheit (BMG), 1993. Ernährungsabhängige Krankheiten und ihre Kosten. Schriftenreihe des BMG. Band 27, Baden-Baden.

Deutsche Gesellschaft für Ernährung (DGE), 2004. Ernährungsbericht 2004. Bonn.

FAO 1961 und 2001. Food Balance Sheets. www.fao.org/faostat

Harris, D. und S. Tangermann (1993) A Review of the EC Sugar Regime. In: World Sugar Policies at a Crossroad, S.V. Marks and K.E. Maskus (Hrsg.), Ann Arbor, Michigan.

Henze, A., 1998. Für eine gesündere Ernährung. Agrarwirtschaft, Heft 11: 409-410.

Kuchler, F. A. Tegene und J.M. Harris, 2005. Taxing Snack Foods: Manipulating Diet Quality or Financing Information Programs. Review of Agricultural Economics 27(1): 4-20.

Lebensmittelzeitung, 2005. Süßwaren. 28.01.2005.

Lebensmittelzeitung, 2004. Getränke 2004 – Alkoholfreie Getränke.

Linseisen, J., K. Gedrich, G. Karg und G. Wolfram. Sucrose Intake in Germany. Zeitschrift für Ernährungswissenschaft 37: 303-314.

Mardis, A.L., 2001. Current Knowledge of the Health Effects of Sugar Intake. Family Economics and Nutrition Review 13(1): 87-91.

Morrison Paul C.J. und J.M. MacDonald, 2003. Tracing the Effects of Agricultural Commodity Prices and Food Costs. American Journal of Agricultural Economics 85(3):633-646.

Popkin, B. und S. Nielsen (2003). The World's Increased Intake of Sugar – Changes in Nutritional Intake. Nutrition Research Newsletter, December.

Statistisches Bundesamt. Wirtschaftsrechnungen: Einnahmen und Ausgaben ausgewählter privater Haushalte. Fachserie 15. Mehrere Jahre. Stuttgart.

Wirtschaftliche Vereinigung Zucker (WVZ, 2002). Zuckerabsatz. www.zuckerwirtschaft.de

Zentrale Markt- und Preisberichtstelle (ZMP), 2004. Nachfrage privater Haushalte nach Nahrungsmitteln 2004. Bonn.

Cord Stoyke

Verbraucher und die Reform: Würde Zucker wirklich billiger? Wäre billiger Zucker wirklich gut?

Bericht aus der Arbeitsgruppe 2

Wir sind in der Arbeitsgruppe 2 beauftragt worden, das Thema von der Verwertung her zu betrachten, d. h. von der Endverwertung und damit die Betroffenheit des Verbrauchers zu erörtern. Und wir haben eine sehr konkrete Fragestellung an die Hand bekommen. Herr Lange zitierte ja eben schon „Verbraucher und die Reform". Würde Zucker wirklich billiger? Wäre billiger Zucker wirklich gut? Die zweite Teilfrage ist schon recht normativ gestellt. Insgesamt war die Fragestellung aber sehr präzise.

Ausgehend von der These, dass eine Zuckermarktreform, um welchen Prozentsatz auch immer, den Zucker als Vorleistungsgut für die Ernährungswirtschaft verbilligen würde, stellen sich eigentlich drei zentrale Fragen. Erstens: Würden die Ernährungsindustrie und der Handel diesen Preisvorteil an den Verbraucher durchreichen? Zweitens: Würde aufgrund verbilligter Endprodukte der Verbraucher mehr Zucker, mehr zuckerhaltige Nahrungsmittel nachfragen? Drittens – und das gehört zu dem normativen Bereich der Aufgabenstellung –, wäre dies aus gesundheitsbezogenen Erwägungen überhaupt wünschenswert? Ich will damit natürlich nicht sagen, dass die Zuckermarktordnung hier bisher „segensreich als „Zuckersteuer" wirkt. Aber ein wenig in diese Richtung geht die Frage ja.

In der laufenden Reformdebatte gibt es zur Zeit aus dem Lager der Reformgegner und Reformbefürworter klare Positionen zu dem Thema der AG 2. Die Reformbefürworter stellen fest, dass aufgrund der Wettbewerbsverhältnisse, insbesondere auf der Handelsebene, die möglichen Spannen – und die Angaben reichen hier von drei bis sechs Millionen Euro bezogen auf die EU –, als Verbraucherentlastung durchgereicht werden könnten. Und sie führen eben dies als starkes Argument für eine Reform an. Ergänzt durch den Hinweis, dass dadurch auch die internationale Wettbewerbsfähigkeit für Produkte der Ernährungswirtschaft der EU gestärkt werden könne.

Die Reformgegner stellen dagegen fest, dies sei eine Schutzbehauptung. An den Verbraucherpreisen werde sich nichts ändern. Lediglich die Margen in der Verarbeitung und im Handel würden aufgeweitet.

Aus der Richtung der ernährungsbezogenen Verbraucherschutzdebatte haben wir klare Aussagen, dass Fett und Zucker Problembereiche darstellen, insbesondere bei der Kinderernährung. Und auf der EU-Ebene wird eine Debatte mit Blick auf gesundheitsbezogene Angaben auf Produkten geführt. All dies könnte theoretisch zu einem veränderten Verbraucherverhalten führen. Aus einer groben Hochrechnung und einigen Eckdaten könnte man hier zu einer Abnahme von drei Millionen Tonnen Zuckerverzehr in der EU kommen, falls eine Nachfrageanpassung um Minus zwanzig Prozent erfolgen würde.

Dieses Bündel an Argumenten kann den drei Bereichen Produktion, Verarbeitung und Konsum von Zucker zugeordnet werden – und damit der jeweiligen Interessenlage.

Auf der Produktionsebene sind dies die landwirtschaftlichen Betriebe und die Zuckerfabriken und damit als sektorbezogener Politikbereich die Agrarpolitik. Hierzu berichtete Dr. Nöhle, Vorstandsvorsitzender der Nord-Zucker AG, aus der Perspektive der Zuckerhersteller.

Auf der nächsten Stufe, der Verwertung, befindet sich die Ernährungsindustrie und als sektorbezogener Politikbereich die allgemeine Wirtschaftspolitik. Die Interessenlage dieser Verarbeitungsstufe wurde dargestellt von Herrn Oetzel. Er sprach für den Bundesverband der Süßwarenindustrie und für das Informationszentrum der Zuckerverwender.

Und schließlich, mit Blick auf den Verbraucher, ernährungsbezogene Fragen und das ökonomische Verhalten von Konsumenten, hörten wir Ausführungen von Professor Roosen von der Universität Kiel.

Ich werde jetzt nicht die einzelnen Vorträge zusammenfassen, sondern nur die wesentlichen Ergebnisse nach Konsens- und Dissenspunkten. Vorweg kann man festhalten, dass in fast allen technischen Fragen weitgehender Konsens in der Arbeitsgruppe wurde erzielt. In der Bewertung der grundlegenden Auswirkungen lag jedoch Dissens zwischen den Gegnern und Befürwortern der Reform vor.

Zunächst zu der Frage „Würde eine Senkung der Zuckerpreise zu einer Senkung der Konsumentenpreise führen?" Hier muss man differenzieren zwischen Haushaltszucker einerseits und Zucker in Form von Verarbeitungsprodukten, z. B. Süßwaren, andererseits. In der Arbeitsgruppe wurden Daten präsentiert, die darauf hindeuten, dass beim Haushaltszucker eine Preissenkung 1:1 an den Verbraucher übertragen würde. Der Wettbewerb im Handel ist extrem hart. Die Jahresgespräche mit den Unternehmen der Ernährungswirtschaft werden entsprechend geführt. Und hier ist es relativ leicht und transparent für den Handel, Druck auf die Ernährungswirtschaft auszuüben. Hier könnten circa 900 Millionen Euro in der EU insgesamt an Verbraucherentlastung entstehen. Das wären circa 1,30 Euro pro Jahr und Kopf. Wir hatten gestern schon im Plenum die Diskussion zum Thema „kleine Zahlen – große Zahlen". Ich stelle die beiden Zahlen einmal so nebeneinander; zur Bewertung kommen später noch Aussagen.

Bei den Verarbeitungsprodukten, Süßwaren und Getränken liegt eine andere Situation vor. Hier könnten ggf. nur zehn oder zwanzig Prozent der Preissenkung auf den Verbraucher überwälzt werden. Dies könnte, nach Aussagen der Referenten 400 bis 700 Millionen in der EU insgesamt ausmachen. Der Hintergrund hierfür ist eindeutig: wir haben relativ geringe Wertanteile des Zuckers im Endprodukt. Und je Produkteinheit sind es dann Beträge von 0,4, 1,2, oder 1,4 Euro-Cent je 100 Gramm Verarbeitungsprodukt. Dies betrifft typischerweise die Tafel Schokolade oder andere Süßwaren in gängigen Packungsgrößen.

Als Ergebnis wurde die Einschätzung erzielt, dass es in der Tendenz zu einer Senkung der Konsumentenpreise kommen wird. Diese Preisanpassungen müssen aber nicht sofort stattfinden. Sie könnten z. B. in Form von Sonderaktionen durchgereicht werden oder in Form verzögerter Preisanhebungen. In der Folge stellt sich die Frage, wie der Konsument auf diese Preissenkungen reagiert. Nach dem ökonomischen Konzept der Preiselastizität galt es einzuschätzen, wie stark die Nachfrage im Verhältnis zur Änderung des Preises reagiert. Hier war Konsens der Experten, dass diese Reaktion sehr schwach sein wird. Es ist von einer sehr geringen Preiselastizität auszugehen. Und man kann davon ausgehen, dass letztendlich bei vielen Produkten, gerade bei starken Marken, die Preisgestaltung bei den Endprodukten durch ganz andere Faktoren bestimmt ist als durch die Rohstoffpreise.

Damit hatte die Gruppe das Problem, dass der dritte Teil der Frage eigentlich gar nicht mehr bearbeitet werden musste, denn hier ging es ja um den zusätzlichen Zuckerverzehr aufgrund einer Preissenkung bei den Endprodukten. Und dieser wurde praktisch nicht erwartet. Frau Prof. Roosen nannte hierzu eine Zahl, die eine ganz interessante Eckgröße darstellt. Zur Zeit nehmen Verbraucher circa 13 Prozent ihrer täglichen Energiezufuhr in Form von Zucker zu sich. Dieser Anteil könnte von 13 auf 13,5 Prozent steigen. Es gibt also durchaus Erhebungen und Berechnungen. Aber sie zeigen, dass hier nur sehr geringfügige Effekte zu erwarten sind. Von daher erübrigt sich auch die Gesundheitsdiskussion bezogen auf die Nachfrage zusätzlicher Zuckermengen.

Die Arbeitsgruppe hat dann allerdings einen weiteren Bogen gespannt und das Thema auf den Gesamtzuckerkonsum bezogen und in den Kontext der Ernährungs- und Gesundheitsdiskussion gestellt. Hier wurde Konsens dahingehend erzielt, dass die Stigmatisierung einzelner Nährstoffe nicht zielführend ist. Es wurde festgestellt, dass es Bevölkerungsgruppen gibt – und dabei insbesondere Kindern und Jugendlichen – die von ernsten Fehlernährungsproblemen betroffen sind. Hier sind Fragen der Ausgewogenheit der Ernährung zu stellen und dahingehend Aufklärung zu betreiben. Dies betrifft Fragen der gesamten Lebensweise im Hinblick auf die Kombination von Ernährung und Bewegung. Aber einzelne Produkte oder Nährstoffe hervorzuheben wäre nicht sachgerecht, da es den physiologischen Gegebenheiten nicht gerecht würde.

Lassen Sie mich zusammenfassen: Im Konsens wurde die Aussage getroffen, dass die Auswirkungen einer möglichen Zuckermarktreform auf den Verbraucher sehr gering sind. In der Darstellung ist dies vor allem ein Effekt der „kleinen Zahlen". Wenn man bestimmte Auswirkungen einer Reform auf 450 Millionen Verbraucher bezieht oder Stückkostenanteile von Rohstoffen ermittelte, kommt man zu sehr geringen Dimensionen. Im Aggregat können aber Beträge entstehen, die für die EU-25 jenseits einer Milliarde Euro liegen könnten.

Die Bewertung dieser Dimensionen führte letztendlich zu den sehr unterschiedlichen Positionen in der AG 2. Die Befürworter der Zuckermarktreform verwiesen klar auf grundsätzliche ordnungs- und wettbewerbspolitische Aspekte im

Zusammenhang mit der Zuckermarktordnung. Diese Argumente waren ja schon vorher im Plenum vorgetragen worden. Dagegen steht die Position der Reformgegner, die auf die Pro-Kopf-Größen abheben und darauf hinweisen, dass diese Pro-Kopf-Betroffenheit sehr gering ist. Sie stelle eigentlich kein echtes Argument dar, das im Lichte der regionalen und sektorbezogenen Vorteile für die Zuckerwirtschaft in Europa für eine Zuckermarktreform spricht. Das waren die beiden Dissenspunkte, die wir am Ende in der AG 2 feststellen konnten. Damit möchte ich gerne schließen.

AG 3:

Rübe oder Rohr: Was ist umweltschonender? Wie können Anbau und Handel umweltfreundlicher gemacht werden?

Florian Dünckmann

Brasiliens Zuckerwirtschaft auf dem Weg zur Nachhaltigkeit?

Brasilien macht der europäischen Landwirtschaft ernsthaft Konkurrenz: Nicht genug, dass die Brasilianer zu den schärfsten Kritikern der europäischen Agrarpolitik gehören und dass sie bereit waren, die Welthandelskonferenz in Cancún an diesem Thema scheitern zu lassen (Dünckmann 2004). Bei vielen Agrarprodukten stehen sie weltweit an erster Stelle, was die Produktionsmengen und die allgemeine Wettbewerbsfähigkeit angeht. Im besonderen Maße gilt dies für den globalen Zuckermarkt, den Brasilien schon heute dominiert.

Das PROÁLCOOL-Programm

Dabei fließt nur rund die Hälfte der brasilianischen Zuckerrohrproduktion in die Herstellung von Zucker, der außerdem einen bedeutenden Binnenmarktanteil aufweist. Die andere Hälfte dient der Erzeugung von Ethanol, das im Rahmen des staatlichen PROÁLCOOL-Programmes als Bio-Treibstoff für Kraftfahrzeuge eingesetzt wird. Dabei wird vom Staat festgesetzt, wie viel Ethanol dem Benzin beigemengt werden muss; derzeit sind es 26 Prozent. Damit versetzt das PROÁLCOOL-Programm die Anbauer und Verarbeiter von Zuckerrohr in die bequeme Lage, dass sie sich je nach Situation des Zucker- bzw Ölpreises relativ flexibel zwischen der Produktion von Zucker oder Ethanol entscheiden konnten (siehe Abb. 1).

Hinsichtlich seiner sozio-ökonomischen Auswirkungen hat das Programm allerdings eine zweifelhafte Bilanz aufzuweisen. So wurden in seinem Rahmen seit Mitte der 1970er Jahre große Mengen an öffentlichen Geldern in Form von billigen Krediten, Steuererleichterungen und Garantiepreisen an eine kleine Gruppe von Besitzern großer Zuckerrohrplantagen und Verabreitungsbetriebe verteilt. Angesichts der chronischen und vor allem zu Lasten der Ärmsten gehenden Mängel bei der Erfüllung öffentlicher Aufgaben ist zweifelhaft, ob sich Brasilien eine so ambitionierte aber teure Energiepolitik leisten kann, als deren Nutznießer vor allem die heimische Zuckerwirtschaft gelten muss. Zwar wird seit Beginn der 1990er eine Politik der Deregulierung der Zucker-Alkohol-Wirtschaft verfolgt, dennoch greift der Staat auch heute noch an vielen Stellen in den Sektor ein (vgl. Dünckmann 2000, Barros & Moraes 2002).

Abb. 1: Das System der brasilianischen Zucker-Alkohol-Wirtschaft

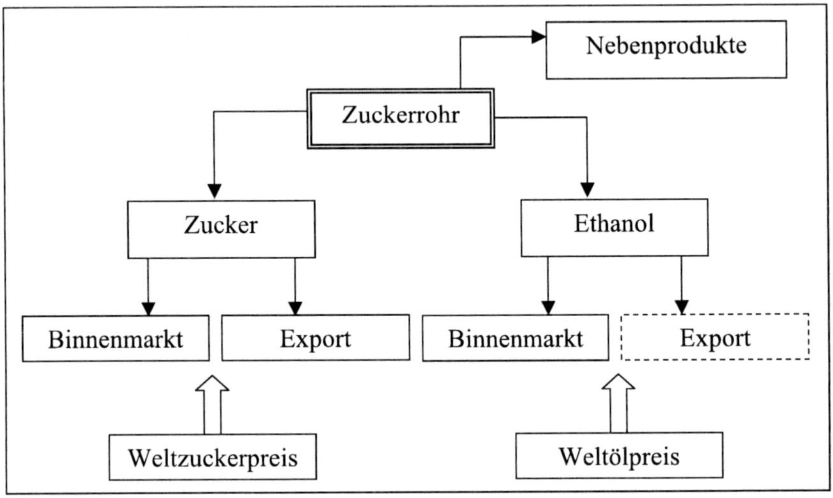

Regionale Differenzierung

Es muss zwischen drei große Anbauregionen von Zuckerrohr in Brasilien differenziert werden, die sich hinsichtlich ihrer natur- und sozialräumlichen Rahmenbedingungen grundlegend voneinander unterscheiden (FIAN 2002)(vgl. Abb. 2).

Das älteste Anbaugebiet befindet sich in Nordostbrasilien und dort v.a. im unmittelbaren Küstenhinterland der Bundesstaaten Pernambuco und Alagoas. Seit Beginn der Kolonialisierung Brasiliens durch die Portugiesen bis in die jüngere Vergangenheit lag in diesem Landesteil der Schwerpunkt der Zuckerrohrproduktion, wobei vor allem die Nähe zu den europäischen und nordamerikanischen Absatzmärkten entscheidend war. Viele Landstriche sind auch heute noch nahezu monostrukturell vom Zuckerrohr abhängig, und es haben sich über die lange Zeit oligarchische Strukturen verfestigt, bei denen eine kleine Zahl von „Zuckerbaronen" sowohl die ökonomische als auch die gesellschaftliche und politische Macht fest in ihrer Hand haben (vgl. Melchers 2003). Wenn der Nordosten heute die ärmste Region Brasiliens darstellt, dann liegt dies nicht unbedingt an den ungünstigen naturräumlichen Rahmenbedingungen, sondern vielmehr an solchen überkommenen sozio-politischen Strukturen der Ungleichheit.

Abb. 2: Räumliche Lage der wichtigsten Zuckerrohranbaugebiete

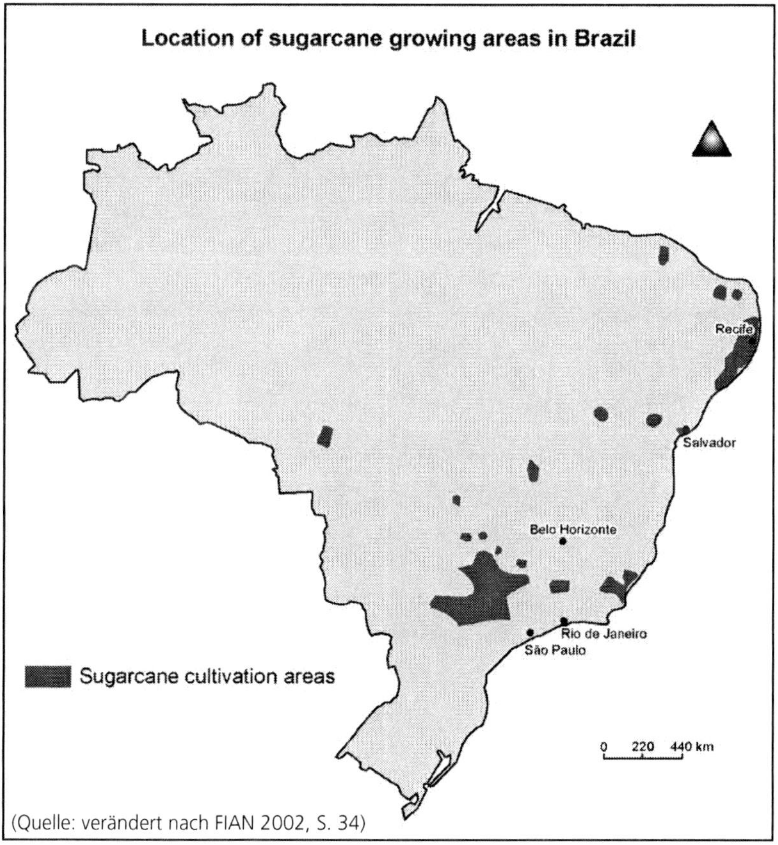

(Quelle: verändert nach FIAN 2002, S. 34)

Heute hat der Bundesstaat São Paulo im Südosten Brasiliens den Nordosten sowohl bei der Produktion von Zuckerrohr als auch von Zucker bzw. Ethanol eindeutig überholt. Mit tatkräftiger Unterstützung des brasilianischen Staates, u.a. auch durch das PROÁLCOOL-Programm, entstand dort seit den 1970er Jahren eine industrialisierte, kapitalintensive Landwirtschaft, die unter Einsatz modernster Anbaumethoden eine stetig steigende Flächeproduktivität erreicht (vgl. Abb. 3). Dort werden auf den guten Standorten die höchsten Hektarerträge Brasiliens von bis zu 140t erreicht. Die großen agroindustriellen Komplexe, die in der Regel den Anbau und die Weiterverarbeitung des Zuckerrohrs in ihrer Hand haben, sind dabei häufig im Besitz von in- oder ausländischen Kapitalgesellschaften (Balsadi et al. 1996).

Abb. 3: Die Entwicklung der brasilianischen Zuckerrohrproduktion seit 1990

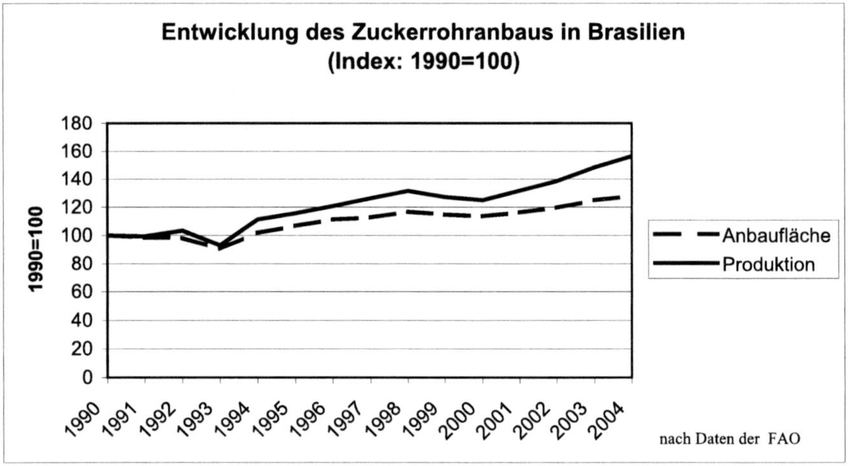

Das dritte Anbaugebiet liegt im brasilianischen Mittelwesten, dem natürlichen Verbreitungsgebiet der brasilianischen Feuchtsavanne, dem sogenannten Cerrado. Hier weisen die Böden zwar sehr ungünstige chemische Produktionseigenschaften auf (z.B. extrem niedriger pH-Wert, toxische Al-Werte). In den letzten Jahrzehnten hat allerdings das staatliche Agrarforschungsinstitut EMBRAPA geeignete Verfahren entwickelt, die diese Flächen in sehr produktive landwirtschaftliche Standorte verwandelt haben (Blumenschein 2001). Zwar dominiert bislang noch der Sojaanbau, jedoch breitet sich zunehmend auch das Zuckerrohr auf diesen Flächen aus. Damit liegen im Cerrado die großen potenziellen Erweiterungsflächen, die es Brasilien theoretisch ermöglichen würden, seine Produktion von Zucker (oder Ethanol) zu verdoppeln.

Umweltauswirkungen von Zuckerrohranbau und -verarbeitung

Das Zuckerrohr kann neben dem Kaffee als das Agrarprodukt angesehen werden, das in historischer Vergangenheit am meisten zur Zerstörung der tropischen Wälder Brasiliens beigetragen hat. Wenn der Küstenraum Nordostbrasiliens heute noch die Bezeichnung zona da mata (zu deutsch ‚Waldzone') trägt, dann verweist diese Bezeichnung auf einen historischen Zustand, bevor der koloniale Raubbau der exportorientierten Zuckerrohrproduktion die Küstenregion flächendeckend prägte. Heute ist der Atlantische Küstenregenwald Nordostbrasiliens restlos zerstört.

Zuckerrohr wird fast ausschließlich in Monokulturen angebaut. Ein großflächiger Anbau kann also zu einer weitgehenden Ausräumung der Agrarlandschaft führen. Erschwerend kommt hinzu, dass Zuckerrohrkulturen an suboptimalen Standorten extrem erosionsanfällig sind. Vor allem in Nordostbrasilien, wo der Anbau auf stark hügeligem Gelände stattfindet, kam und kommt es v.a. nach Starkregenereignissen zu massiven Erosionserscheinungen. Zu den negativen Folgen zählt nicht allein der Verlust von fruchtbarem Oberbodenmaterial. Die teilweise extrem hohe Sedimentfracht der Flüsse führt dabei außerdem zu massiven ökologischen Beeinträchtigungen von Flussunterläufen, Mangrovengebieten und sogar von Küstengewässern. Zusätzlich zu dem reinen Sediment belasten auch ausgetragene Düngemittel und Pestizide die umliegenden Gewässer sowie das Grundwasser.

Bei der Zucker- bzw. Ethanolherstellung werden große Mengen an Wasser und Energie verbraucht. Fortschrittliche Verarbeitungsbetriebe haben in letzten Jahren viel Aufwand in die Entwicklung von Kreislaufwirtschaften gesteckt (Shikida 1998). So konnte die Effizienz bei der Energiegewinnung aus Barkasse, einem Abfallprodukt der Zuckerherstellung, verbessert werden (Severo 2004). Ebenso gibt es Verfahren, um die Vinasse, die bei der Ethanolherstellung in großen Mengen anfällt, als Dünger zurück auf die Zuckerrohrfelder auszubringen. Viele dieser Bemühungen bleiben jedoch auf die modernen Großbetriebe São Paulos beschränkt, während die oftmals veralteten Verarbeitungsbetriebe des Nordostens noch immer z.T. erhebliche Emissionen verursachen.

Das Problem des Abbrennens der Zuckerrohrfelder

Ein zentrales Umweltproblem des Zuckerrohranbaus ist die Praxis, die Felder abzubrennen, bevor sie manuell geerntet werden. Dabei wird die überflüssige Biomasse reduziert und die Produktivität der Ernte gesteigert. In einigen Anbauregionen kam es infolge der atmosphärischen Rauchbelastung während der Erntezeit zu einer deutlichen Häufung von Atemwegserkrankungen in der Bevölkerung. Aus diesem Grund erließ der Bundesstaat São Paulo im Jahr 2001 ein Dekret (No. 48.869/01), das ein Verbot dieser Praxis über einen Zeitraum von 20 Jahren anstrebt. Damit werden die Betriebe gezwungen, auf den Einsatz von großen Erntemaschinen umzustellen, die ein Abbrennen der Felder überflüssig machen.

Ob eine Mechanisierung helfen kann, Kosten einzusparen, ist umstritten und hängt im entscheidenden Maße von dem Betrieb selbst ab (Größe, Boden, Relief etc.). Für die Anbaustruktur als Ganzes wird die Umstellung auf eine mechanisierte Ernte allerdings in jedem Fall weitreichende Folgen haben: Tendenziell wird damit eine weitere Konzentration der Betriebe vorangetrieben, da sich der Einsatz von Erntemaschinen erst ab einer bestimmten Betriebsgröße lohnt. Auch wird sich der Anbau tendenziell von den nur schwer mechanisierbaren, d.h. reliefierten, Standorten zurückziehen und sich auf die ebenen Lagen konzentrieren (Ustulin & Severo 2001).

In jedem Fall aber wird die Abkehr von der manuellen Ernte zu einem dramatischen Abbau von Arbeitsplätzen führen, weshalb auch die Gewerkschaft der Landarbeiter vehement gegen dieses bundesstaatliche Dekret protestiert hat. Gonçalves & Souza (1998) schätzen, dass bei einer Mechanisierung der Ernte im Bundesstaat São Paulo ca. 230.000 ganzjährige Arbeitsplätze, d.h. mehr als die Hälfte der Arbeitplätze im Zuckerrohranbau, wegfallen würden. Dabei ist allerdings zu beachten, dass es sich um einen statistischen Wert handelt, denn der Großteil der Beschäftigungsverhältnisse besteht nur auf saisonaler Basis für die Zeit der Ernte.

Regionale Entwicklungspfade auf dem Weg zur Nachhaltigkeit

Wie kann sich die brasilianische Zuckerrohrwirtschaft in Zukunft ökologisch und sozial verträglich entwickeln? Da sich die Anbauregionen in ihren naturräumlichen und vor allem ihren sozioökonomischen Rahmenbedingung so sehr stark voneinander unterscheiden, macht es wenig Sinn, für ganz Brasilien zu sprechen, sondern es ist notwendig, nachhaltige Entwicklungspfade regional zu differenzieren.

In den modernen Hochproduktionsregionen des Bundesstaates São Paulo kommt es darauf an, eine ökologische Modernisierung der enorm wettbewerbsfähigen Zuckerrohrwirtschaft zu unterstützen. Notwendig wäre dafür eine stärker ökologische Ausrichtung der staatlichen Agrarforschung, die bislang enorme Erfolge im Hinblick auf Produktivitätszuwächse aufweisen konnte, die sich auf dem Feld der Entwicklung umweltschonender Anbau- und Verarbeitungsmethoden jedoch bislang wenig betätigt hat. Dass es vielversprechende Ansätze dabei gibt, zeigen z.B. die Betriebe, die mit Anbaumethoden nach den Standards des kontrolliert biologischen Anbaus experimentieren (vgl. John 2002). Insbesondere sollten räumlich und/oder zeitlich diversifizierte Anbausysteme weiterentwickelt werden, um den negativen ökologischen Folgen des Monokulturanbaus entgegenzuwirken. Außerdem könnten sich auch neue Potenziale aus einer landwirtschaftlichen Verbundwirtschaft ergeben, bei der z.B. die Nebenprodukte der Zucker- und Ethanolherstellung verstärkt als Dünger, Futtermittel oder Energieträger in die Herstellung anderer Agrargüter einfließen.

Ganz anders stellt sich die Situation im Nordosten dar: Dort gilt es vor allem, den notwendigen Strukturwandel weg von der Dominanz des Zuckerrohrs voranzutreiben und sozial abzufedern. Der Anbau sollte sich von solchen Standorten, auf denen der Anbau von Zuckerrohr weder ökologisch noch ökonomisch sinnvoll ist und sich nur aufgrund von staatlichen Subventionen halten kann, zurückziehen. Regionalpolitisch motivierte Interventionen des Staates werden auch weiterhin zur Unterstützung der ärmsten Landesteile notwendig sein, nur sollten solche Entwicklungsmaßnahmen in Zukunft streng an die Erfüllung von Umwelt- und Sozialstandards gebunden werden. Vor allem sollten Entwicklungsinitiativen auf eine Diversifizierung der bislang einseitig auf den Zuckerrohranbau ausgerichteten Regionalökonomien ausgerichtet sein. Nach Alternativen zum Zuckerrohr zu suchen und diese zu unterstützen, muss in Zukunft ein wichtiges Aufgabenfeld aller landwirtschaftlichen Akteure, von der Agrarberatung bis zur Agrarfinanzierung, werden. Langfristiges Ziel sollte es sein, die bestehenden entwicklungshemmenden Machtstrukturen aufzubrechen, die sich nicht nur auf die Zuckerrohrwirtschaft beschränken, sondern tief in den regionalen Beziehungen zwischen Wirtschaft, Politik und Gesellschaft verwurzelt sind.

Im Mittleren Westen, der bei einer günstigen Weltmarktentwicklung als das wichtigste potenzielle Erweiterungsgebiet des Zuckerrohranbaus gelten kann, besteht die vordingliche Aufgabe darin, bereits jetzt die notwendigen Rahmenbedingungen zu schaffen, welche die zu erwartenden regionalen Entwicklungen in ökologisch und sozial verträgliche Bahnen lenken können. Eine Expansion des Zuckerrohranbaus in tropische Regenwälder oder natürliche Savannenbestände hinein ist sehr unwahrscheinlich. Dort wo das Zuckerrohr extensives Weideland, das oftmals allein zum Zweck der Bodenspekulation „genutzt" wird, oder den Sojaanbau ersetzt, wäre die Entwicklung eher positiv einzuschätzen. Dagegen ist es wichtig, zu verhindern, dass es zu einer Verdrängung der bäuerlichen Landwirtschaft kommt, wie dies in der Anfangsphase des PROÁLCOOL-Programmes in vielen Landesteilen der Fall war. Oft war dies möglich, weil die Kleinbetriebe über keine rechtlich ausreichend abgesicherten Eigentumstitel an dem von ihnen bewirtschafteten Grund und Boden besaßen. Grundsätzlich erlaubt es das brasilianische Gesetz zwar, „unternutzte" Latifundien zu enteignen und denjenigen Familien einen rechtmäßigen Eigentumstitel zu übertragen, die das Land de facto bewirtschaften. Die Gerichte und Behörden sind allerdings in ihrer jetzigen Struktur mit dieser Aufgabe, die angesichts der kontinentalen Ausmaße Brasiliens immens ist, vollkommen überfordert. Für diejenigen bäuerlich strukturierten Gebiete, die potenziell einem wachsenden Druck durch eine expandierende Zuckerrohrproduktion ausgesetzt sind, wäre eine rasche Regulierung der Bodenbesitzverhältnisse besonders wichtig.

Braucht Brasilien neue Umweltstandards?

Von Seiten der europäischen Zuckerindustrie wird Brasilien oft vorgeworfen, es erkaufe seine Produktivität mit einer Missachtung grundlegender Standards des Umweltschutzes. Angesichts dieser Wettbewerbsverzerrungen stelle die europäische

Zuckermarktordnung nur ein notwendiges Regulativ dar. Dabei wird u.a. übersehen, dass es gerade die weniger wettbewerbsfähigen Anbauregionen in Nordostbrasilien sind, in denen die größten ökologischen und sozialen Probleme bestehen. Ein direkter Zusammenhang von niedrigen Produktionskosten und mangelnder Nachhaltigkeit lässt sich also nicht herstellen.

Überhaupt verfügt Brasilien über eine der fortschrittlichsten Umweltgesetzgebungen der Welt. So ist z.B. der gesamte Cerrado sowie der Atlantische Küstenregenwald als „Nationales Erbe" in der Verfassung festgeschrieben und dadurch de jure umfassend geschützt. Auch ökologisch bedeutsame Elemente der Agrarlandschaft (z.B. Hügelkuppen, Flussufer, Hänge bestimmter Neigung) sind per Gesetz von einer Nutzung ausgeschlossen. Neben diesen beiden Beispielen gibt es zahlreiche andere gesetzliche Bestimmungen, die eine nachhaltige Landbewirtschaftung garantieren sollen.

Das Problem ist also nicht eine mangelhafte institutionelle Grundlage, sondern eher deren lückenhafte und schwerfällige Umsetzung. Umweltauflagen zählen nur so viel, wie regionale Behörden und Gerichtsbarkeiten gewillt sind, sie konsequent umzusetzen. Besonders in den armen Landesteilen des Nordostens lassen sich die Belange des Umweltschutzes immer leicht hinter dem Primat der wirtschaftlichen Entwicklung zurückstellen. Das Beispiel des Dekretes No. 48.869/01, das das Abbrennen der Zuckerrohrfelder im Bundesstaat São Paulo untersagt, kann als Indiz für die These gesehen werden, dass erst mit einer fortgeschrittenen wirtschaftlichen Entwicklung Umweltbelange, die in diesem Fall konkret gesundheitsrelevant waren, gesellschaftliche und damit politische Relevanz erlangen. Das darf allerdings nicht bedeuten, dass Umweltschutz etwas sein soll, was erst nach geglückter wirtschaftlicher Entwicklung angegangen werden soll. Andersherum zeigt sich jedoch, dass viele Umweltvorschriften nur schwer greifen können, solange es keine tragfähige wirtschaftliche Entwicklung gibt. Aus diesem Grund trägt die europäische Zuckermarktordnung, trotz aller „grünen" Rechtfertigungsversuche, in keiner Weise zur Nachhaltigkeit der brasilianischen Zuckerproduktion bei.

Zitierte Literatur

Barros, G.S.C. & M.A.F.D. Moraes (2002): A Desregulamentação do Setor Sucroalcooleiro. In: Revista de Economia Política 22 (2), S. 156-173

Blumenschein, M. (2001): Landnutzungsveränderungen in der modernisierten Landwirtschaft in Mato Grosso, Brasilien. Die Rolle von Netzwerken, institutionellen und ökonomischen Faktoren für agrarwirtschaftliche Innovationen auf der Chapada dos Parecis. (Tübinger Geographische Studien 133). Tübingen.

Dünckmann, F. (2004): Weltagrarhandel und die WTO. Gründe für das Scheitern der Welthandelskonferenz in Cancún. In: Geographische Rundschau 56 (5) 2004. S. 63 – 68

Dünckmann, F. (2000): Das brasilianische PROÁLCOOL-Programm – Biokraftstoff aus Zuckerrohr. In: Geographische Rundschau 52 (6) 2000. S. 22 – 27

FIAN (FoodFirst Information & Action Network)(2002): Economic, Social and Ecological Impacts on Brazil of Accelerated Liberalisation of the European Sugar Market. A Study on Behalf of the GTZ. http://sucre.ethique.free.fr/download/fra/sugarcane.pdf

John, L. (2002) Cana Orgânica Promove Aumento da Biodiversidade. In: Estado de São Paulo, 30.10.2002, http://www.estadao.com.br/ciencia/noticias/2002/out/30/168.htm

Melchers, I. (2003): Der Mythos der Monokultur. Fragen an die brasilianische Zuckerindustrie. In: ILA – Information Lateinamerika 26, S. 8-11.

Severo, J.R. (2004): Cana-de-Açucar: Bagaço de Cana Garante 50 Prozent da Energia Co-Gerada. In: Revista Gleba 204, http://www.cna.org.br/cna/publicacao/noticia.wsp?tmp.noticia=2847

Shikida, P.F.A. & C.J.C. Bacha (1998): Econmomic Aspects of Technology Generation in the Brazilian Sugar-Cane Industry, and the Use of ist Primary Products and By-Products. In: Brazilian Review of Agricultural Economics and Rural Sociology 36 (2), S. 131-152

Ustulin, E.J. & J.R. Severo (2001): Cana-de-Açucar: Proteger o Ambiente e Continuar Gerando Empregos. In: Revista Gleba 179, http://www.cna.org.br/Gleba99N/Set01/cana01.htm

Eberhard Hauser

Rübe oder Rohr: Was ist umweltschonender?

Wie können Anbau und Handel umweltfreundlicher gemacht werden?

Was ist Zucker?

Zucker ist ein Süßungsmittel, das aus Zuckerrohr oder Zuckerrübe gewonnen werden kann. Zuckerrüben werden in den gemäßigten Breiten angepflanzt (z.B. Europa, USA), Zuckerrohr in den Tropen und Subtropen (Brasilien, Indien, China, etc.)

Der Zuckerrohranbau

Zuckerrohr (Saccharum officinarum L.) ist wie die Zuckerrübe eine arbeitsintensive Pflanze, in der Vergangenheit wurden zu ihrem Anbau billige Arbeitskräfte eingesetzt. Da aber keine Arbeit so billig war wie die der Sklaven, wurde Zuckerrohr das Symbol der Ausbeutung durch Sklavenarbeit. 1512 begann der Import von afrikanischen Sklaven auf die Zuckerrohrplantagen in der Karibik. Im sechzehnten Jahrhundert stieg der Import afrikanischer Sklaven von jährlich 9,500 so dass Ende des 18ten Jahrhunderts Millionen von Sklaven auf den Zuckerrohr und Baumwollfeldern Amerikas arbeiteten.[1]

Der Zuckerrohranbau

Zuckerrohr wird durch vegetative Vermehrung produziert. Es werden einfach Abschnitte eines Zuckerrohrstängels in die Erde gelegt. Diese treiben nach einigen Wochen aus und wachsen zu bis zu vier Meter hohen Pflanzen heran. Wenn die Pflanzen abgeschnitten werden treiben sie wieder aus, so steht Zuckerrohr meist sechs Jahre auf dem Feld bis es wieder neu bepflanzt wird. Geerntet wird Zuckerrohr in zwei unterschiedlichen Verfahren, dem traditionellen Schneiden von Hand, ein Verfahren, das sich wenig von dem zur Zeit der Sklavenarbeit praktizierten unterscheidet. Hier müssen die trockenen Blätter der Zuckerrohrpflanze vor der Ernte abgebrannt werden, da sie sonst ein kaum zu durchdringendes Gestrüpp für die Schnitter bilden. Deshalb die typischen schwarzen Rauchwolken über den brennenden Zuckerrohrfeldern die von Hand geerntet werden. Der Transport zu den plantageneigenen Kleinbahnen erfolgt(e) durch Karren, die Be- und Entladung von Hand. Während der Sklavenzeit war die Nähe zu den Verschiffungshäfen ein wichtiges Kriterium. Deshalb sind die Zuckerrohrplantagen auf den karibischen Inseln und in Nordost Brasilien alle relativ nah zu Häfen. Die Topographie spielte und spielt bei der arbeitsintensiven Handarbeitsmethode eine weniger entscheidende Rolle. Da aber heute auch in diesen Ländern Arbeitskraft relativ teuer ist, werden immer mehr maschinelle Verfahren eingesetzt. Vom Pflügen, Pflanzen bis zur Ernte erfolgt heute immer mehr mechanisiert. Das bedeutet aber, dass die Topographie ein entscheidendes Kriterium für die Rentabilität des Zuckerrohranbaues ist. Das kann ihn mit dem Anbau von Wein an den Steillagen der Mosel gegenüber dem großflächigen Anbau in Rheinland Pfalz vergleichen.

Verarbeitung des Zuckerrohrs

Zuerst wird das Zuckerrohr gewaschen, geschnitten und dann über verschiedene Pressen ausgequetscht. Dann wird der Saft gereinigt um dann durch Einkochen eingedickt zu werden. Nachdem der Sirup weiter eingedickt wurde, bilden sich Zuckerkristalle. Der Rohzucker ist eine bräunliche Kristallmasse die weiter gelagert werden kann oder weiterverarbeitet wird. Da Rohzucker einen Eigengeruch hat und durch Transport und Lagerung leicht verschmutzt, wird die Endverarbeitung, die Raffinierung zu Weißzucker, erst in den Verbraucherländern vorgenommen. Dieser Prozess unterscheidet somit sich nicht wesentlich von dem Verfahren der Zuckerherstellung aus Zuckerrüben und man erhält genau dasselbe Endprodukt.

Da das Zuckerrohr aus tropischen und subtropischen Regionen stammt, ist es meist mit einem höheren Transportanteil des Fertigprodukts belastet als die Zuckerrübe. Da das Fertigprodukt jedoch meist als Massengut in Schiffen transportiert wird, ist es eine ökologisch verträgliche und ökonomisch günstige Transportform.

Die Zuckerrübe

Zuckerrohr ist viel älter als die Zuckerrübe, die erst während der englischen Seeblockade in den napoleonischen Kriegen von Markgraf entwickelt worden (1801). Erst zu Anfang des neunzehnten Jahrhunderts verbreitete sich die Zuckerrübe. Mitte des 19ten Jahrhunderts erlebte der Zucker dann einen dramatischen Preisverfall.[2]

Bis zum Ersten Weltkrieg hat sich die Anbaufläche in Europa erheblich ausgedehnt. In 1.200 Fabriken wurden jährlich 9 Millionen Tonnen raffinierter Zucker hergestellt. Der Zuckergehalt der Rüben betrug damals circa vier Prozent, heute haben sie einen Zuckergehalt von 17 bis 24 Prozent.[3] In Deutschland wurden 2003/2004 von 48.183 landwirtschaftlichen Betrieben rund 444.000 ha Zuckerrüben angebaut, das sind etwa vier Prozent der gesamten Ackerfläche. Diese wurden in 27 Zuckerfabriken zu ca. 3,75 Mio. Tonnen Weißzucker verarbeitet.

Der Zuckerrübenanbau

Die Zuckerrübe ist eine einjährige Kultur, sie wird im Frühjahr gesät und nach ca. 180 Tagen geerntet. Eine Zuckerrübe ergibt ca. drei Teelöffel Zucker.

Bei der Zuckerrübe ist die Handarbeit nach dem Zweiten Weltkrieg durch den Einsatz von Maschinen ersetzt worden. Heute setzt sich immer mehr ein umweltschonender Zuckerrübenanbau durch bei dem die „Ressourcenschonung", der „Erhalt der biologischen Vielfalt" und die „ökologische Verantwortung" im Umgang mit den natürlichen Ökosystemen eine wichtige Rolle spielen.

Die Zuckerrübe hat sich im Bereich der Düngung immer mehr von einer Intensiv- zu einer Extensivfrucht entwickelt. So wurde die Stickstoffdüngung seit 1960 von 170 kg N/ha auf 120 kg N/ha gesenkt, die Phosphor- und die Kaliumdüngung wurde in selben Zeitraum halbiert. Das wurde vor allem durch den gezielten Düngereinsatz mittels Bodenproben und Analysen, der Brache vor dem Rübenanbau, der verbesserten Fruchtfolge, durch Zwischenfruchtanbau und dem Verzicht eines „Sicherheitszuschlags" beim Düngen erreicht.

Die Kultivierung der Zuckerrübe im Mulchverfahren hat sich in den letzten zehn Jahren mehr als verdoppelt, über 100.00 Hektar werden in Deutschland derzeit im Mulchsaatverfahren bestellt.

Die wichtigsten Vorteile dieser konservierende Bodenbearbeitung sind Schutz vor Erosion und Verkrustungen, Förderung der Aktivität von Bodenlebewesen, Steigerung der Bodentragfähigkeit und Kostensenkung durch geringere Intensität der Bodenbearbeitung.

Im Pflanzenschutzbereich erfolgte eine erhebliche Reduzierung der Aufwandmengen durch einen gezielteren Mitteleinsatz, dem Einsatz von pilliertem Saatgut, dem Einsatz von systemischen Mitteln, dem Fungizideinsatz nach Schadschwellenkonzept und Bestandsmonitorring und dem Anbau resistenter Sorten.

Übrigens nutzt die Zuckerrübe Wasser effizienter als Getreide und Kartoffeln und liefert pro Hektar mehr Sauerstoff als der Wald.

Die Zuckerrübe ist durch den Transport mit LKWs meist mit höheren Transportkosten belastet als das Zuckerrohr, jedoch sind die Transportwege des Endproduktes zum Verbraucher näher.

Was ist besser die Rübe oder das Rohr?

Der Zucker aus der Zuckerrübe und aus Zuckerrohr haben identische physikalische und chemische Eigenschaften, das Zuckerrohr wächst jedoch an tropischen und subtropischen Standorten wogegen die Zuckerrüben Pflanzen der gemäßigten Klimate sind.

Beide Kulturen können in ökologisch vorteilhafter Weise angebaut werden. Zuckerrohr wird in den meisten Fällen großflächig als Monokultur angebaut und verbleibt für mehrere Jahre auf dem Feld, die Zuckerrübe wird dagegen eher kleinflächig angebaut und durch ihre einjährige Anbauperiode und der Fruchtfolge entsteht eine höhere biologische Vielfalt des Standorts.

Dadurch ergibt sich in den Zuckerrohrgebieten eher eine genetische Verarmung des Biotops sowohl für Flora als auch für die Fauna.

Eine missbräuchliche Nutzung von Pestiziden und unsachgemäße Düngung kann bei beiden Kulturen erfolgen und führt zu identischen Problemen der Boden- und Wasserverunreinigung.

Die Zuckerrohrerzeugung findet heute noch in zwei sehr unterschiedlichen Betriebssystemen statt, dem auf Handarbeit basierenden und dem hochmechanisierten, wogegen die Zuckerrübenerzeugung nur noch im hochmechanisierten Stil erfolgt. Dies ist eine Anpassung an die Arbeitsbedingungen und Arbeitskosten an den entsprechenden Standorten. Denn nicht nur die ökologische Nachhaltigkeit eines Anbaussystems muss gewährleistet sein, auch die ökonomische.

Vom produktionstechnischen Standpunkt aus ist es weniger wichtig, welche Pflanze angebaut wird, sondern die Bedingungen wie sie angebaut wird. So stellt sich nicht die Frage Rübe oder Rohr: Was ist umweltschonender, sondern wie können Rübe und Rohr an ihren jeweiligen Standorten optimal und umweltfreundlich erzeugt werden.

Auch hinsichtlich des Transportes lässt sich keine eindeutige Aussage treffen, da das Netz des Zuckerhandels weit verzweigt ist und eine eurozentristische Betrachtung der Komplexität des Weltzuckerhandels nicht gerecht werden würde.

Anmerkungen

1 Vergl. www.ucalgary.ca/applied_history/tutor/eurvoya/Trade.html

2 www.suedzucker.de/en/product/history/

3 www.zuckerverbaende.de/3_3_1.html

Martin Hofstetter

Rübe oder Rohr, was ist umweltschonender?

Es liegt in der Natur der Sache, dass diese Frage „Rübe oder Rohr, was ist umweltschonender?" nicht pauschal beantworten werden kann.

Denn Zuckerpflanzen – Rübe wie Rohr – werden in vielen Ländern dieser Erde angebaut, wobei die Rübe eher eine Pflanze des Nordens und das Rohr eher in den Tropen zu finden ist. Doch sind die Unterschiede zwischen den Anbauländern bei ein und der selben Kultur hinsichtlich der Intensität des Einsatzes von produktionssteigernden Mitteln, Umfang des Pflanzenschutzmitteleinsatzes, Art der Erntetechnik etc. häufig sehr groß.

Da wundert es schon, wie vollmundig hierzulande die Zuckerwirtschaft ihren Rohstoff anpreist bzw. die Zuckererzeugung aus Zuckerrohr global verdammt:

„Dank der Zuckermarktordnung können Rübenanbauer und Zuckerindustrie in der EU mit vorbildlichen Umwelt- und Sozialstandards arbeiten, die weltweit an der Spitze stehen".[1]

Im Gegensatz dazu wird der Rohranbau folgendermaßen beschrieben:

„Unkontrollierter Pestizideinsatz in den Ländern des Südens. Da die exzessiv betriebenen Monokulturen Schädlinge und Pflanzenkrankheiten entscheidend begünstigen, werden Pestizide großflächig und vielfach unkontrolliert ausgebracht. Die ausgelaugten und vom tropischen Regen ausgewaschenen Böden verlangen zudem nach hohen Düngemittelgaben, weil sonst die Erträge hinter den Erwartungen zurückbleiben. Die Folgen für die Umwelt und die im Zuckerrohranbau arbeitenden Menschen sind zum Teil verheerend"[2]

Wahrlich ein einfaches und im Detail falsches Bild, was hier vorgegeben wird.

Grundsätzlich stellt sich für uns in Mitteleuropa die Frage: Muss man bei einem Ökovergleich die Zuckerrübe wirklich mit dem Zuckerrohr vergleichen oder muss nicht eher die Frage gestellt werden, wie die Rübe bei uns zu anderen konkurrierenden Ackerkulturen wie Getreide, Raps abschneidet? Denn der europäische Zuckerbedarf könnte zumindest theoretisch auch ohne die Rübe schon heute gedeckt werden, ohne das weltweit mehr Zuckerrohr angebaut werden müsste um unseren Süßigkeitsbedarf zu decken.[3]

Die Befunde bei einem Vergleich des Zuckerrübenanbau mit anderen Ackerkulturen ist auf jeden Fall nicht positiv. Zwar hat der Einsatz von Pflanzenschutzmitteln auch im Rübenanbau bei uns in den vergangenen Jahren abgenommen, aber noch immer wird weit mehr gedüngt und gespritzt als im Getreidebau.

Tabelle 1: Pflanzenschutzkosten Winterweizen und Zuckerrübenanbau im Vergleich (mittlere Intensität; 82dt bzw. 545 dt)

Behandlungsmaßnahme	Winterweizen	Zuckerrüben
Herbizide	41 EUR/ha	184 EUR/ha
Fungizide	56 EUR/ha	15 EUR/ha
Wachstumsregler	2 EUR/ha	0 EUR/ha
Insektizide und sonst. Pflanzenschutz	4 EUR/ha	3 EUR/ha

Quelle: Bayerische Landesanstalt für Landwirtschaft

Beispiel: Herbizideinsatz

Der Anbau von Zuckerrüben ist in Europa mit einer intensiven Unkrautbekämpfung gekoppelt. Das frühere Handhacken wird heute durch Herbizide ersetzt. Derzeit gibt es kein einziges Herbizid, das sämtliche Unkrautarten bekämpfen könnte. Daher sind pro Jahr mehrerer Herbizidanwendungen die Regel. Zum Teil werden vier bis fünf Anwendungen zu Kosten von ca. 200 Euro pro Hektar ausgebracht.[4] Umgerechnet werden dabei etwa 3,2 kg Pflanzenschutzmittel/ha ausgebracht.

Beispiel Erosion

Die Zuckerrübe ist eine Frucht, die den Boden erst sehr spät bedeckt. Daher kommt es standortabhängig immer wieder zu Verschlämmungen und Erosionserscheinungen. Besonders an leichteren Anbaustandorten in Norddeutschland stellt Winderosion und Verwehungen ein Problem dar. Über Mulchsaaten versucht man dieses

Problem in den Griff zu bekommen. In Deutschland wird allerdings bisher nur auf rund einem Viertel der ZR-Anbaufläche die Mulchsaat praktiziert.

Beispiel: Bodenverdichtung

Für den Boden kann speziell die Ernte der Rüben zu langfristigen Schäden führen. Besonders Ernte unter feuchten Bedingungen, wie sie in Deutschland im Herbst keine Seltenheit sind, kann zu erheblicher Beeinträchtigung der Bodenstruktur führen. Denn der Trend geht in Deutschland hin zu schlagkräftigen Rodesystemen wie selbstfahrenden 6reihigen Köpfrodebunkern mit denen auch Schlaglängen von über 500 m gefahren werden können.

Diese mehrreihigen Erntemaschinen haben ein Lehrgewicht von 20-30 Tonnen und ein Bunkerladevolumen von 25 bis 40 Kubikmeter. Vollgeladen kommen sie auf ein Gewicht zwischen 35 und 40 Tonnen. neun- bis zwölfreihige Systeme erreichen sogar ein Gesamtgewicht von 60 Tonnen (je Achse 20 Tonnen).

Die Bodenschutzkommission der Bundesregierung hat für das Gewicht und den Luftdruck der eingesetzten Maschinen und Geräte Richtliniengrenzwerte aufgestellt. Um irreparable Schäden zu vermeiden; darf demzufolge das Gewicht pro Achse der eingesetzten Maschinen nicht höher als fünf Tonnen sein! Man muss schon sagen: es ist noch nicht lange her, dass Landwirte gegen Panzermanöver auf ihren Feldern demonstrierten wegen der großen Folgeschäden. In vielen Zuckerrübenbetrieben wird es anscheinend zu einem Normalzustand mit Landmaschinen auf die Felder zu fahren, die Eigengewichte haben wie Kampfpanzer.

Schuld an dieser Entwicklung hat nicht nur die Agrartechnik, sondern auch die immer stärkere Konzentration des Zuckerrübenanbaus auf wenige Betriebe mit großen Schlagstrukturen und hohem Technikeinsatz.

Beispiel: Wasser- und Energiebedarf

Der Wasserbedarf der Zuckerrübe ist etwa dreimal so hoch wie der von Weizen. Besonders problematisch aber ist der riesige Energiebedarf, der für die Verarbeitung der Rüben in den zentralen Zuckerfabriken benötigt wird. Während der Zuckerkampagne Oktober bis Dezember werden hierzu an den Zuckerfabriken Kraftwerke benötigt, von denen jedes einzelne umgerechnet eine Kleinstadt von 50.000 Einwohnern mit Energie versorgen könnte.

Vor dem Hintergrund dieser ökologischen Defizite kann es nicht verwundern, wenn auch die europäische Kommission in ihrem Arbeitspapier zur Reform der Zuckermarktordnung zu dem Schluss kommt: „Generell dürfte ein Rückgang des Zuckerrübenanbaus (in der EU) dem Umweltschutz zuträglich sein."[5] Auch ein Vergleich von Rübe und Rohr lässt keine einfache Schlussfolgerung zu.

Tabelle 2: Reform der EU-Zuckermarktverordnung

	Rübe	**Rohr**
Anbau	- hoher PSM-Einsatz	+ häufig geringer PSM-Einsatz
	+ in Fruchtfolge eingebunden	- 3- bis 5-jährige Monokultur
	- erosionsgefährdend	- Versauerung des Bodens, Abbau organischer Substanz
	- hoher Bodenabtrag mit Ernte durch verschmutzte Rüben	- bewässerungsintensiv
	- Bodenverdichtung bei Ernte	- häufig Abbrennen der Felder zur Ernte
Verarbeitung	- hoher Energiebedarf	+ energieautark durch Verwendung der Bagasse
	+ hohe Umweltschutzstandards	- Verbrennen der Bagasse, Russentwicklung, Atemwegserkrankung
	- hoher Transportaufwand von Acker zu (wenigen) Zuckerfabrik	+ kurze Wege vom Feld zu Verabreitung durch arrondierte Plantagen
	+ Produktion für die EU vor Ort	- Transport nach Europa

Quelle: EED 2004

Ob eine weltweite Liberalisierung des Zuckermarktes verbunden mit einer Verlagerung von der Rübe zum Rohr nun ökologisch gesehen mehr Vorteile oder Nachteile mit sich bringt kann nicht pauschal beantwortet werden, sondern hängt von den jeweiligen spezifischen Erzeugungsbedingungen ab.

Fazit: Es gibt sicherlich einige gute Gründe, die Erzeugung von Zucker aus Zuckerrüben in der EU zu verteidigen und sich für eine Fortsetzung des geschützten Zuckermarktes einzusetzen. Ökologische Gründe sind hierfür aber kaum ausschlaggebend. Vielmehr muss die europäische Landwirtschaft Acht geben, dass nicht durch eine weitere Konzentration des Anbaus sich negative Umwelteffekte verstärken und damit den Rübenanbau noch angreifbarer machen.

Anmerkungen

1 aktueller Flyer „die Rübe braucht Zukunft!" der Nordzucker AG
2 Text nachzulesen in www. zuckerwirtschaft.de
3 durch Zuckerersatzstoffe, Zucker aus Maisstärke und vor allem brasilianischem Zucker, der derzeit mangels Absatz zu Bioethanol verarbeitet wird
4 L. Gianessi et al. 2003; potential zur Verbesserung des Pflanzenschutzes in der europäischen Landwirtschaft national center for food and agriculture policy
5 EU-Kom.: Der Weg zu einer Reform der Zuckerpolitik der europäischen Union. Zusammenfassung der Folgenabschätzung

Bernward Märländer / Nicole Stockfisch

Umweltschonender Zuckerrübenanbau – Mehr denn je

Einleitung

Die Ziele einer nachhaltigen Bodennutzung durch den landwirtschaftlichen Pflanzenbau sind eine rentable und dauerhafte Ertragsfähigkeit, umweltschonende Anbauverfahren, hohe Ernährungsqualität und sozioökonomische Aspekte der Entwicklung des ländlichen Raumes. Für den Anbau von Zuckerrüben sind neben hoher Ertragsfähigkeit umweltschonende Anbauverfahren von besonderer Bedeutung, da sie zunehmend auch im Rahmen der Diskussion um die Reform der Zuckermarktordnung berücksichtigt werden. Im Folgenden wird deshalb eine Bewertung der Umweltwirkungen des Anbaus von Zuckerrüben vorgenommen.

Die Bewertung der Leistung von Zuckerrüben erfolgt durch den Bereinigten Zuckerertrag, in dem neben dem Rübenertrag die technische Qualität berücksichtigt wird. Eine hohe technische Qualität des Rohstoffs Rübe ist bei der Anlieferung an die Zuckerfabrik durch einen hohen Zuckergehalt und niedrige Gehalte an Kalium, Natrium und Amino-N charakterisiert. Der Amino-N repräsentiert dabei eine Fraktion der Inhaltsstoffe, die auch als Schädlicher Stickstoff bezeichnet wird und zu verminderter Verarbeitungsqualität der Rüben bei der Zuckererzeugung führen kann. Ein niedriger Gehalt an Amino-N ist deshalb Voraussetzung für eine hohe Effizienz der Zuckerherstellung. Im Prozess der Zuckergewinnung werden neben Zucker auch Schnitzel als Tierfutter, Melasse als Industrierohstoff, Carbokalk als hochwertiger Dünger und Wasser gewonnen. Die Produktion von Zuckerrüben, deren Verarbeitung in der Zuckerfabrik und daraus hergestellte Produkte, die z. T. in die landwirtschaftliche Produktion zurückgeführt werden, entsprechen damit einem Musterbeispiel einer Kreislaufwirtschaft.

Effiziente Energienutzung

Pflanzen bilden durch Photosynthese Trockenmasse, die je nach Fruchtart in Form von Kohlenhydraten (z. B. Zucker), Proteinen oder Ölen gespeichert wird. Bedingt durch die lange Vegetationsperiode bilden Zuckerrüben einen sehr hohen Trockenmasseertrag bei gleichzeitig hoher Effizienz der Wassernutzung, d. h. Zuckerrüben benötigen für die Bildung einer Tonne Trockenmasse eine geringere Wassermenge als viele andere Kulturpflanzen. Ein Rübenertrag von beispielsweise 57 t/ha, entsprechend einer Trockenmasse von etwa 13 t/ha, bindet eine Energiemenge von etwa 227 GJ pro Hektar und Jahr (Tab. 1). Winterweizen dagegen bindet bei einem Ertrag von etwa 8 t/ha (15 Prozent Kornfeuchte), entsprechend einer Trockenmasse von 6,8 t/ha, eine Energiemenge von 125 GJ pro Hektar und Jahr. Um den Nettoenergiegewinn je Hektar und Jahr zu berechnen, muss vom Energieertrag der Energieaufwand zur Produktion der Feldfrucht abgezogen werden. Dieser beträgt für die meisten Feldfrüchte zwischen 15 und 20 GJ pro Hektar und Jahr. Der Nettoenergiegewinn ist deshalb bei Zuckerrüben mit 210 GJ/ha annähernd doppelt so hoch wie bei Winterweizen mit 109 GJ/ha.

Tab. 1: Energiebilanz der Produktionsverfahren Zuckerrüben und Winterweizen, (nach Wegener 2001)

	Zuckerrüben	**Winterweizen**
Energieaufwand [GJ ha^{-1} a^{-1}]	17,0	16,1
Ertrag [t ha^{-1}]	57 (~13,1 t TM)	8,0 (~6,8 t TM)
Energieertrag [GJ ha^{-1} a^{-1}]	227	125
Nettoenergiegewinn[GJ ha^{-1} a^{-1}]	210	109

Mulchsaaten im Vorteil

Die Grundbodenbearbeitung zu Zuckerrüben erfolgt üblicherweise mit dem Pflug. Konservierende Bodenbearbeitung mit Einsaat der Zuckerrüben in eine Mulchschicht aus Ernteresten der Vorfrucht bietet jedoch im Vergleich zum Pflug erhebliche ökologische Vorteile, wie die Verbesserung der Bodenstruktur, Erhöhung der Artenvielfalt sowie Stabilisierung des Humusgehaltes. Weiterhin schützt konservierende Bodenbearbeitung den Boden besonders wirksam vor Erosion und je nach Mulchauflage kann ein annähernd so hoher Erosionsschutz wie mit Direktsaat erzielt werden. Die Rentabilität des Anbaus von Zuckerrüben nach konservierender Bodenbearbeitung ist dem Anbau mit Pflugeinsatz vergleichbar (Abb. 1). Dagegen ist eine Direktsaat, d. h. eine Aussaat von Zuckerrüben ohne jede vorherige Bodenbearbeitung in der gesamten Fruchtfolge, noch nicht praxistauglich. Auch wenn beim Anbau von Zuckerrüben mit Mulchsaat z. T. mehr Herbizide eingesetzt werden, überwiegen bei konservierender Bodenbearbeitung die positiven Umweltwirkungen. Diese können noch erhöht werden, wenn eine Zwischenfrucht vor Zuckerrüben angebaut wird, denn Zwischenfrüchte verbessern den Erosionsschutz und die Bodenstruktur nochmals, fördern das Bodenleben, erhöhen zusätzlich die Artenvielfalt, können zur Unterdrückung von Unkräutern und zur biologischen Bekämpfung von Nematoden genutzt werden und verringern das Risiko von Nährstoffausträgen in das Grundwasser.

Abb. 1: Rentabilität und Erosionsschutz konservierender Bodenbearbeitung, (nach Wegener 2001)

Rentabilität

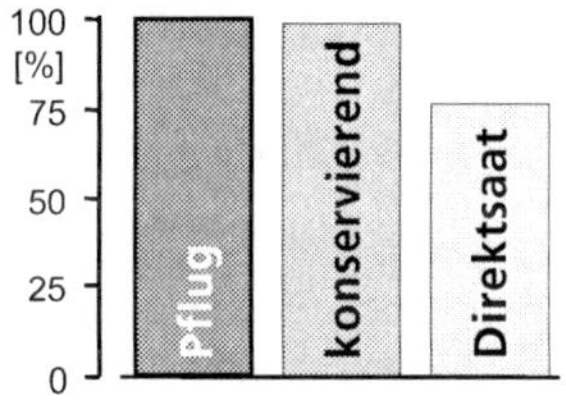

Erosionsschutz

Boden-bearbeitung	Bodenabtrag absolut [t ha^{-1}]	Bodenabtrag relativ [%]
Pflug	10,323	–
konservierend	0,013	99,9
Direktsaat	0,000	100,0

Nährstoffe in der Balance

Die Nährstoffversorgung zu Zuckerrüben hat sich in den vergangenen Jahrzehnten erheblich gewandelt. Der Einsatz von Kalium und Phosphor verminderte sich um mehr als die Hälfte und ist heute in vielen Fällen so niedrig (Abb. 2), dass zur Aufrechterhaltung einer ausgeglichenen Nährstoffbilanz und damit hoher Bodenfruchtbarkeit eine weitere Absenkung nicht mehr empfohlen werden kann. Der Einsatz an Stickstoff ist ebenfalls gesunken. Je nach Anbaugebiet verringerte sich die N-Düngermenge im Zeitraum zwischen 1980 bis 2000 von über 200 auf weniger als 100 kg N/ha.

Abb. 2: Düngemitteleinsatz zu Zuckerrüben in Deutschland, (nach Verband Süddeutscher Zuckerrübenanbauer 2002)

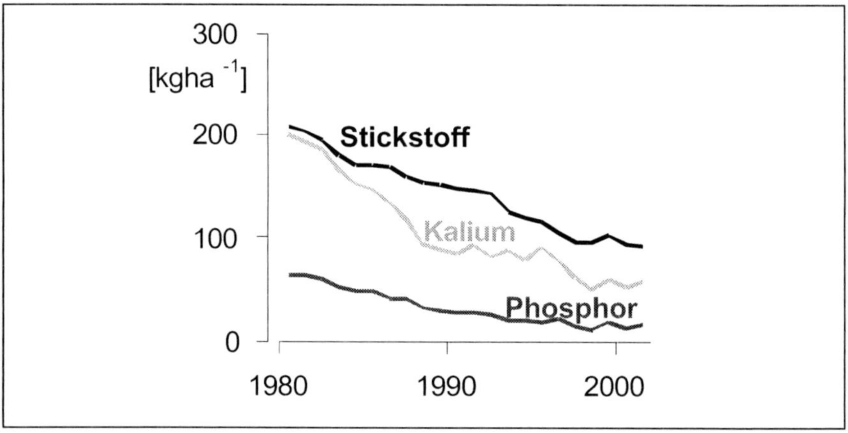

Um die Düngung zu optimieren ist es notwendig, den Bedarf zu ermitteln, eine Bilanz zu erstellen und diese Methoden durch effiziente Beratung in die landwirtschaftliche Praxis umzusetzen. Der Nährstoffbedarf wird in verschiedenen Anbauregionen unterschiedlich ermittelt, beispielsweise mit der EUF-Methode in Süddeutschland und in Norddeutschland überwiegend mit dem optimierten N_{min}-Sollwert-Konzept. Für Zuckerrüben ergibt sich beim Sollwert von 160 kg/ha, inklusive N_{min} auf tätigen Böden mit hoher N-Mineralisation zumeist eine mineralische Düngung von maximal 100 kg N/ha. Für einen maximalen Bereinigten Zuckerertrag und eine hohe Rohstoffqualität, d. h. hohem Zuckergehalt und niedrigem Gehalt an Kalium, Natrium, aber insbesondere Schädlichem Stickstoff (Amino-N), ist zukünftig regional durchaus noch eine weitere Absenkung der N-Düngung möglich.

Zuckerrüben verfügen auf Grund ihres Wachstumsrhythmus über einen ausgesprochen niedrigen N_{min}-Gehalt nach der Ernte und damit über ein geringes Risiko der Nitrat-Auswaschung (Tab. 2). Von besonderer Bedeutung ist aber die negative N-Bilanz von Zuckerrüben, die im Vergleich zu anderen Fruchtarten erheblich zu einer ausgeglichenen N-Bilanz der gesamten Fruchtfolge beitragen kann. Dieser überaus positive Umweltaspekt ist aber nur gegeben, wenn die N-Düngung zu Zuckerrüben optimiert ist und etwa 100 kg N/ha nicht übersteigt. Andernfalls kommt es zu einer Akkumulation von Stickstoff im Blatt, was in der N-Bilanz zu einem unnötig höheren Saldo führt.

Tab. 2: N-Bilanz und N-Auswaschung in der Fruchtfolge bei ökonomisch optimaler Düngung zu Wintergetreide und Zuckerrüben, (nach Engels 1993)

	Bilanz [kg N/ha]	**Auswaschung**
Winterweizen	+ 24	30
Wintergerste	+ 25	30
Zuckerrüben	- 20	12
Ø Fruchtfolge	+ 10	24

Effizientes Anbaumanagement

Der Einsatz von Pflanzenschutzmitteln ist zwischen Fruchtarten unterschiedlich hoch (Tab. 3). Beim Anbau von Zuckerrüben existieren verschiedene Strategien, um den Einsatz auf das absolut notwendige Maß zu beschränken. Die Applikation von Insektiziden erfolgt für die gesamte Anbaufläche durch die Einarbeitung von weniger als 100 g Aktivsubstanz pro Hektar in die Pillenhüllmasse des Saatgutes und stellt ein Musterbeispiel des Integrierten Pflanzenschutzes dar. Der Einsatz von Herbiziden ist in Zuckerrüben vergleichsweise hoch. Allerdings haben die Wirkstoffe ein positives ökotoxikologisches Profil, so dass von einer Gefährdung der Umwelt nicht auszugehen ist. Herbizide sind aber unentbehrlich, um hohe Ertragsausfälle in Zuckerrüben durch Unkrautkonkurrenz zu vermeiden. Der Einsatz von Fungiziden in Zuckerrüben ist vergleichsweise gering. In den letzten Jahren trat jedoch ein höherer Befall mit Blattkrankheiten, insbesondere Cercospora, auf, so dass der Einsatz von Fungiziden anstieg. Zurzeit werden erhebliche Anstrengungen unternommen, um das Auftreten von Blattkrankheiten effizienter beobachten und erfassen zu können und spezifische Schadensschwellen zum gezielten Einsatz der Fungizide zu entwickeln. Von besonderer Bedeutung ist dabei die Züchtung von Sorten mit geringerer Anfälligkeit gegen Cercospora. Durch deren gezielten Anbau könnten künftig die Applikationshäufigkeit und damit die Aufwandmenge an Fungiziden beim Anbau von Zuckerrüben vermindert werden.

Tab. 3: Behandlungsindex für den Einsatz von Pflanzenschutzmitteln in Deutschland, (nach Burth et al. 2002)

	Insektizide	Herbizide	Fungizide
Zuckerrüben	0,19	2,59	0,15
Kartoffeln	0,94	1,55	6,08
Raps	1,44	1,18	0,68
Winterweizen	0,36	1,37	1,39

Technischer Fortschritt durch Züchtung und Optimierung von Anbauverfahren führte in den vergangenen Jahrzehnten zu einer erheblichen Ertragssteigerung. Heute wird in Deutschland ein Bereinigter Zuckerertrag von etwa 9 t/ha erzielt (Abb. 3), entsprechend reduzierte sich die Anbaufläche. Von besonderer Bedeutung ist, dass seit 1990 das Ertragsniveau in den neuen Bundesländern von etwa vier t/ha auf durchschnittlich etwa 8 t/ha angehoben werden konnte. Die Ursachen dafür sind verbesserte anbautechnische Maßnahmen inklusive Sortenwahl sowie ein effizientes Anbaumanagement. Dadurch konnte gleichzeitig ein höheres Maß an Umweltschonung in der Produktion erreicht werden, denn parallel zur Erhöhung des Ertragsniveaus verminderte sich der Einsatz z. B. von mineralischem Dünger und Pflanzenschutzmitteln erheblich.

Abb. 3: Anbaufläche und Ertrag von Zuckerrüben, Deutschland 1990-2003, (nach Wirtschaftliche Vereinigung Zucker 2003/04)

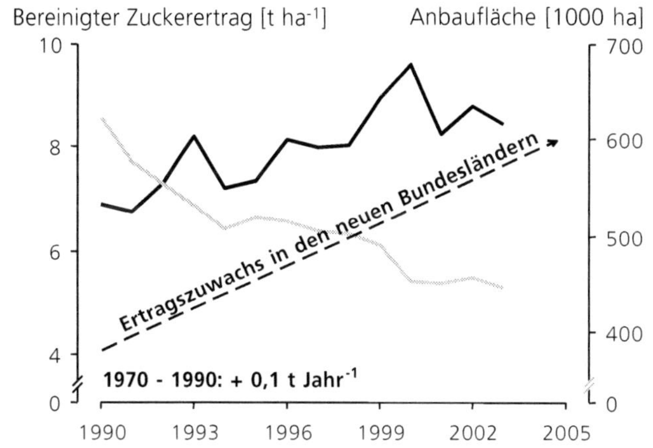

Positive Fruchtfolgewirkungen

Die Umweltwirkungen des Anbaus einer Fruchtart können immer nur im Rahmen der gesamten Fruchtfolge umfassend bewertet werden, denn positive und negative Wirkungen der verschiedenen Feldfrüchte können aus der zeitlichen Abfolge des Anbaus entstehen und sich verstärken oder kompensieren. Zuckerrüben tragen in Mitteleuropa erheblich zur Erhöhung der Biodiversität bei, weil die Blattfrucht in ansonsten getreidereichen Fruchtfolgen angebaut wird. Biodiversität hat nicht nur für agronomische oder umweltbezogene Aspekte einen hohen Stellenwert, sondern auch für die Erzeugung qualitativ hochwertiger Nahrungsmittel. Der Wert des Anbaus von Zuckerrüben in der Fruchtfolge zeigt sich in besonderer Weise durch die Wirkung als Vorfrucht von Weizen. Weizen als Futtermittel oder Rohstoff für die Produktion von Backwaren muss einen möglichst niedrigen Gehalt an Toxinen aufweisen. Toxine können beispielsweise bei der Infektion von Getreidepflanzen mit pilzlichen Schaderregern entstehen. Das wohl bekannteste ist Deoxynivalenol (DON), dessen Konzentration im Weizenkorn steigt als Folge des zunehmenden Befalls der Ähre mit Fusariumpilzen. Ursache für eine schwere Infektion mit Fusarium ist vor allem die Vorfrucht. Die pfluglose Bodenbearbeitung dagegen erhöht den Infektionsdruck nicht, sondern führt lediglich zum verlangsamten Abbau des Pilzes bzw. dessen Sporen. Im Gegensatz zur kaum empfohlenen Direktsaat führt die konservierende Bodenbearbeitung, je nach Tiefe des Mulchens, nur zu geringfügig höherer DON-Konzentration im Weizenkorn (Abb. 4).

Abb. 4: Toxin (DON)-Konzentration im Weizenkorn nach Fusariumbefall, (nach Pringas et al. 2003)

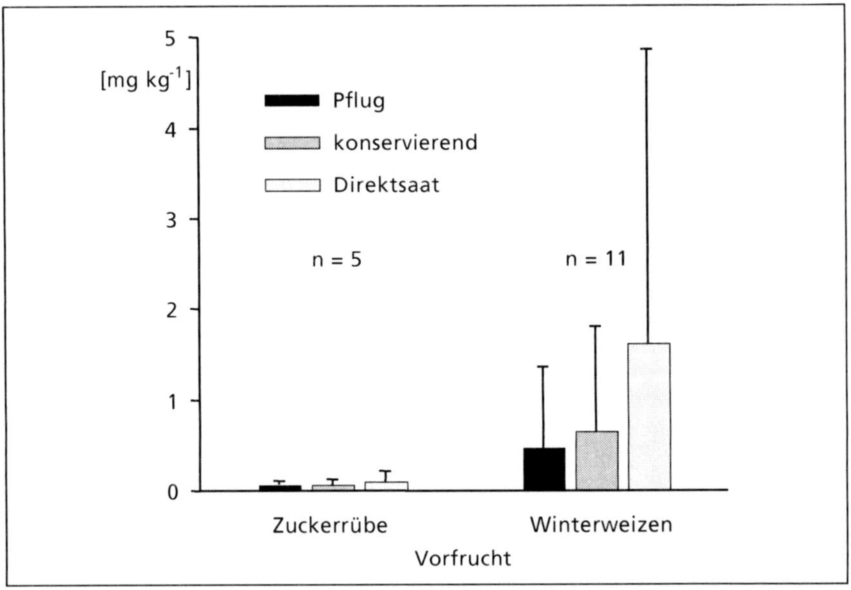

Nach Vorfrucht Zuckerrübe ist, unabhängig von der Bodenbearbeitung, die DON-Konzentration im Weizenkorn sehr niedrig und in vielen Fällen nicht nachweisbar (Abb. 4). Nach Vorfrucht Winterweizen kann die Konzentration z. T. höher sein, in Einzelfällen sogar bedenklich hoch. Um beim Anbau von Weizen nach Weizen eine Infektion mit Fusarien und Kontamination mit Toxinen einzuschränken, ist oft der Einsatz von Fungiziden notwendig. Nach der Vorfrucht Zuckerrübe kann dagegen häufig auf die Applikation von Fungiziden zur Bekämpfung der Fusariumpilze verzichtet werden.

Umweltschonende Produktionspotenziale

In den EU-Mitgliedsstaaten ist die Pflanzenproduktion durch umfangreiche Gesetze und Verordnungen reguliert, die sich u. a. auf den Einsatz von Düngemitteln oder Pflanzenschutzmitteln und den Bodenschutz beziehen. Die Festlegung der guten fachlichen Praxis im Rahmen dieser Regelwerke hat gemeinsam mit ökonomischen Erwägungen und umweltrelevanten Aspekten dazu beigetragen, die Produktion erheblich umweltschonender zu gestalten. Der Anbau von Zuckerrüben ist durch ein hohes Maß an Umweltverträglichkeit gekennzeichnet und züchterisch-technischer Fortschritt wird künftig zu weiteren Verbesserungen beitragen. Die weitere Erhöhung der Erträge wird dabei nicht mit einer Intensivierung der Produktion verbunden sein, sondern mit einer effizienteren Nutzung natürlicher Wachstumsfaktoren und der eingesetzten Produktionsmittel.

Zukünftig wird es notwendig sein, durch Forschung auf wissenschaftlicher Basis das positive Profil der Umweltbewertung kontinuierlich zu steigern. Als Beispiele können genannt werden: Schutz des Bodens vor Schadverdichtung bei Einsatz schwerer Maschinen, Senkung des Einsatzes von Pflanzenschutzmitteln auf das absolut notwendige Maß, Gestaltung von Anbausystemen zur Erhöhung der Biodiversität, Verbesserung der Rohstoffqualität oder Resistenzeigenschaften und Ertragsfähigkeit von Sorten. Die Umsetzung neuer Erkenntnisse kann dann zügig durch fundierte und effiziente Beratung für eine innovative Praxis erfolgen. Schließlich kann eine umfassende Dokumentation jeder Anbaumaßnahme dem Anspruch der Gesellschaft an eine transparente Produktion gerecht werden.

Literatur

Burth, U., V. Gutsche, B. Freier, und D. Roßberg (2002): Das notwendige Maß bei der Anwendung chemischer Pflanzenschutzmittel. Nachrichtenbl. Deut. Pflanzenschutzd. 54, 297-303

Engels, T. (1993): Nitratauswaschung aus Getreide- und Zuckerrübenflächen bei unterschiedlichem N-Angebot. Diss. Univ. Hannover, 183 S.

Pringas, C., H. Miller, H.-J. Koch (2003): Influence of long term conservation tillage on fungal disease appearance in winter wheat, pp. 741-745. Proceedings IIRB-ASSBT 1st joint Congress, San Antonio, U.S.A.

Wegener U. (2001): Dauerhafte Bodenbearbeitungsverfahren in Zuckerrübenfruchtfolgen – Ertragsbildung, Rentabilität, Energiebilanz und Bodenerosion im Vergleich. Dissertation, Universität Göttingen

Wirtschaftliche Vereinigung Zucker (2003/04): Statistisches Tabellenbuch 2003/2004. Verein der Zuckerindustrie, Bonn

Stephan Wichert-von Holten

Rübe oder Rohr: Was ist umweltschonender? Wie können Anbau und Handel umweltfreundlicher gemacht werden?

Bericht aus der Arbeitsgruppe 3

Wenn Sie gestern in unseren Raum geschaut hätten, dann hätten Sie einen Einstellungsfehler des Beamers bemerkt. Alle Folien waren in ein grelles Rosa getaucht. Nehmen Sie aber bitte nicht an, dass die Umweltdiskussion in der Arbeitsgruppe durch eine rosa-rote Brille betrachtet gelaufen ist. Für mich verlief Sie sogar unerwartet differenziert. So hatte ich den Eindruck, dass nicht nur beim Beamer, sondern auch bei einigen Teilnehmenden eine Einstellungsveränderung sich leise angebahnt hatte. Wir hatten uns mit folgender Frage zu beschäftigen: Was ist umweltschonender – Rübe oder Rohr? Wie können Anbau und Handel umweltfreundlicher gemacht werden?

Zunächst haben wir uns mit der Frage der Vergleichbarkeit beschäftigt. Kann die Zuckerrübe mit dem Zuckerrohranbau überhaupt eins zu eins verglichen werden? Ist es nicht Äpfel mit Birnen vergleichen? Nach Abwägung der verschiedenen Aspekte sind wir zu dem Schluss geraten, dass beide ihre Existenzberechtigungen in jeweils ihrem geographischen Umfeld haben. Und, dass die Aspekte auch gleichfalls für die Existenzberechtigung der jeweiligen Anbauart zu jeweils spezifischen Forderungen im ökopolitischen Umfeld führen muss. So haben wir uns z.B. darüber unterhalten, wie der Spritzmitteleinsatz im Anbau von Zuckerrüben und im Anbau von Rohrzucker zu bewerten ist. Beide sind am Anfang ihrer Vegetationsphase langsam wachsende Pflanzen. Sie brauchen also den Spitzmitteleinsatz, der Spontanvegetation und Begleitpflanzen drumherum niedrig hält. Beide brauchen dies. Auch die Intensität des Spritzmitteleinsatzes ist vergleichbar. Dennoch ist die Zuckerrübe eine Pflanze, die durch ihr langsames Wachstum und die lange Standzeit auf den

Feldern zwischen Aussaat und Ernte vieles an Einträgen in den Boden wieder in sich aufnimmt und katalysierend verwertet.

Dem Zuckerrohr wird vorgeworfen, eine Monokultur zu sein. Ist dies die Rübe nicht? Im Kontext dieser beiden Anbaukulturen gilt es, den Begriff Monokulturisierung noch einmal neu zu bewerten. So ist das Blattgrün der Zuckerrübe gerade in Großstadtnähe ein verlässliches Luftfiltersystem und hat auf den Hektar gerechnet einen größeren Sauerstoffumsatz als ein Hektar Wald. Das Zuckerrohr hingegen ist einmal gepflanzt über sechs Jahre hin erntebar. Beim Zuckerrohr handelt es sich um eine C4-Pflanze, hinsichtlich der langfristige Schäden für den Boden durch lange Standzeiten nicht nachgewiesen sind. Dies war für mich ein verblüffendes Ergebnis. Andererseits sind die negativen Auswirkungen des Anbaus ähnlich. Ich möchte hier nur die Bodenerosionen durch Überflächenfließwasser oder Ernteverfahren nennen. Auch der Aspekt der Bodenverdichtung, der zurzeit nur der Zuckerrübe angelastet wird, würde bei einem größeren und technisierterem Anbau des Zuckerrohres in gleichem Maße auftreten. Dennoch ist unter dem Aspekt Monokultur festzuhalten, dass das Zuckerrohr keinesfalls auf einen Fruchtwechsel angewiesen ist, die Zuckerrübe sehr wohl, was zu der Frage verleitet, ob die Zuckerrübe im Fruchtwechsel der hiesigen Landwirtschaft überhaupt wegzudenken ist, was z.B. das Herausziehen von Nitraten und anderen Stoffen aus dem Boden anbetrifft. Der Wegfall des Zuckerübenanbaues bei uns hätte also Folgen – auch für Fruchtalternativen.

1.

Sie merken, es ist uns nicht leicht gefallen, tatsächlich einen Strich zu ziehen und einen Saldo zu addieren. Deutlich geworden ist allerdings, dass zurzeit in der Rübe wesentlich mehr ökologisches Potential als im Zuckerrohr anzutreffen ist. Das liegt nicht an der stofflichen Konsistenz, sondern vor allen Dingen am Forschungsfortschritt, der sich an der Zuckerrübe begleitend festmacht. Der ökologische Umkehrschluss ist, dass einerseits Verminderung des Anbaues von Zuckerrüben in der EU auch zu einer Degeneration des Wissens und damit zu einer Gefährdung umweltschützerischer Potentiale liegt. Andererseits, dass auch das Zuckerrohr einer wissenschaftlichen Begleitung und ökologischen Fortschritts bedarf. Nichtwissen verhindert Umweltschutz.

2.

Sollten wir Umwelt- und Sozialstandards protektionistisch gebrauchen? Priorität sollte doch die nachhaltige Entwicklung haben. Und damit drängt sich die Frage auf, ob wir uns im Kontext nachhaltiger Vernunft die ausschießliche Einfuhr von Zucker überhaupt leisten sollten? Immerhin ist die Zuckerrübe und der daraus gewonnene Zucker ein Produkt, das hier angebaut wird, vor Ort verarbeitet und im Endeffekt auch verbraucht wird. Schließlich werden auch die pflanzlichen- und anderen Produktionsrückstände hier wieder in den Stoffkreislauf zurückgeführt oder entsorgt. Wir wären froh, wenn wir andere Produkte betreffend eine so hohe Dichte am nachhaltigen Prozess vorweisen könnten. In Frage gestellt ist diese Nachhaltigkeit nur durch die Kontingente, die in den Export gehen und dort sowohl ökonomisches Handeln als auch ökologisches Handeln behindern könnten. Es wäre wünschenswert, wenn wir den EU-Verbraucher dazu motivieren könnten, dieses nachhaltige Prinzip auch durch ein Kaufverhalten zu stützen. Lokale Nachfrage statt globalem Anspruch wäre dann hier das Stichwort. Dennoch sollte auf die WTO eingedrungen werden, Umwelt- und Sozialstandards zum Handelselement zu machen.

3.

Solche Standards müssten natürlich nach außen hin erkennbar bzw. gekennzeichnet werden. Der Nachfragestandard ISO14000 müsste also so umgedeutet und übersetzt werden, dass Verbraucher auch zu einer Entscheidung kommen. Dann könnte auch in der Konkurrenz um den Verbraucher der internationale Handel zum Einhalten solcher Grenzen nach unten motiviert werden.

Wir möchten an dieser Stelle dies als mögliches Szenario beschreiben, auch wenn es uns bewusst ist, wie unverfügbar Verbaucherverhalten ist.

4.

Im globalen Kontext klaffen besonders die sozialen Standards sehr weit auseinander. Seit Rio und der Nachhaltigkeitsdiskussion gibt es dahingehend durchaus größere Annäherungen im ökologischen Prozess. So verfügt z.B. Brasilien längst über moderne ökologische Gesetze, setzt diese aber nicht konsequent genug oder gar nicht um. Würde Brasilien hingegen die ökologischen Potentiale, über die es durchaus verfügt, aktivieren, wäre der Zuckerrübenanbau um sein ökologisches Argument gebracht. Denen, die Standards nur als begünstigendes Argument zum Beibehalt der Zuckermarktordnung sehen, mag dieses deutlich gesagt werden. Ökologische Verantwortung sollte nicht dann Teil einer Handelsstrategie sein, wenn es nicht auch ökologische Ziele verfolgt und sich über die Erreichung dieser Ziele freuen kann.

5.

Was für die ökologische Gesetzgebung im globalen System gilt, gilt vor allen Dingen auch für die soziale Gesetzgebung. Nach unserem Ermessen wird es hier schwer sein, internationale Standards zu beschreiben, die über mehr als eine Mindestforderung hinaus gehen. Gerade die zuckerproduzierenden Länder sind, ob Rübe oder Rohr, von ihrer sozialen Entwicklung her kaum vergleichbar. Unsere Standards einfach auf alle anderen umzulegen, wäre eine bewusste Überforderung. Gerade was die LCD oder AKP Länder betrifft und gerade was Afrika anbelangt, kann man hier nur von einem gestaffelten Anspruch sprechen. So haben wir z.B. darüber diskutiert, ob ökologische oder soziale Standards immer erst darauf warten müssen, dass ein sich entwickelndes Land einen gewissen Wohlstand erlangt haben muss, in dem sich diese Ansprüche selbst definieren. Oder ließe sich dieser eben beschriebene „Point of Development issues" nicht auch durch verbesserte zwischenstaatliche Kontakte oder eben produktnahe Entwicklungshilfe, die im Austausch der jeweiligen Erzeuger und Endproduzenten ausgestaltet werden könnte, liegen?

Dieses bekommt eine besondere Bilanz, wenn wir allein schon auf die zwischenstaatlichen Gerechtigkeitsformen innerhalb der EU schauen. Sollte es z.B. zu einer Verwirklichung der Idee kommen, Zuckerrübenquoten EU weit zu handeln, müsste man gleichfalls sehr unterschiedliche ökologische und soziale Standards beachten und mit einrechnen bzw. man müsste sie schlicht fordern müssen.

Das Fazit am Schluss

Ökologie als bloße strategische Forderung im Kontext des Welthandels wird als ein Anspruch verstanden werden, der vieles verhindert. Eine Nachfrage nach ökologischen Produkten zu schaffen oder nach ökologischen Anteilen, in der Produktion beim Zucker, in der Form von Wertschätzung dieser Produkte, könnte allerdings vieles verändern. Auf die Einbringung von ökologischen und sozialen Standards in die

Diskussion um Handelsdirektiven und Handelsbestimmungen bei der WTO, sollte also nicht verzichtet werden. Umweltstandards und Sozialstandards dürfen dort in den Verhandlungen aber nicht wieder auseinanderdividiert werden. Beides hängt miteinander zusammen

AG 4:

Entwicklungsförderung durch Zucker? „Everything but arms"-Initiative, AKP-Zuckerprotokoll und die Reform der EU-Zuckermarktordnung

Dieter Langendorf

Reform der Zuckermarktordnung – Zum Vorteil für die Entwicklungsländer?

1. Situation der Weltzuckererzeugung

- Zucker wird zu mehr als 70 Prozent aus Zuckerrohr und damit in den Ländern des Südens produziert.
- Die Erzeugung von Rohrzucker steigt (+ 29 Prozent in den letzten zehn Jahren), der Anteil des Rübenzuckers geht zurück (- 14 Prozent in den letzten zehn Jahren).
- Insgesamt stark gestiegene Zuckererzeugung, die über dem weltweiten Bedarf liegt. Das Wachstum erfolgte nahezu ausschließlich in den Ländern des Südens.

Weltzuckererzeugung Rohr/Rübe

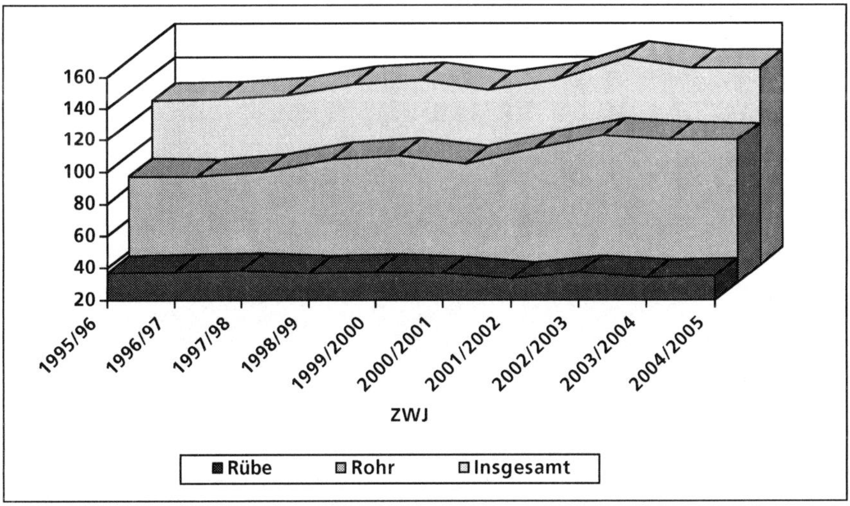

Zuckererzeugung

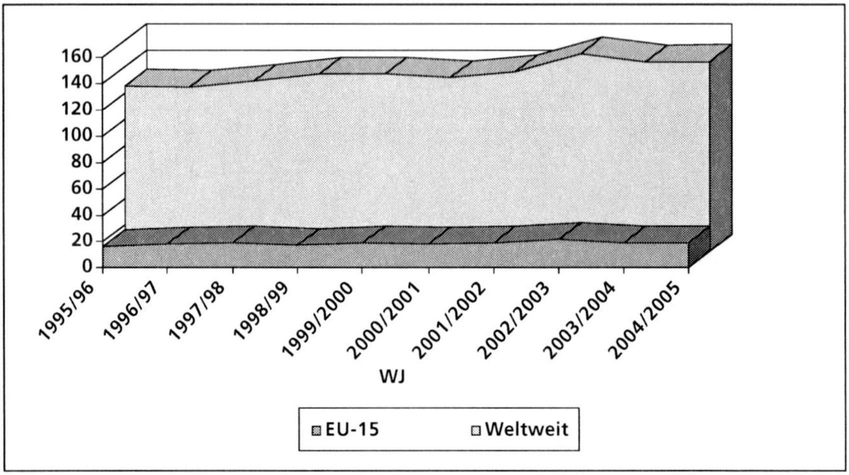

Weltzuckererzeugung und -verbrauch (in Mio. t Rw; Quelle: F. O. Licht)

	Erzeugung		Verbrauch	
	1995/96	**2004/05**	**1995/96**	**2004/05**
Europa	28,7	26,9	29,3	32,1
davon EU 25	*20,0*	*20,0*	*17,1*	*18,1*
Nord- und Mittelamerika	19,9	20,1	16,9	19,2
davon USA	*6,7*	*7,4*	*8,7*	*9,0*
Südamerika	21,5	39,0	14,0	17,2
davon Brasilien	***15,2***	***31,4***	***8,4***	***10,4***
Afrika	8,2	10,2	10,0	13,8
davon Südafrika	*2,3*	*2,4*	*1,3*	*1,6*
Asien	41,4	45,9	46,8	61,7
davon Thailand	*6,3*	*7,1*	*1,7*	*2,3*
Ozeanien	6,2	5,8	1,2	1,5
davon Australien	*5,6*	*5,5*	*0,9*	*1,2*
Welt	**125,8**	**148,0**	**118,2**	**145,5**

2. Der Weltzuckermarkt

- Die strukturellen Überschüsse haben unzureichende Preise auf dem Weltmarkt zur Folge.
- Allerdings werden nur 16 Prozent der Weltzuckererzeugung frei auf dem Weltmarkt gehandelt.
- Der Weltmarkt für Zucker ist hoch volatil und spekulationsgeprägt.

3. Standards bestimmen die Kosten

- Unterschiedliche Standards bedingen unterschiedliche Produktionskosten.
- Die EU kann auf Grund hoher Standards zum Weltmarktpreis nicht kostendeckend und nachhaltig produzieren, obwohl sie über effiziente Anbau- und Verarbeitungsstrukturen verfügt.
- Viele Entwicklungsländer haben trotz niedriger Standards sehr hohe Produktionskosten und können ebenfalls nicht zum Weltmarktpreis produzieren. Ursache: unzureichende Strukturen.

4. Zucker in der EU

- 375 000 landwirtschaftliche Betriebe mit Zuckerrübenanbau
- 230 Zuckerfabriken, davon 26 in Deutschland
- 300 000 Arbeitsplätze im ländlichen Raum
- Zuckererzeugung der EU: 20 Mio. t (= rund 14 Prozent der Welterzeugung).

5. Die EU und Entwicklungsländer

- Die EU ist der weltweit größte Importeur von Zucker aus Entwicklungsländern.
- Im Jahr 2003 wurden 1,9 Mio. t Zucker aus Entwicklungsländern in die EU eingeführt.
- 75 Prozent aller Zuckerexporte aus den AKP- und LDC-Staaten gehen in die EU.
- Die EU-Einfuhren stammen insbesondere aus 19 AKP-Ländern und aus den am wenigsten entwickelten Ländern.

- Durch die „Alles außer Waffen"-Initiative und andere Freihandelsabkommen (WPA) werden die Importe weiter ansteigen.
- Die Exporte in die EU bringen den Entwicklungsländern jährliche „Vorteile" von > 500 Mio. EUR.
- Die Exporte von Zucker in die EU bedeuten für diese Länder einen erheblichen Einnahmefaktor.

Eckpunkte Mitteilung der EU-Kommission vom 14. Juli 2004

- Reduzierung der Mindestpreise für Zuckerrüben und Zucker um 37 bzw. 33 Prozent.
- Reduzierung der Quoten um insgesamt 2,8 Mio. t (= 16 Prozent).
- Reduzierung der Preisgarantien für die AKP-Staaten um 37 Prozent (in Verbindung mit Ausgleich)
- Mit der drastischen Preissenkung soll einer Sogwirkung für Zuckereinfuhren aus LDC-Staaten entgegengewirkt werden.

6. Bedeutung für die deutsche Zuckerwirtschaft

- Die drastische Reduzierung der Preise für Zuckerrüben und Zucker sowie Quotenkürzungen führen zur Gefährdung zahlreicher Betriebe und zur Schließung von Zuckerfabriken.
- In einigen Teilen Europas wird der Zuckerrübenanbau verschwinden.
- Bisher war die ZMO für Gemeinschaftszucker haushaltsneutral, durch diese Reform werden die Steuerzahler massiv belastet (1,36 Mrd. EUR zzgl. Schließungsprämien und Ausgleichsmaßnahmen für AKP-Staaten).

7. Bedeutung für die Entwicklungsländer

- Reduzierung der Preisgarantien für die LDC- und AKP-Staaten stellt für diese Länder massive Erlöseinbrüche dar und gefährdet ihre bisherigen Exporte in die EU bzw. ihre Zuckererzeugung.
- Verschlechterung der Handelsbilanzen.
- Die meisten LDC- und AKP-Staaten haben keine Möglichkeit, auf dem Welt-

markt gegen low-cost-Produzenten zu konkurrieren.

- Die Produzenten in LDC- und AKP-Ländern sind auf den Export auf den EU-Markt zu kostendeckenden Erlösen angewiesen.

Die Reform soll den Entwicklungsländern eine langfristige Zukunftsperspektive bieten. Kann dieses Ziel erreicht werden? Nein, denn mit dieser Reform gibt es auch unter den Entwicklungsländern fast nur Verlierer.

- Bestehende Garantien werden durch den Preisverfall ausgehöhlt.
- AKP- und LDC-Ländern wird Chance genommen, kostendeckend bzw. mit Gewinnen in die EU Zucker zu liefern.
- AKP- und LDC-Ländern wird Chance genommen, moderne Zuckerwirtschaft zu entwickeln.

8. Bewertung

- Was den Entwicklungsländern mit Präferenzabkommen gegeben wurde, wird ihnen auf indirektem Wege durch Preissenkung wieder genommen.
- Der Reformansatz geht an der Realität vorbei, er schadet allen Beteiligten in den Ländern des Nordens ebenso wie in den Ländern des Südens.

9. Unsere Position

- Die deutsche Zuckerwirtschaft erkennt den aus internationalen Verpflichtungen resultierenden Reformbedarf der ZMO an.
- Der Reformvorschlag in dieser Form ist jedoch nicht sachgerecht.
- Die vorgeschlagenen Preis- und Quotenkürzungen stellen eine einseitige Vorleistung der EU dar.
- Mengen- und Preiskürzungen sollten nur im Umfang der künftigen WTO-Verpflichtungen erfolgen.
- Dabei ist das endgültige Ergebnis des Panels mit den sich daraus ergebenden Notwendigkeiten abzuwarten.
- Quotenumfang und Preisniveau müssen auch in Zukunft eine nachhaltige Zuckerproduktion in Europa ermöglichen.

- Die europäische Zuckerwirtschaft ist bereit, ihre Produktion noch stärker am Gemeinschaftsverbrauch auszurichten. Voraussetzung: auskömmliche Rüben- und Zuckerpreise.
- Ein stabiler EU-Markt auch für die Entwicklungsländer ist nicht mit reiner Preispolitik, sondern nur durch Einbeziehen der LDC-Länder in das Mengenmanagement der ZMO zu erreichen.

Forderungen der LDC- und AKP-Staaten und zahlreicher NGOs

- Aufrechterhaltung eines angemessenen und auskömmlichen Preisniveaus in der EU.
- Statt unbegrenztem Marktzugang ab 2009 mit niedrigen Preisen, feste Importquoten für die LDC zu auskömmlichen Preisen.
- Verlängerung des kontrollierten Marktzugangs um zehn Jahre bis 2019.

10. Fazit

Die Reformpläne der Kommission

- setzen nicht auf die geeigneten Instrumente,
- schütten das Kind mit dem Bade aus,
- lassen konstruktive Ansätze vermissen,
- nutzen nur Wenigen,
- sind nicht zum Vorteil der Entwicklungsländer.

Michael Büntrup

Entwicklungsförderung durch Zucker? „Everything but arms"-Initiative, AKP-Zuckerprotokoll und die Reform der EU-Zuckermarktordnung

Bericht aus der Arbeitsgruppe 4

In unserer Arbeitsgruppe ging es um die Frage der Entwicklungsförderung durch Zuckerproduktion im Zusammenhang der Everything-but-arms-Initiative, dem AKP-Zuckerprotokoll und der Reform der EU-Zuckermarktordnung. Die Arbeitsgruppe begann mit einem Vortrag von Herrn Langendorf. Die beiden anderen Panelteilnehmer, Herr Frohberg und Herr Buntzel, hatten schon im Plenum vorgetragen und hielten lediglich kurze Eingangsstatements. Ich will diese Vorträge nicht zusammenfassen, sondern lieber meine eigenen persönlichen Schlussfolgerungen aus der Arbeitsgruppe ziehen. Ich muss sagen, ich fand die Arbeitsgruppe nicht einfach. Sie wurde emotional und fachlich aus sehr unterschiedlichen Perspektiven und auf unterschiedlichen Ebenen geführt. Wir haben nicht wirklich gemeinsame Konsenspunkte herausgearbeitet, einige wurden in der Diskussion aber dennoch deutlich, und die werde ich dann auch erwähnen. Wie gesagt, es sind v.a. meine persönlichen Schlussfolgerungen und wenn es noch zusätzliche Bemerkungen gibt, lade ich dazu herzlich ein.

Ich fange mit der Frage der Standards an, Umwelt und Sozialstandards, die ja auch schon im Plenum erwähnt wurden. Wir haben uns auch relativ lange mit solchen Standards beschäftigt. Die zugrunde liegende Frage ist, rechtfertigen solche Standards eine Beschränkung von Zuckerimporten zugunsten der einheimischen und ohne Zweifel ökologisch nachhaltigen Produktionen. Wir haben konstatiert, dass es einige Standards gibt, die sicherlich die Produktionskosten hierzulande erhöhen. Das trifft z. B. für den Pflanzenschutz zu. Es wurde aber auch deutlich, dass es einige Standards gibt, die schlicht Produktionskostenunterschiede zwischen den Ländern reflektieren. Und damit sind natürlich vor allem die Lohnkosten gemeint.

Erstere wären vielleicht noch akzeptabel als Zollschutzargumente. Aber letztere sicher nicht. Denn das sind schließlich Wettbewerbsvorteile der Länder, die diese Länder auch ausnutzen sollten. Wenn wir solche Gründe, gerade die Lohnkosten, akzeptieren würden als Gründe für Handelsbeschränkungen, dann wäre im Prinzip Handel mit diesen Ländern kaum noch möglich. Nicht nur bei Zucker, sondern bei allen Produkten. Dann wäre im Prinzip auch keine Wohlstandssteigerung durch Handel für den Süden möglich. Und natürlich letztlich auch nicht für uns. Denn wenn diese Länder nicht exportieren, können sie auch nicht importieren, weil sie keine Devisen erwirtschaften.

Die WTO betrachtet viele dieser Standards sehr kritisch aufgrund der Missbrauchsmöglichkeiten, die darin stecken, so dass es sicherlich sehr schwierig sein würde, Sozial- und Umweltstandards in der WTO zu benutzen zur Durchsetzung handelserschwerender Maßnahmen im Zuckerhandel.

Dennoch wurde bei unserer Diskussion auch klar, dass es unterschiedliche Entwicklungsländer gibt, und zwar unterschiedlich aufgrund ihrer Bedürftigkeit und Armut, und auch der vorherrschenden Umwelt- und Sozialstandards. Dabei stellt sich immer wieder heraus, dass Brasilien der Feind Nummer eins der Branche ist. Im entwicklungspolitischen Bereich ist das wohl so, weil es dort tatsächlich sehr schwierige soziale Konstellationen gibt, aber das Feindbild entsteht natürlich auch deswegen, weil vor allem dort das Potential besteht, um unserer Zuckerwirtschaft wirklich gefährlich zu werden.

Die AKP-Länder, mit Zuckerquote, gelten meist als nicht wirklich arm. Es wird außerdem immer wieder angedeutet, dass sie ihre Quoten ein wenig zu Unrecht bekommen haben, weil es halt historisch die Kolonien der Engländer waren, und die Zuckerproduktion nicht aus irgend welchen entwicklungspolitischen Gründen dorthin verlagert worden ist. Deswegen sind diese Länder in einer emotionalen Begründung von Entwicklungspolitik durch Handel im Moment eher im Nachteil.

Die LDC-Länder, die ärmsten Länder, darin war sich im Prinzip fast die gesamte Runde einig, könnten am ehesten das Ziel von präferentiellen Marktöffnungsmaßnahmen sein, hier sind Präferenzen im entwicklungspolitischen Sinne am klarsten zu rechtfertigen. Und so ist es auch in der Everything-but-arms-Initiative angelegt. Hier deutete sich also ein gewisser Konsens an. Unterstützung wurde angeboten sowohl von der Zuckerindustrie als auch von der Entwicklungszusammenarbeit, in diesen Ländern wettbewerbsfähige Industrien aufzubauen. Wettbewerbsfähigkeit, darauf komme ich gleich noch zurück. Beim Aufbau der Zuckerindustrie in den EBA-Ländern hätte die hiesige Industrie vielleicht Kompetenzen zu bieten. Wie zum Beispiel Mitbestimmungsmodelle, die Kooperation zwischen Industrie und Kleinbauern oder umweltfreundliche Techniken. Die entwicklungspolitischen NGOs würden ihrerseits dazu beitragen, dass vor allen Dingen die Sozialstandards dort so weit wie möglich berücksichtigt würden. Was sie in anderen Ländern, wie zum Beispiel Brasilien, auch schon praktizieren.

Dies ist aber nur ein scheinbarer Konsens. Meines Erachtens. Denn in diesen EBA-Ländern gibt es sehr unterschiedliche Produktionskosten für Zucker. Das heißt, es gibt bei einigen Wettbewerbsvorteile, bei anderen aber nur eine marginale Konkurrenzfähigkeit, die nur bei erhöhten Preisen realisiert wird. Wenn nun in diesen Hochkostenländern die Produktion nur unter dem Dach der EU, im Rahmen der Zuckermarktordnung, bei diesem sehr hohen Preisniveau möglich ist - wenn zum Beispiel durch Quoten in all diesen Ländern eine Zuckerproduktion geschaffen würde, dann würden dort Ineffizienzen geschaffen. Das würde dazu führen, dass dort dauerhaft Protektion benötigt würde. In einigen dieser Länder, nicht in allen. Weitere Zollabsenkungen, wie sie zum Beispiel in der WTO zu erwarten sind, würden diese Industrien nicht überleben. Und dadurch würde natürlich auch erheblicher Widerstand gegen weitere Liberalisierungen entstehen. Schließlich würde sich an solchen Standorten eine Rentenmentalität verfestigen.

Um solche Gründungen von Industrien an langfristig nicht wettbewerbsfähigen Standorten zu verhindern, wurde vorgeschlagen, dass man klare zeitliche und preisliche Preisabschmelzungen signalisieren muss. Diese dürften nicht so langfristig sein, dass sich Investoren an den hohen aktuellen Preisen orientieren, diese sollten sich vielmehr langfristig an niedrigeren wettbewerbsfähigen Preisen orientieren.

Das ist eine entwicklungspolitisch sinnvolle Forderung. Aber sie hilft natürlich den hiesigen Zuckerproduzenten nicht als Rechtfertigung für ihre Strategie „wir nehmen diese Länder unter unser Dach und schützen dann damit unsere Zuckerpreise und die Zuckermarktordnung." Wie gesagt, das ist meine Interpretation.

Es wurden aber auch noch weitergehende Bedenken gegen die relative Bevorzugung einzelner Ländern geäußert, aus wettbewerbspolitischen Gründen. Um nicht falsche Strukturen aufzubauen, die selbst unter mittelfristigen Perspektiven, wie ich sie vorher dargestellt hatte, doch entstehen könnten. Es geht dabei noch stärker um die Frage: Ist es ordnungspolitisch überhaupt sinnvoll, Märkte künstlich zu segmentieren, auch für die Entwicklungsländer? Schaffen wir da nicht falsche Strukturen? Diese Fragen haben wir nicht weiter diskutiert.

Konsens hatten wir dann letztendlich wieder dahingehend, dass langfristige Entwicklung nicht von gezielten Handelspräferenzen, sondern von der allgemeinen Schaffung von besseren Institutionen, von guter Regierungsführung und von gesunden Wettbewerbsbedingungen abhängt.

Und zuletzt, das ist wieder eine persönliche Hinzufügung von mir, sind eben auch unverzerrte Preise auf den Weltmärkten nötig, um eine gesunde wettbewerbsfähige Industrie zu schaffen. Ich denke daher, dass deswegen die Forderung gerechtfertigt ist, dass zumindest keine subventionierten Agrarprodukte die Preise für die Entwicklungsländer zerstören, die jetzt schon wettbewerbsfähig sind. Wie zum Beispiel Brasilien. Und dass daher Exportsubvention, wie es sie jetzt gibt, auf jeden Fall nicht zu rechtfertigen sind.

Die Zukunft der Zuckermarktordnung: Markt oder Ordnung

Hans-Heinrich Ehlen

Die Zukunft der Zuckermarktordnung: Markt oder Ordnung

1. Einleitung

Die Reform der EU-Zuckermarktordnung wird gravierende Auswirkungen für die Landwirtschaft, die Verarbeitungsindustrie und die traditionellen Zucker-Standort haben! Es ist davon auszugehen, dass wir noch zum Ende dieses Jahres hier ein neues Regelwerk haben. Dass die Akademie Loccum in diesem Jahr dieses Thema aufgreift, ist daher sehr zu begrüßen. Es unterstreicht erneut die wichtige Rolle der traditionellen „Loccumer Landwirtschaftstagung" für die agrarpolitische Debatte in Deutschland. Gerade bei sehr kontrovers diskutierten Themen – und dazu zählt die Reform der Zuckermarktordnung zweifelsohne – ist es wichtig, einmal abseits des „lauten und hektischen Tagesgeschäftes" eine offene und konstruktive Debatte zu führen.

Die Eckpunkte der Kommissionsvorschläge vom 14. Juli 2003 wie Preissenkung (minus 37 Prozent), Quotenkürzung (minus 16 Prozent), entkoppelte Zahlungen zur Teilkompensation (60 Prozent), Quotentransfer und Anpassungshilfen bei Werksstilllegung sind seit Freitag intensiv dargestellt worden. Ich möchte meine Eingangsworte daher auf eine Bewertung und einen Ausblick auf mögliche Alternativen begrenzen.

2. Bewertung der Kommissionsvorschläge

Um eines ganz klar vorweg zu sagen: Die Vorschläge der EU-Kommission zur Reform des Zuckersektors gehen aus Sicht Niedersachsens deutlich zu weit! Aber – auch das muss gesagt werden – positiv ist, dass die Kommission keine völlige Abkehr vom Quotensystem erwogen hat.

Immerhin scheint sie doch soviel von dieser Marktordnung zu halten, als dass sie sie nicht mit einem drastischen Schritt abschaffen will. Dabei stellt sich natürlich die Frage, ob nicht die Summe der einzelnen Reformelemente die Wirksamkeit der Marktordnung langfristig aushöhlt. Um diese Frage besser einzuschätzen zu können, muss man die einzelnen Reformelemente näher beleuchten: Das Ausmaß der vorgeschlagenen Quotenkürzungen, insbesondere aber der Preissenkungen, halte ich im Zusammenspiel mit dem vorgegebenen Zeitrahmen für stark überzogen! Dadurch werden die Zuckerrüben anbauenden Betriebe massiv belastet und in ihren Anpassungsmöglichkeiten überfordert. Spezialisierte Betriebe würden auf einen Schlag bis zu einem Drittel ihres Einkommens verlieren, ohne sich kurzfristig anpassen zu können. Die vorgeschlagenen 60 Prozent Erlösausgleich sind im Lichte des Zeitplans der Reform zu knapp bemessen und werden die Betriebe nur unzureichend vor dem bereits erwähnten beträchtlichen Anpassungsdruck bewahren. Es ist daher für mich nicht nachvollziehbar, dass der Bund bisher in den Verhandlungen im EU-Agrarministerrat sogar noch darauf drängt, den Ausgleich niedriger anzusetzen!

Lassen Sie mich noch kurz einige Worte zu zwei weiteren Reformpunkten sagen: Den Quotenhandel zwischen den Mitgliedsstaaten sehen wir positiv – im Sinne eines Schadens mindernden Elementes. Wir haben hervorragende Anbaubedingungen und leistungsfähige Verarbeitungskapazitäten in den Hauptanbaugebieten Deutschlands! Wenn es zu Reformeinschnitten kommt, wäre dies zumindest eine Chance, die aufgrund einer Quotenkürzung wegbrechenden Verarbeitungsmengen auszugleichen. Natürlich würde durch den Quotenerwerb zusätzlich Kapital gebunden. Aber ob der Quotenhandel überhaupt kommt, ist derzeit noch völlig ungewiss. Eine Mehrheit der Mitgliedsstaaten im Rat der EU sperrt sich dagegen und mittlerweile gibt es starke Hinweise von der neuen Agrarkommissarin Fischer-Boel, dieses Konzept ggf. nicht weiter zu verfolgen.

Nun um Zeitplan: Das ursprüngliche Ziel der Kommission, bereits in 2005 mit der Reformumsetzung zu beginnen, war von Anfang an völlig überzogen und unrealistisch und ist mittlerweile auch faktisch überholt.

Nunmehr ist davon auszugehen, dass die Kommission ihre konkreten Gesetzgebungsvorschläge erst nach dem Abschluss des WTO-Streitverfahrens zum C-Zucker und zum AKP-Abkommen (Ende April 2005) endgültig formulieren wird.

Die Vorlage der Vorschläge wird für Juni/Juli 2005 erwartet. Die Behandlung in Rat und EU-Parlament dürfte sich bis Ende November 2005 hinziehen, so dass frühestens zum Wirtschaftsjahr 2006/2007 mit der Umsetzung einer wie auch immer reformierten Zuckermarktordnung zu rechnen ist – exakt zum Auslauf der derzeitigen Rechtsgrundlagen.

3. Ansätze zur Änderung der Reformvorschläge

Ich denke, ich habe hinreichend klar gemacht, dass die Kommissionsvorschläge in der derzeitigen Form aus niedersächsischer Sicht nicht akzeptabel sind.

Andererseits wird man realistischerweise eingestehen müssen, dass gewisse Reformschritte unvermeidbar sein werden. Ich gehe davon aus, dass wir tendenziell eine stärkere Ausrichtung der Produktion am Binnenverbrauch der EU-25 aufgrund handelspolitischer Sachzwänge anstreben müssen – dem wird man nicht ausweichen können.

D. h. im Klartext: sollte das Widerspruchsverfahren beim WTO-Panel verloren gehen, müsste man sich wohl oder übel auf leichte Quotenkürzungen und eine stärkere Mengendisziplin im Hinblick auf den C-Zucker einstellen. Man soll zwar negative Entscheidungen nicht herbeireden, aber ich denke, die heutige Diskussion kann nur fruchtbar sein, wenn man auch mit verschiedenen Annahmen und Szenarien arbeitet. Unvermeidliche Reformschritte müssen aber im Ausmaß und in der zeitlichen Umsetzung so gestaltet sein, dass die landwirtschaftlichen Betriebe hinreichende Anpassungsmöglichkeiten haben. Und auch die Verarbeitungsunternehmen dürfen in ihrem Bestand nicht grundsätzlich gefährdet werden.

Die Schlüsselfrage aber, ob man überhaupt mit maßvollen Reformschritten eine dauerhafte Perspektive für die EU-Zuckerproduktion sichern kann, betrifft das EBA-Abkommen. Aufgrund dieses Abkommens wird ja den 49 am wenigsten entwickelten Ländern (LDC) ab 06/07 schrittweise die zollfreie Zuckereinfuhr in die EU-25 gestattet (ab 2009 völliger Zollabbau).

Wenn man alle Effekte berücksichtigt, könnten hier zusätzlich mehr als drei Millionen Tonnen Zucker auf den EU-Markt drängen. Die Kommission argumentiert nun zu Recht, das die Beibehaltung einer ZMO mit hohen Preisen unter den Bedingungen des EBA-Abkommens beträchtliche Importmengen anziehen wird. Dabei könnte es sich um Mengen handeln, die die Wirksamkeit des Quotensystems schlichtweg aushöhlen.

Wir hätten dann zwar noch eine ggf. nur leicht reformierte ZMO, die wäre bloß nicht mehr das Papier wert, auf dem sie steht! Die Schlussfolgerung der Kommission in ihrem Vorschlag war klar: der Zuckerpreis muss so stark gesenkt werden, dass nur eine „begrenzte" Menge aus besonders wettbewerbsfähigen LDC angeboten werden würde. Ob das Kalkül der Kommission so aufgeht, ist aber völlig ungewiss: Es ist derzeit nur schwer abzuschätzen, ob bei einem Preisniveau, das unseren Betrieben kaum Luft lässt, nicht doch größere Mengen als erwartet importiert werden. Dann könnte der zusätzliche Preisdruck zu drastischen Produktionseinbrüchen in der EU führen.

Die Alternative zu diesem Szenario kann nur darin bestehen, mit den LDC zu festen Liefervereinbarungen zu kommen! Hier muss von den hauptsächlich betroffenen Mitgliedsstaaten stärkerer Druck auf die Kommission ausgeübt werden, um zu konstruktiven Lösungen zu kommen. Leider sehe ich derzeit keine entsprechenden Signale aus Berlin! Nur dadurch, dass auf einem vertretbaren Niveau Einfuhrquoten langfristig festgelegt werden, können unabsehbare Risiken für die heimische Zuckerproduktion vermieden und gleichzeitig die entwicklungspolitischen Ziele des Abkommens gesichert werden. Die Diskussion um die EU-Zuckermarktordnung hat dahingehend nämlich auch eine interessante entwicklungspolitische Dimension. Die Preissenkungen in Europa würden auch zu drastischen Einkommenseinbußen aller Zucker exportierender Entwicklungsländer führen.

Diesen wollte man durch die Anpassung der Zuckermarktordnung aber eigentlich helfen! Nicht trotz, sondern gerade wegen der ureigenen Ziele des EBA-Abkommens kann nur eine gemeinsam vereinbarte Quotenregelung zu einer „win-win-Situation" führen. Dass ist natürlich auch unseren Handelspartnern in diesen Ländern klar.

Folgerichtig forderten Vertreter der LDC vor wenigen Tagen in einem intensiven Gespräch mit dem Vorsitz des Agrarrates und drei Kommissionsmitgliedern erneut die Ergänzung des EBA-Abkommens um Einfuhrquoten.

Ich bin gespannt, wie lange sich die Kommission diesem Ansinnen widersetzt und nicht doch über eine dahingehende Revision des EBA-Abkommens nachdenken und den Mitgliedsstaaten entsprechende Vorschläge unterbreiten wird.

Hans-Michael Goldmann

Die Zukunft der Zuckermarktordnung: Markt oder Ordnung

Einen herzlichen guten Morgen. Ich bin gerne gekommen und hatte eine zügige Anfahrt aus dem Emsland. Ich sage deshalb ganz bewusst „aus dem Emsland", weil ich glaube, dass wir Beispiele vor Ort haben, über die man nachdenken muss. Wir haben eine, ich glaube sogar, die einzige sich wirklich am Markt orientierende Werft in Papenburg, die Meyer-Werft, die ohne Wettbewerbshilfe Passagierschiffe für den Weltmarkt produziert. Wie Sie wissen oder der eine oder andere weiß, werden diese ohne Wettbewerbshilfe gebaut, wenn Sie es nicht wissen, Wettbewerbshilfe gibt es nur für Containerschiffe. Und die läuft nebenbei auch demnächst aus, diese Wettbewerbshilfe.

Also ich habe Ihnen jetzt erst einmal etwas von der Werft gesagt, die sich an einem globalen Markt orientiert. Und dabei erfolgreich ist. Allerdings auch Probleme hat. Im letzten Jahr und im vorletzten Jahr musste diese Werft 600 Menschen entlassen. In diesem Jahr denkt die Werft darüber nach, wieder Menschen einzustellen, weil sie sehr gute Passagierschiffaufträge bekommen hat.

Ich sage auch deshalb Emsland, weil ich das Emsland seit 1954 kenne. Da war mein Vater Kreistierarzt im Kreis Emsland. Ich habe ja auch Tiermedizin studiert. Und heute stehen in diesem Emsland, in dem damals so sechs oder acht Kühe, manchmal auch noch ein paar Schweine dabei, in einem Stall standen, etwa 13 bis 14 Millionen Hähnchen.

Das heißt, die emsländische Landwirtschaft, wie die südoldenburgische Landwirtschaft – ich will aber andere Regionen nicht klein reden, in Baden-Württemberg und Bayern gibt es so etwas auch – hat sich umgestellt, hat geguckt, mit welchen Produkten kann ich Geld verdienen. Und auf diesen Weg haben sie sich gemacht.

Wir haben das ja vorhin angesprochen, als wir davon sprachen, vernetzte Produktionen, in Südoldenburg zum Beispiel. Wiesenhof kennt kaum einer, außer den

Hausfrauen, die einkaufen, Die Firma ist mit 5.000 Arbeitnehmern aber einer der größten Arbeitgeber in Südoldenburg. Big Dutchman können Sie zum Beispiel auch nehmen.

Zum Zucker haben wir eine sehr scharfe politische Auseinandersetzung mit Mahnfeuern, die mich ein Stück in der Härte irritiert, weil eigentlich alle wussten, dass sich ab 2006 etwas tun muss.

Sie waren ja alle hier, die da was zu sagen haben. Ich hätte ja gerne Herrn Langendorf gehört, ob das, was er hier gesagt hat, das ist, was er mir vor kurzem gesagt hat. Und wir haben da sehr, unterschiedliche engagierte Positionen. Ich signalisiere sehr klar, dass wir gesprächsbereit sind. Das ist doch auch normal, Leute, die aus diesen Bereichen kommen, die da Jahrzehnte mittendrin arbeiten, die Geschäftsführerfunktionen haben oder sonst Repräsentantenfunktionen, wie auch zum Beispiel für den Deutschen Bauernverband, die wissen zunächst von der Sache sicherlich mehr.

Und ich glaube, sie können uns helfen, die vernünftigen und die richtigen politischen Entscheidungen zu treffen. Wobei ich auch klar sagen will, dass wir für diese politische Weichenstellung als FDP eine Beschlussfassung und verschiedene Zeitzwänge haben.

Herr Minister Ehlen hat es ja schon angesprochen, wir haben ja schon ein WTO-Urteil. Das wird jetzt ja noch einmal überprüft, aber ich glaube, die Illusion, davon auszugehen, dass es revidiert wird, die ist wirklich eine Illusion. Und insofern müssen wir meiner Meinung nach relativ schnell eine Vision entwickeln, müssen wir eine Perspektive entwickeln, an der wir uns abarbeiten wollen.

Und die FDP hat sich für eine marktwirtschaftliche Reform der Zuckermarktordnung mit Augenmaß ausgesprochen. Das Augenmaß ist also zum Beispiel die Einbindung in die EU-Vorgaben ab 1. Januar 2005. Jede Fläche ist ja eine Zuwendungsfläche. Eine Fläche, für die man etwas bekommt. Wir nennen das die Kulturlandschaftsprämie. Und wir sind auch der Meinung, dass wir eben mit der Reform der Zuckermarktordnung nicht 2005, sondern 2006 anfangen sollten. Nach unserem Beschluss muss der erste Schritt der Zuckermarktreform von 2006 bis 2011 Gültigkeit haben. Über den Vorschlag, die Gültigkeit bis 2013 oder 2015 zu verlängern kann man diskutieren, wobei für mich die Grundlage der weiteren Diskussion die Kommissionsvorschläge sind.

Diese Kommissionsvorschläge werden allerdings, das muss man auch deutlich sagen, eigentlich von allen hinterfragt. Aus unterschiedlichen Gründen. Die Franzosen sagen mittlerweile zum Beispiel, es geht nicht weit genug. Und, das wird ja der Kollege Ostendorff sicherlich auch noch darstellen, es gibt ja auch sehr engagierte Ausführungen von Frau Künast zu diesem Thema. Aber ich meine, dass man sagen muss, die EU-Vorschläge sind eine gute Grundlage. Wenn man bedenkt, dass künftig auf die Fläche 300 oder 250 Euro pro Hektar bezahlt werden, und wenn wir dann noch einen sechszigprozentigen Ausgleich für eine längere Zeitspanne retten und gleichzeitig Perspektiven aufzeigen, wie wir vielleicht ein Stück noch mehr den strukturellen Wandel begleiten, dann meine ich, dass wir eine ganz gute Aussicht haben.

Ich war bei der FAO in Rom. Und ich sage ganz klar, die haben uns sehr wenig Hoffnung gemacht für langfristige Zuckerproduktion in Europa. Das sahen die nicht als die große Chance der Agrarwirtschaft in Deutschland und Europa an. Deswegen hatte ich versucht, die Verbindung zu meinen Hähnchenproduzenten herzustellen.

Im Ballungsraum Berlin, London, Paris leben viele Millionen Menschen. Und es zeigt sich ja auch, dass dort, wo wirtschaftliches Wachstum in Gang kommt, mit Einkommenswachstum oder mit Bereitschaft zur Geldausgabe, sich positive Entwicklungen abzeichnen. Nach der EU-Osterweiterung können wir feststellen, dass wir zum Beispiel sehr interessante Märkte in Polen erschließen, und dass die Tschechen sich auch sehr interessante Märkte in Bayern erschließen. Die gehen nämlich mit ihrer Milch nach Bayern und erzielen dabei bessere Preise als im eigenen Beritt.

Also es gibt in diesen Bereichen nach meiner Meinung durchaus Perspektiven. Und deswegen meine ich, diese Übergangsphase, die ganz sicherlich erhebliche Ansprüche an uns und natürlich besonders an die Landwirte stellt, diese Übergangsphase muss vernünftig abgefedert und ausgeglichen werden. Aber, und jetzt kommt der Punkt, für den ich viel Prügel bekommen habe, ich sage, auf die Dauer müssen wir aus einem Quotensystem raus. Hier heißt es in unserem Beschluss, der bei nur einer Gegenstimme in der Fraktion verabschiedet wurde – die Gegenstimme kam aus Sachsen-Anhalt –: Die Zuckerquote muss langfristig auslaufen.

Je länger ich an diesem Thema arbeite, desto mehr stelle ich fest: das ist ein einziger Quotendschungel. A, B, C, AKP, LDC, Balkanstaaten.

Chemieproduzenten in der Slowakei waren vor kurzem bei mir, die Aminosäuren herstellen, die Zuckerverwender sind, und sagten, wir brauchen da auch noch einen Ausgleich.

Auf der internationalen Süßwarenmesse in Köln – nebenbei, eine Branche, die nicht nur davon lebt, dass die Menschen mehr verzehren, sondern dass sie auch Zucker veredelt, eine Branche die mit 4,5 Prozent Wachstum weit über dem Durchschnitt liegt – wurde mir gesagt, dass das Ausgleichsszenario, das wir haben, dass sie Geld erstattet bekommen, wenn sie europäischen Zucker verwenden, instabil ist und sehr bürokratisch.

Also dieses ganze Quotenszenario ist nach meiner Meinung überholt. Und ich informiere mich umfassend, auch bei Leuten, die anderer Meinung als ich sind. Doch die meisten sagen: Mensch, lasst uns ein vernünftiges Ausstiegsszenario ausgestalten, um aus diesen Quotenregelungen, die natürlich mit einem enormen bürokratischen Aufwand verbunden sind und eigentlich dem Betroffenen nicht wirklich helfen, lasst uns doch daraus aussteigen.

Diese Position ist auch mit den Entwicklungspolitikern meiner Fraktion und den Außenpolitikern abgestimmt. Wir sagen in unserem Beschluss, dass die Zuckermarktordnung hinterfragt werden muss. Der Begriff ‚Zuckermarktordnung' ist ja schon interessant: Auf der einen Seite ist das Wort 'Ordnung' und auf der anderen Seite ist das Wort 'Markt' drin. Ich meine, selbstverständlich braucht ein Markt auch eine Ordnung. Darüber kann gar keine Frage bestehen. Aber es ist schon die Frage, ob diese Zuckermarktordnung in der bestehenden Form wirklich das geeignete Mittel ist, um den Anforderungen gerecht zu werden.

Ich bin mehr denn je davon überzeugt, und ich hatte auch die Freude in Cancún zu sein, wo wir ja mit einem Vorschlag der europäischen und der amerikanischen Seite in die Diskussion gegangen und gescheitert sind, dass es zur WTO überhaupt keine Alternative gibt. Deswegen werden wir uns ab dem 28. April, dann wird ja wohl das Urteil da sein, wie Frau Fischer-Boel uns im Ausschuss dargelegt hat, sehr schnell daran machen müssen, das Urteil abzuarbeiten, um bei der WTO in Hongkong eine Position zu haben, die dann bei den Ländern, die es besonders betrifft, eine gewisse Akzeptanz findet.

Brasilien macht das, was Deutschland in vielen Bereichen immer gemacht hat: den Weltmarkt erobern. Da ist Niedersachsen ja auch bis vor kurzem Spitze gewesen. Bei VW kriselt es im Moment ein bisschen. Aber ich glaube, dass wir den Brasilianern hier nicht vorwerfen dürfen, dass sie ihre Marktmöglichkeiten wahrnehmen und sich hier auch auf den Klageweg gemacht haben.

Ich warne entschieden davor, sozusagen so zu tun, als ob in Brasilien alles böse und schlimm sei. Ich meine natürlich, ein Minister eines Landes vertritt immer die Position seines Landes. Aber vielleicht können Sie ja mal den brasilianischen Landwirtschaftsminister einladen. Er war bei uns im Bundestag. Er hat sein Land sicherlich ein Stück glorifiziert, aber er hat doch auch deutlich darauf aufmerksam gemacht, dass das keineswegs so ist, dass da nur ein großer ist, der im Grunde genommen alles abstaubt, sondern dass da durchaus auch Nebeneffekte entstehen, die insgesamt eine sehr positive wirtschaftliche Entwicklung im ländlichen Raum bedeuten. Insofern meine ich, hat es nicht sehr viel Sinn, Fronten aufzubauen. Sondern es ist meiner Meinung nach nötig, das, was vor uns liegt – und das ist eine deutliche Reform der Zuckermarktordnung – abzuarbeiten.

Mein Lieblingssatz ist der von Herrn Sonnleitner. Es geht nicht um das „ob", sondern es geht um das „wie". Ich meine allerdings, wir müssen sehr deutlich sagen, dass dieses „wie" massiven Einfluss auf das haben wird, was Kollege Ehlen zu Recht für Niedersachsen ein Stück verteidigen will. Nur will ich auch eine ganz vorsichtige Anmerkung machen: Vor diesen Herausforderungen stehen alle Bereiche der Agrarwirtschaft. Die Emsländer produzieren nicht deshalb gerne Hähnchen, weil sie die Tiere so gerne wahnsinnig lieben. Sondern sie machen es, weil sie in anderen Bereichen keine Marktchancen mehr haben.

Und ich finde, da muss man dann auch deutlich fragen, was rechtfertigt eigentlich diese Supersonderrolle des Zuckers? Und diese Sonderrolle gibt es. Diese Sonderrolle ist nebenbei mittlerweile so stark ausgeprägt, Herr Kollege Ehlen hat es angesprochen, dass es bei diesem europäischen Quotenhandel gar nicht mehr darum geht, ob die deutsche Zuckerwirtschaft diese Quoten aufkaufen könnte, aus Dänemark oder aus Griechenland. Sondern es geht darum, ob es kartellrechtlich in Einklang zu bringen ist. Denn der deutsche Zuckermarkt ist grandios geregelt. Nordzucker, Südzucker und dann noch einer in Köln und das war's dann.

Nebenbei, alle anderen stellen sich massiv darauf ein, auch die deutsche Zuckerwirtschaft stellt sich massiv darauf ein, die Märkte zu erschließen, die hier vorhin auch schon angesprochen wurden. Die sind zwar, wie mir gesagt wurde, noch nicht in Brasilien, aber sie riechen zumindest rein. Sie sind zwar nicht alle schon in Polen, aber sie machen sich auf den Weg dahin, und die Franzosen sind schon da.

Also es ist in diesem Bereich eine enorme wirtschaftliche Kraft. Und ich denke, wenn diese wirtschaftliche Kraft genutzt wird, um den Umstrukturierungsprozess auf den richtigen Weg zu bringen, bekommen wir eine Zuckermarktreform, die den einen oder anderen in diesem Bereich mitnimmt und ihn in eine neue Produktionszukunft führt, die aber auch ganz deutlich sagt, es wird in diesem Bereich einen massiven Strukturwandel geben. Und ich glaube, die Ehrlichkeit gebietet es, das auch sehr deutlich zu sagen und daraufhin zu arbeiten.

Friedrich Ostendorff

Die Zukunft der Zuckermarktordnung: Markt oder Ordnung

Mein Name ist Friedrich Ostendorff. Ich bin Bauer wie Heiner Ehlen und bin in die Politik verschlagen worden, wie er auch. Und ich denke, von daher bin ich wahrscheinlich in der Wahrnehmung Einzelner schon wieder ein Stück weit Lobbyist. Ich weiß nicht, ob ich die Rolle ganz ausfüllen kann, die mir der Herr Tagungsleiter hier zuweist. Aber ich will das mal versuchen. Ich denke, wir sind in der Debatte ziemlich weit voran gekommen. Ich baue selber keine Zuckerrüben an. Ich gehöre aber mit meiner Frau zu den wenigen, die noch Futterrüben anbauen – es sind ja nur noch rund 1200 Hektar in Deutschland – und nicht zu denen, die auf rund 430.000 Hektar Zuckerrüben anbauen. Also so eine aussterbende Spezies.

Ich will zunächst, bevor wir in die zentralen Fragen einsteigen, ein bisschen den Blick zurückwerfen auf das, was uns getrieben hat in der Debatte die letzten Jahre. Ich kam in die Lehre auf einen Lehrbetrieb, der damals Vorsitzender der Zuckerfabrik Lage in Westfalen war. Dort komme ich ja her, aus dem Kreis Unna bin ich. Bei meinem Chef war es ein bisschen ähnlich wie bei Herrn Wesselmann. Er war nicht so oft zu Hause. Das war, glaube ich, damals so üblich, wenn man in der Zuckerfabrik war. Die Lehrlinge und die Landarbeiter taten das Geschäft. Aber ich kriegte zumindest mit, das vermittelte er, was gedacht wurde. Daher kann ich mich gut erinnern an die Einführung der Zuckermarktordnung 1968. Das war das Jahr, in dem ich in die Lehre kam. Und daran sehen Sie, wie alt ich schon bin. Die Zuckermarktordnung sollte seinerzeit stabilisieren. So hat man es mir jedenfalls immer vermittelt. Wenn es anders war, müssen es die sagen, die damals schon aktiv dabei waren. Der Verbrauch und die Erzeugung in den europäischen Ländern sollte damals übereinander gebracht werden. Ich glaube, das war die Intention, wenn ich das richtig behalten habe, die Zuckermarktordnung zu machen. Und ich denke, das ist auch der richtige Ansatz. Natürlich haben unsere Landwirte, unsere Bäuerinnen und Bauern aus unserer Sicht das Recht, den Zucker, der hier in Europa verbraucht wird, anzubauen. Das will ich erst einmal ganz klar sagen.

Was in den Jahren dann daraus geworden ist, das mögen Sie selber sehen. Ob die so genannten C-Rüben, die wir in Westfalen als Herrgottsrüben bezeichnen, weil wir ja sehr protestantisch-katholisch geprägt sind, ob das alles nur Herrgottsrüben waren, das wurde ja von Herrn Ehlen auch ausgeführt, dahinter machen wir mal ein Fragezeichen. Ich habe die Zuckerfabriken in den Jahren nicht nur so erlebt, dass sie gesagt haben, guckt dass ihr die Quote ausfüllt und dass das dann für den einzelnen Betrieb heißt, dass er ein paar Rüben mehr anbaut als er vielleicht anbauen sollte. Ich glaube, dass die Zahlen, die Herr Ehlen genannt hat und auch Herr Goldmann, richtig sind. Wir haben 17,4 Millionen Tonnen Quote in Europa, in der EU der 25. Wir haben dieses Jahr fast 20 Millionen Tonnen erzeugt. Ob diese Differenz alles Herrgottsrüben sind, weiß ich nicht. Ich glaube nur, dass wir gut beraten sind, wenn wir die Luft herauslassen aus der Frage des C-Zuckers. Um da gleich jetzt in die Fragen zu kommen. Der C-Zucker ist eines der großen Ärgernisse. Er ist Gegenstand des Panelverfahrens.

Der C-Zucker ist natürlich das, was uns in der Diskussion immer wieder begegnet und was auch, denke ich, heute klar getrennt gesehen werden muss bei der Quotendiskussion. Wir reden über die A- und B-Quote. Der C-Zucker sollte in Zukunft der Vergangenheit angehören. Das, was wir dort getrieben haben am Weltmarkt mit den C-Zuckermengen ist zu kritisieren und kann nicht so weiter fortgeführt werden. Das muss geändert werden. Dass C-Zucker für 50 Cent entgolten wird, wirkt für Sie als Anbauer – und viele sind ja hier praktische Anbauer, wie ich heute morgen beim Frühstück erfahren habe dieses wirkt sich für Sie preismindernd aus. Sie haben ja irgendwo eine Mischkalkulation im Endergebnis. Und ich denke, das ist auch in Ihrem Interesse, dass dieser Unfug aufhört, diesen Zucker auf den Weltmarkt zu dumpen mit stattlichen Exportsubventionen. Exportsubventionen sind abzubauen und müssen der Vergangenheit angehören.

Ich decke mich in diesen Positionen mit dem Kreis, den Herr Buntzel-Cano auch vertritt. Mit dem auch Herr Goldmann Kontakt hat. Wir haben auch durchaus engen Kontakt. Dieses ist eine gemeinsame Position. Ich sage mal, es gibt ja eine Zusammenarbeit auf der Ebene, die Herr Buntzel-Cano organisiert, von kirchlichen, von Entwicklungshilfeorganisationen, von der Arbeitsgemeinschaft bäuerliche Landwirtschaft, von durchaus auch Vertretern des Entwicklungshilfeministeriums wie Herrn Dr. Kohlmeier, der sehr intensiv in diesen Prozess eingebunden ist. Also das ist eine durchaus gemeinsame Position, die wir voll teilen.

Zu der Frage der LDCs und der AKP-Staaten: Wir müssen heute vor allem über die LDC-Länder reden, nicht so sehr über AKP. Die EU hat mit den AKP-Ländern geredet. Das Ergebnis war nicht sehr gut. Aber wir sind trotzdem gespannt auf den Aktionsplan, den die EU-Kommission angekündigt hat. Frau Fischer-Boel hat sich dazu ja in Berlin und anderswo deutlich positioniert. Und wir sind auch durchaus sehr weit einverstanden mit dem, was sie gesagt hat. Sie hat ja zum Beispiel gesagt – ich zitiere mal gerade wörtlich: „In einem Bereich sind im Moment aber viele Landwirte verunsichert, nämlich bei der anstehenden Reform der Zuckermarktordnung. Lassen Sie mich hier noch einmal unterstreichen, dass wir ohne eine Reform drastische Kürzungen der Quoten zu erwarten hätten. Wir können und wollen die Zugeständnisse an die ärmsten Entwicklungsländer nicht zurücknehmen." Das ist glaube ich wichtig zur Positionierung der neuen Kommissarin, dass man weiß, wo die Reise hingeht in Europa. Man sollte dort keine Illusionen hegen. Herr Sonnleitner hat ausdrücklich Frau Fischer-Boel gelobt. Die EU-Kommission würde vernünftige Politik machen. Das sagt er, seit Fischler weg ist. Und von daher sind wir gespannt, ob das jetzt hier einen großen Konsens gibt. Ich glaube, dass der Bauernverband jetzt hier gebunden ist mit dieser Feststellung, die er getroffen hat auf der Eröffnung der Grünen Woche. Hörbar für alle, die dort waren.

Und ich denke, genau hier müssen wir ran. Dieser Aktionsplan muss einen Weg aufzeigen, wie wir den ärmsten Ländern wirksam helfen, hier einen Marktzugang zu erreichen. Wir haben natürlich große Unterschiede. Das ist klar. Wir sind ja nicht so vermessen, zu glauben, dass die Interessen der Bauern in Mosambique und die der Mauritius-Zuckerindustrie oder der südafrikanischen Zuckerindustrie die gleichen wären. Das wissen wir auch. Nehmen wir aber mal die Frage Mozambique und Malawi oder solcher Länder, die diese Interessen haben. Diese Länder haben die Möglichkeit, vorsichtig Zuckermengen zu erzeugen. Zu vernünftigen Bedingungen zu erzeugen, zu günstigeren Bedingungen als wir. Und sie haben kaum andere Möglichkeiten, hier in Europa mit Produkten an den Markt zu kommen. Und diese Länder gehören wahrlich zu den Ärmsten der Armen. Wer in Malawi zwei, drei Hektar Zuckerrohr hat, kann damit seine Familie als Kleinbauer gut übers Jahr bringen. Wir haben häufiger Kontakte gehabt in Berlin zu Vertretern Malawis oder Mozambiques. Wenn man die Berichte hört, dann kann man das nicht ignorieren aus unserer Sicht. Dann muss man das ernst nehmen. Und muss denen wirksam helfen, hier mit auf den Markt zu kommen.

Die Interessen der Mauritius-Zuckerwirtschaft kann man vielleicht besser in Frankreich diskutieren. Dort gibt es sicherlich eine Antwort, welche Interessen Frankreich dort weiter hat. Oder auch die Interessen, die bei Zuckerkonzernen liegen, die in Großbritannien angesiedelt sind und durchaus natürlich Verästelungen haben in die Länder, die hier auch betroffen sind. Das muss man dort klären. Wir sind immer ganz hellhörig, wenn Großbritannien sagt, jawohl, wir wollen einen Aktionsplan auf EU-Ebene, und gebt dieses Geld direkt in die Akteursebene. Also dann werden wir hellhörig. Gebt das Geld direkt in die Akteursebene heißt für uns, im wesentlichen British-Sugar und Tate und Lyle. Das soll auf keinen Fall so laufen. Aber das ist natürlich hier mit zu bedenken.

Zur Frage der Fischler-Vorschläge, über die reden wir ja noch, vielleicht demnächst auch über die Fischer Boel-Vorschläge, ich denke sie wird ein neues Papier vorlegen. Dann reden wir über den Fischer Boel-Vorschlag. Der wird sich ja orientieren an der Diskussion, die um den Fischler-Vorschlag und die Option 3 geführt worden ist. Die Option 3 der Preissenkung ist von unserer Seite kommentiert worden durch das Papier der Bundesregierung im November, was ja jetzt diskutiert wird und Grundlage der Diskussion ist. Wir in der Fraktion unterscheiden uns vielleicht noch etwas stärker von der Kommissions-Position als die Bundesregierung. Ich will durchaus sagen, was wir auf der Fraktionsebene denken. Wir sehen die Preissenkung, die Fischler sehr hoch angesetzt hat, mit 37 Prozent, als zu hoch an. Ganz klar. Wir denken allerdings, dass eine vorsichtige Preissenkung akzeptabel ist. Sie wissen, dass wir etwas über 300 Euro Flächenprämie auf die Zuckerrübenfläche gelegt haben. Wenn wir von 600 Doppelzentner Ertrag ausgehen, sind das 50 Cent. Dieses ist erst einmal als Ausgleich da. Sie werden das in 2005 erhalten. Damit reden wir, wenn wir vom Mindestpreis von 4,36 Euro ausgehen, vielleicht über zwölf oder 13 Prozent, die jetzt schon zusätzlich auf die Zuckerrübenpreise draufkommen. Daher haben wir gesagt, gut, dann lass uns vielleicht über 16 Prozent Preissenkung reden. Denn zusätzlich zur Frage des Flächenausgleichs gibt es ja auch noch einen technischen Fortschritt. Sie als Praktiker wissen das, dass die Umstellung von ein- auf sechsreihige Ernte natürlich 30, 40 Cent pro Doppelzentner Kostenersparnis gebracht hat. Sie haben den gleichen Rübenpreis erhalten danach. Sie haben dort einen Zugewinn gehabt einfach über den technischen Fortschritt. Das ist ja unbestritten. Und von daher sollte man die auch einmal mit einbeziehen. Das ist ja auch eine Position, die wir auch mit den Kolleginnen und Kollegen der CDU/CSU teilen, dass man über diese vorsichtige Preissenkung reden kann.

Die entscheidende Frage hingegen ist natürlich die Quotenfrage. Wir sagen, wir sollten bei der Quotenregelung bleiben. Nur nicht mehr als Interventionssystem, sondern als Referenzpreissystem. So ist ja Fischlers Vorschlag auch angelegt. Die Quote, 17,4 Millionen Tonnen, muss sich natürlich in Zukunft als Ausgangslage immer auf den Verbrauch beziehen, den wir in Europa haben, und der liegt nun mal bei 16,1. Also wahrscheinlich müssen wir die Quote erst einmal zurücknehmen, um sie an den Verbrauch zu führen. Und dann müssen wir in diese Quote, so ist unsere Positionierung von Anfang an, die Mengen integrieren, die aus LDC- und AKP-Staaten kommen. Und das sind natürlich Mengen, die wir heute vorsichtig kalkulieren müssen, die 1,3 Millionen LDC und die 3,2 Millionen Tonnen AKP, die allgemein erwartet werden. Wobei das ja noch eine Zeit hin ist. Wir reden ja über 2010, 2011 vielleicht. Vielleicht auch erst 2012. Aber diese Mengen mit zu integrieren in einem vorsichtigen Übergang, bedeutet, dass wir dann vielleicht über 75 Prozent der heutigen Quote reden. Wir wollen ehrlich reden. Ich fand es heute bemerkenswert, dass sich Heiner Ehlen relativ klar festgelegt hat. Das haben wir leider im Bundestag bei den Kolleginnen und Kollegen Ihrer Partei nicht immer so, dass es so klare Festlegungen gibt. Bisher wird jede Quotendiskussion öffentlich abgelehnt. Und über Preissenkungen will man auch nicht reden. Man sagt, das System, im Grunde ist das die Position, das System ist gut und das System muss so weiterlaufen. Das wird sich nicht halten lassen, diese Position. Das ist ganz sicher. Von daher denke ich genau in diesem Tenor, vorsichtig da ran zu gehen. Aber auch ehrlich zu bleiben und zu sagen, wo die Reise hingeht. Wir können uns nicht vorstellen, wenn wir diese LDC- und AKP-Mengen nicht integrieren ins europäische System, dass wir dann eine Zukunftsfähigkeit herstellen können. Natürlich müssen wir auch ehrlich mit den Ländern reden. Das ist aber Sache der EU-Kommission. Es muss auch über den Missbrauch gesprochen werden, den es beim AKP-Zucker gegeben hat. Das soll natürlich aufhören. Diese Geschäfte wollen wir nicht mehr.

Wir reden dann natürlich heute schon bei dem Fischler-Vorschlag über 55.000 Hektar Anbaurückgang. Das sind immerhin 13 Prozent der Fläche. Das ist eine stolze Zahl. Das wird natürlich nachhaltig die Struktur verändern. Aber die Struktur, meine Damen und Herren, hat sich doch immer geändert. Um zurückzukommen auf meine Lehre: 1968, ich habe das noch einmal nachgeguckt, baute mein Lehrbetrieb immerhin 19 Hektar Rüben an. Und hatte bei diesen Zuckerrüben damals knapp über 400 Doppelzentner Ertrag. Und er hatte einen Durchschnittszuckerertrag, er war gut, der knapp über 15 Prozent lag. Der Durchschnittsertrag war 15 Prozent. Heute reden wir ja über 17 Prozent Durchschnittsertrag. Und wir reden über Erträge von 620, 630 Doppelzentner, das ist keine Seltenheit hier im norddeutschen Bereich. Im Süden reden wir ja weit darüber hinaus. Das sind heute die Verhältnisse. Von daher haben sie ja umstrukturieren müssen in der Quote. Sie haben ja ihre Zuckerrübenmengen deutlich zurücknehmen müssen, wenn sie keine Quotenaufstockung hatten. Sie kennen das ja. Das System war ja auch so, dass Sie sich immer anpassen mussten. Das denke ich, gebe ich Ihnen mit zu bedenken, wir glauben, dass es weiter Zuckerrüben geben wird in Deutschland. Wir haben eine starke Stellung in Europa. Wir erzeugen fast vier Millionen Tonnen der zwanzig Millionen Tonnen. Daran sehen Sie unsere Position. Ähnlich groß wie Frankreich. Wir sind die beiden großen Erzeugerländer mit fast acht Millionen Tonnen. Da sehen Sie die Kraft. Es wird wahrscheinlich so kommen, dass die acht Millionen Tonnen, Frankreich und Deutschland zusammen, eine Kraft darstellen, die anderen Ländern in Europa zukünftig das Erzeugen schwerer machen wird. Und von daher denken wir, dass hier in Deutschland und Frankreich, bleiben wir realistisch, wahrscheinlich die Rückgänge der Erzeugung nicht so stark sein werden, weil über den Zukauf der Quotenmengen ja doch noch einiges abgefedert werden kann, weil einfach diese Kraft hier ist.

Ich will mit folgenden Bemerkungen schließen: Wir hatten in einer der letzten Wochen die Milchbauern in Berlin. Die standen in Kälte und Schneetreiben, die armen Gestalten, muss ich wirklich sagen, die armen Kolleginnen und Kollegen, die mir sehr nahe sind als Milchbauer, die ganze Nacht gefahren, standen vor dem Brandenburger Tor, bei einem Viertelliter Milch der Molkerei.

Eine Woche später trafen sich die Zuckerrübenbauern in einem der edelsten Hotels von Berlin. Und da haben wir uns ein bischen von denen beschimpfen lassen. Ich will das jetzt nicht zu emotional machen. Aber das hat mich schon als Milchbauer einigermaßen betroffen gemacht. Ich glaube, dass wir hier, das ist schon richtig gekennzeichnet, dass wir hier von ganz anderen Voraussetzungen reden als wir in der übrigen Landwirtschaft haben.

Ich sage es noch mal, wir reden beim Zucker vielleicht über 600 Millionen Umsatz. Bei der Milch reden wir über sieben Milliarden. Je nach Milchpreis. Vielleicht 7,5 Milliarden. Das sind die Größenverhältnisse. Und wenn ich dann sehe, welche Mittel die Zuckererzeuger für ganzseitige Zeitungsanzeigen aufbringen können, dann wirft das bei mir schon einige Fragen auf.

Anhang

Tagungsprogramm

■ Freitag, 4. Februar 2005

15:30 Anreise der Teilnehmer/innen zum Nachmittagskaffee

16:00 **Begrüßung und Einleitung**
Dr. Joachim **Lange**, Evangelische Akademie Loccum

WO IST DAS PROBLEM – GIBT ES EIN PROBLEM?
DIE EU-ZUCKERMARKTORDNUNG...

16:15 **... Stein des Anstoßes im Welthandel: WTO-Panel und Doha-Runde**
Prof. Dr. Harald **von Witzke**, Humboldt-Universität, Berlin

... Ineffizienzen zu Lasten der Verbraucher?
Prof. Dr. Erich **Schmidt**, Universität Hannover
Gemeinsame Diskussion

18:15 Abendessen

19:00 **... vor der Reform: Welche Ziele verfolgt die Bundesregierung?**
Dr. Gerald **Thalheim**, Parlamentarischer Staatssekretär, Bundesministerium für Verbraucherschutz, Ernährung und Landwirtschaft, Berlin

Welche Reform brauchen die deutschen Landwirte?
Dr. Helmut **Born**, Generalsekretär, Deutscher Bauernverband, Bonn
Gemeinsame Diskussion

■ Samstag, 5. Februar 2005

08:30 Einladung zur Morgenandacht, anschließend Frühstück

DIE VORSCHLÄGE DER EU-KOMMISSION
ZUR REFORM DER ZUCKERMARKTORDNUNG

09:30 **I. Auswirkungen auf Zuckermärkte, Landwirtschaft, Zucker (-verarbeitende) Industrie und Konsumenten**
Prof. Dr. Dr. h.c. Jürgen **Zeddies**, Universität Hohenheim
Prof. Dr. Stephan **von Cramon-Taubadel**, Universität Göttingen

II. Anpassungsmaßnahmen und Alternativen:
Diskussion mit einleitenden Statements:
Dr. Heinrich-Hubertus **Helmke**, Geschäftsführer, Dachverband Norddeutscher Zuckerrübenanbauer DNZ, Hannover
Dietrich **Oetzel**, Präsidiumsmitglied, Bundesverband der Deutschen Süßwarenindustrie BDSI; InfoZentrum Zuckerverwender IZZ, Bonn
Prof. Dr. Stephan **von Cramon-Taubadel**, Universität Göttingen
Prof. Dr. Dr. h.c. Jürgen **Zeddies**, Universität Hohenheim

12:30 Mittagessen

14:00 **III. Auswirkungen auf die Entwicklung in der südlichen Hemisphäre**
Dr. Rudolf **Buntzel-Cano**, Evangelischer Entwicklungsdienst EED, Berlin
Dr. Klaus **Frohberg**, Direktor, Zentrum für Entwicklungsforschung ZEF, Bonn

15:30 Kaffeepause

16:00 **Parallele Arbeitsgruppen**

AG 1 Wenn nicht Zucker, was dann: Bioethanol und Biomasse als Ausweg?

Dr. Karsten **Block**, Geschäftsführer, Zentrum für nachwachsende Rohstoffe NRW, Landwirtschaftskammer NRW, Bad Sassendorf
Dietrich **Klein**, Deutscher Bauernverband; Geschäftsführer der Arbeitsgruppe landwirtschaftliche Biokraftstoffe, Berlin
Prof. Dr. Dr. h.c. Jürgen **Zeddies**, Universität Hohenheim
Moderation: Dr. Gerd **Wesselmann**, WGZ-Bank, Münster

AG 2 Verbraucher und die Reform: Würde Zucker wirklich billiger? Wäre billiger Zucker wirklich gut?

Dr. Ulrich **Nöhle**, Vorstandsvorsitzender, Nordzucker AG, Braunschweig
Dietrich **Oetzel**, BDSI, IZZ, Bonn
Prof. Dr. Jutta **Roosen**, Universität Kiel
Moderation: Dr. Cord **Stoyke**, Nds. Ministerium für den ländlichen Raum, Ernährung, Landwirtschaft und Verbraucherschutz, Hannover

AG 3 Rübe oder Rohr: Was ist umweltschonender? Wie können Anbau und Handel umweltfreundlicher gemacht werden?

Dr. Florian **Dünckmann**, Universität Kiel
Eberhard **Hauser**, Gesellschaft für Technische Zusammenarbeit GTZ, Eschborn
Martin **Hofstetter**, Vorstand, Arbeitsgemeinschaft bäuerliche Landwirtschaft ABL, Kassel
Prof. Dr. Bernward **Märländer**, Direktor, Institut für Zuckerrübenforschung IfZ, Göttingen
Moderation: Stephan **Wichert-von Holten**, Kirchlicher Dienst auf dem Lande, Hannover

AG 4 Entwicklungsförderung durch Zucker?
„Everything but arms"-Initiative, AKP-Zuckerprotokoll
und die Reform der EU-Zuckermarktordnung
Dr. Rudolf **Buntzel-Cano**, EED, Berlin
Prof. Dr. Klaus **Frohberg**, ZEF, Bonn
Dr. Dieter **Langendorf**, Hauptgeschäftsführer, Wirtschaftliche Vereinigung Zucker, Bonn
Moderation: Dr. Michael **Brüntrup**, Deutsches Institut für Entwicklungspolitik DIE, Bonn

18:30 Abendessen

19:30 Rohr und Rübe – friedlich vereint: Die Feuerzangenbowle
Gelegenheit zum informellen Austausch

■ Sonntag, 6. Februar 2005

08:30 Einladung zur Morgenandacht, anschließend Frühstück

09:30 **Die Zukunft der Zuckermarktordnung: Markt oder Ordnung?**
Abschlusspodium eingeleitet durch Berichte aus den Arbeitsgruppen und Beiträge von
Minister Hans-Heinrich **Ehlen**, Nds. Min. für den ländlichen Raum, Ernährung, Landwirtschaft und Verbraucherschutz, Hannover
Hans-Michael **Goldmann**, MdB, Obmann der FDP Fraktion im Ausschuss für Verbraucherschutz, Ernährung und Landwirtschaft, Berlin
Friedrich **Ostendorff**, MdB, Obmann der Fraktion Bündnis 90/Die Grünen im Ausschuss für Verbraucherschutz, Ernährung und Landwirtschaft, Berlin

12:30 Ende der Tagung mit dem Mittagessen

Teilnehmerinnen und Teilnehmer

Alten, Christian von, Landwirt, Seelze
Alten, Jobst von, Ing.agr. Landwirt, Seelze
Anz, Christa, Halle
Anz, Dr. Siegfried, Geschäftsführer, GUBB Unternehmensberatung Halle, Halle
Aue, Winfried, Niedersächsische Staatskanzlei, Referat 104, Hannover
Bartels, Dr. Rüdiger, Nieders. Landesamt für Bodenforschung, Oyten
Bartz, Benno, Rehburg-Loccum
Begander, Regina, Verband Entwicklungspolitik Niedersachsen e.V. (VEN), Göttingen
Behnsen, Fritz, Seelze
Berns, Cornelia, Referentin, Bundesministerium für Verbraucherschutz, Ernährung und Landwirtschaft, Berlin
Bickert, Dr. Christian, Journalist, DLG-Mitteilungen, Frankfurt/Main
Block, Dr. Karsten, Zentrum für Nachwachsende Rohstoffe NRW im Landwirtschaftszentrum Haus Düsse, Bad Sassendorf
Blumenberg, Dr. Enno, Leiter Zuckerrüben, Syngenta Seeds GmbH, Bad Salzuflen
Bock, Dr. Anngret, Referatsleiterin, Ministerium für Landwirtschaft und Umwelt Sachsen-Anhalt, Magdeburg
Bock-Wegener, Ekkehard, Niedersächsische Staatskanzlei, Referat 104, Hannover
Borchert, Gerhard, Vorsitzender, DNZ Dachverband Norddeutscher Zuckerrübenanbauer e.V., Hannover
Born, Dr. Helmut, Generalsekretär, Deutscher Bauernverband, Bonn
Brandes, Dr. Wilhelm, Prof., Universität Göttingen, Institut für Agrarökonomie, Göttingen
Bröning, Dr. Michael, Referent, Friedrich-Ebert-Stiftung Referat Afrika, Bonn
Bruns-Hellberg, Friedrich, Landwirt, Hodenhagen
Brüntrup, Dr. Michael, Deutsches Institut für Entwicklungspolitik DIE, Bonn
Buntzel-Cano, Dr. Rudolf, Evangelischer Entwicklungsdienst e.V. (EED), Büro Berlin, Berlin

Busse, Christian, Schüler, Feldbergen
Busse, Erich, Bauer, Feldbergen
Büsching, Stefan, Dipl.-Ing.agr., Geschäftsführer, Rübenanbauer und Aktionärsverband Nord e.V., Uelzen
Coenen, Dr. Alexander, Leiter Vertrieb Zuckerrübe Inland, KWS SAAT AG, Einbeck
Coenen, Hans, Anbauberater, Pfeifer & Langen, Lage
Conrad, Gernot, Springe
Cramon-Taubadel, Dr. Stephan von, Prof. , Georg-August-Universität Göttingen, Lehrstuhl für Agrarpolitik, Göttingen
Damm, Dr. H., Prof., Fachhochschule Osnabrück, Fakultät Agrarwissenschaften und Landschaftsarchitektur, Osnabrück
Dünckmann, Dr.rer.nat. Florian, wiss. Mitarbeiter, Universität Kiel, Kiel
Eggers, Hans Werner, Rehburg-Loccum
Ehlen, Hans-Heinrich, Minister, Ministerium für den ländlichen Raum, Ernährung, Landwirtschaft und Verbraucherschutz, Hannover
Einfeld, Dr. Henrik, Manager Rübenmanagement, Mitglied der Geschäftsleitung, Nordzucker AG, Braunschweig
Engel, Michael, Wissenschaftsjournalist, Garbsen
Eysholt, Margrit, Hildesheim
Feuerhake, Dr. Friedrich, Veterinäroberrat, Hameln
Frohberg, Dr. Klaus, Prof., Direktor, Zentrum für Entwicklungsforschung, Bonn
Garbe, Dr. Volker, Niedersächsisches Ministerium für den ländlichen Raum, Ernährung, Landwirtschaft und Verbraucherschutz, Hannover
Garche, Hans-Martin, Lehrer, Auhagen
Gerlinger, Rainer, Leiter FB Bildung und Beratung, Landwirtschaftskammer Hannover, Bezirksstelle Braunschweig, Braunschweig
Goldmann, Hans-Michael, MdB, Obmann der FDP-Faktion im Bundestagsausschuss für Verbraucherschutz, Ernährung und Landwirtschaft, Berlin
Gottschalk, Hans, Landwirt, Meinersen
Gottschick, Dr. Manuel, Dipl.-Ing. (FH), Universität Hamburg, FSP BIOGUM, AgChange, Hamburg
Graf, Thomas, Referent für Marktordnungsfragen, Nordzucker AG, Braunschweig

Günzel, Reinhart, VEN Vorstand, Heinrich-Böll-Haus Lüneburg, Lüneburg

Hahn, Katharina von, sozio-ökonomische Beraterin, Landwirtschaftskammer Hannover, Hannover

Hanisch, Dr. Hans-Christian, Landwirt, Kreisverbandsvorsitzender, Bücken

Hauser, Eberhard, GTZ, Eschborn

Heimsoth, Heinrich, Landwirt, Hassel

Heins, Dr. Bernd, Prof., Clausthaler Umwelttechnik-Institut GmbH (CUTEC Institut) an der Technischen Universität Clausthal, Clausthal-Zellerfeld

Helmke, Dr. Heinrich-Hubertus, DNZ Dachverband Norddeutscher Zuckerrübenanbauer e.V., Hannover

Hemme, Peter, Landwirt, Celle

Herbst, Ernst-August, Landwirt, Wennigsen

Herlemann, Dr. Horst, Darmstadt

Hesse, Andreas, Kammerdirektor, Klosterkammer Hannover, Hannover

Heuer, Corinna, Studentin, Tagungsassistentin, Berlin

Hillebrandt, Klaus, Lehrer, Göttingen

Hitschler, Uwe, Agrarreferendar, Aachen

Hofstetter, Martin, Kassel

Jacob, Bärbel, Pohle

Jagoda, Agata Monika, Studentin/Mitarbeiterin, Humboldt-Universität zu Berlin, Inst. f. Wirtschafts- und Sozialwissenschaften des Landbaus, Berlin

Janinhoff, Alfons, Prof. Dipl.Ing.agr., Dozent, Fachhochschule Bingen Fachrichtung Agrarwirtschaft, Bingen

Jansen-Minßen, Franz, Landwirtschaftskammer Weser-Ems, Oldenburg

Kionka, Christian, Manager Rübenmanagement, Nordzucker AG, Braunschweig

Kirchhoff, Dr. Werner, Rehburg-Loccum

Klages, Heinrich, Salzgitter

Klages, Karl-Heinrich, Grundstückssachverständiger, Landeskirchenamt der Ev.-luth. Landeskirche Hannovers, Hannover

Klein, Dietrich, Geschäftsführer der Arbeitsgemeinschaft landwirtschaftliche Biokraftsoffe LAB, Deutscher Bauernverband, Berlin

Klein, Hans-Jürgen, MdL, Nieders. Landtag, Fraktion Bündnis 90/Die Grünen, Hannover

Korte, Hartmut, Dipl.-Ing.agr., Rehburg-Loccum

Köhler, Berit, Nieders. Landfrauenverband Hannover e.V., Hannover

Kramm, Wilfried, Dipl.-Geogr. Dezernent, NLWKN, Burgdorf

Kruse, Dietrich, Landw. Berater, Landberatung Lüchow-Dannenberg, Wustrow

Kuhlmann, Dr. Friedrich-Wilhelm, Bundesministerium für Verbraucherschutz, Ernährung und Landwirtschaft, Bonn

Kurtz, Wolfgang, Redakteur, Norddeutscher Rundfunk NDR 1 Niedersachsen, Hannover-Redaktion, Hannover

Lange, Dr. Joachim, Studienleiter, Evangelische Akademie Loccum, Rehburg-Loccum

Langendorf, Dr. Dieter, Hauptgeschäftsführer, Wirtschaftliche Vereinigung Zucker, Bonn

Lanje, Kerstin, Hamburg

Lubkowitz, Christian, Strube-Dieckmann, Söllingen

Lütgeharm, Herbert, Vorstandsmitglied, Zuckerrübenanbauerverband Niedersachsen/Mitte e.V., Pattensen

Lütje, Claus, DNZ Dachverband Norddeutscher Zuckerrübenanbauer e.V., Hannover

Maack, Wilhelm, Lockwisch

Maier-Knapp-Herbst, Sigrid, Präsidentin, Klosterkammer Hannover, Hannover

Märländer, Dr. Bernward, Prof., Direktor, Institut für Zuckerrübenforschung IfZ, Göttingen

Meier, Werner, Landwirt, Barsinghausen

Meyer, Johann, Landwirt, Vors. des Maschinenringes Hoya, Schweringen

Minden, Ursula, Seelze

Moshake, Ortrud, Eilum

Möller, Cord, Landwirt, Bezirksvorsitzender, Vorstand Beratungsring, Landvolk, Hessisch Oldendorf

Mrotzek, Günter, Celle

Naue, Wilfried, Berater, Landwirtschaftskammer Hannover, FB 1 Bildung und Beratung, Nienburg

Neuberg, Ulf-Christian, Agrar.-Ing., Landwirtschaftl. Betriebsleiter, Rinteln

Nieschulz, Dr. Friedrich, Professor für Agrarhandel, Uelzen

Nöhle, Dr. Ulrich, Vorstandsvorsitzender, Nordzucker AG, Braunschweig
Oetzel, Dietrich, Präsidiumsmitglied, Bundesverband der Deutschen Süßwarenindustrie e.V., IZZ, Bonn
Ohe, Dr. Henning von der, Leiter Unternehmensentwicklung, KWS SAAT AG, Einbeck
Orth, Michael, Redakteur, Norddeutscher Rundfunk, Landesfunkhaus Niedersachsen, Redaktion Landespolitik/Wirtschaft/Soziales, Hannover
Ostendorff, Friedrich, MdB, Deutscher Bundestag, Berlin
Riefe, Friedrich, Landwirtschaftsmeister, Stolzenau
Roch, Reinhold, Landberatung Uelzen e.V., Uelzen
Roosen, Dr. Jutta, Prof., Christian-Albrechts-Universität zu Kiel, Institut für Ernährungswirtschaft und Verbrauchslehre, Kiel
Salomon, Heinz, Pohle
Schlemmermeyer, Heinrich, Landwirt, Wietzen
Schmidt, Dr. Erich, Prof., Institut für Gartenbauökonomie, Universität Hannover, Hannover
Schuldt, Milena, Studentin, Universität Hamburg FSP BIOGUM, AgChange, Hamburg
Schulenburg, Dr. Wilhelm Graf von der, Landwirt, W. von Borries-Eckendorf GmbH & Co., Leopoldshöhe
Schulz, Sandra, Fr. Strube Saatzucht, Söllingen
Schulz, Dr. Dietrich, Wiss.Dir., Umweltbundesamt, Berlin
Sievers, Christine, Lehrerin, Michelsenschule Hildesheim, Hildesheim
Steinhagen, Jochen, Manager Rübenmanagement, Nordzucker AG, Braunschweig
Stockfisch, Dr. Nicole, Agrar-Wissenschaftl. Wissenschaftskoordination/ Öffentlichkeitsarbeit, Institut für Zuckerrübenforschung, Göttingen
Stockinger, Christian, Vizepräsident, Bayer. Landesanstalt für Landwirtschaft (i.G.), Freising
Stoyke, Dr. Cord, Nieders. Ministerium für den ländlichen Raum, Ernährung, Landwirtschaft und Verbraucherschutz, Hannover
Thalheim, Dr. Gerald, MdB, Parl. Staatssekretär, Deutscher Bundestag, Berlin
Utermark, Wieland, BUND – KG Uelzen, Stederdorf

Wälzholz, Dr. Andrea, Referentin für landw. Kulturpflanzen, Ministerium für den ländlichen Raum, Ernährung, Landwirtschaft und Verbraucherschutz, Hannover

Wesselmann, Dr. Gerd, Dipl.-Ing. agr., WGZ-Bank, Münster

Wichert-von Holten, Stephan, Kirchlicher Dienst auf dem Lande, Hannover

Widdel, Karl-Heinz, Landwirt, Rehburg-Loccum

Wilhelm, Rudolf, Seesen

Wilhelm, Dr. Jürgen, Niedersächs. Ministerium für den ländlichen Raum, Ernährung, Landwirtschaft und Verbraucherschutz, Hannover

Witzke, Dr. Harald von, Prof., Humboldt-Universität zu Berlin, Institut für. Wirtschafts- und Sozialwissenschaften des Landbaus, Berlin

Zeddies, Dr. Dr. h.c. Jürgen, Prof., Universität Hohenheim, Institut für Landwirtschaftliche Betriebslehre, Stuttgart

EVANGELISCHE AKADEMIE LOCCUM

Loccumer Protokolle

Ausgewählte Tagungsdokumentationen der Evangelischen Akademie Loccum aus der Reihe „Loccumer Protokolle". Eine vollständige Auflistung der lieferbaren Veröffentlichungen finden Sie im Internet unter *www.loccum.de* oder wird auf Anfrage verschickt. Bestellungen bitte unter Angabe der Protokollnummer entweder im Internet oder über den Buchhandel oder direkt an:

Evangelische Akademie Loccum
Protokollstelle
Postfach 2158
31545 Rehburg-Loccum
Telefon: 05766/81-119; Telefax: 05766/81-900
E-Mail: Protokoll.eal@evlka.de

18/04 Entwicklung für eine gerechtere Welt: Ein Kriterium für ethisches Investment?
Hrsg. v. Joachim Lange, Rehburg-Loccum 2004, ISBN 3-8172-1804-4, 204 Seiten, 12,00 EUR.

10/04 Klein aber fein – trotzdem pleite? Finanzierung und Beratung von Kleinstunternehmen
Hrsg. v. Joachim Lange, Rehburg-Loccum 2004, ISBN 3-8172-1004-3, 312 Seiten, 14,00 EUR.

03/04 Entkoppelt oder abgehängt? Die Umsetzung der Reform der europäischen Agrarpolitik in Deutschland
Hrsg. v. Joachim Lange, Rehburg-Loccum 2004, ISBN 3-8172-0304-7, 212 Seiten, 12,00 EUR.

64/03 Füllhorn oder Büchse der Pandora?
GATS, der europäische Binnenmarkt und die Liberalisierung öffentlicher Dienstleistungen in Deutschland
Hrsg. v. Joachim Lange, Rehburg-Loccum 2004, ISBN 3-8172-6403-8, 312 Seiten, 14,00 EUR.

22/03 Reginen stärken, Räume planen, Strategien entwickeln
Hrsg. v. Kerstin Lanje, Rehburg-Loccum 2004, ISBN 3-8172-2203-3, 120 Seiten, 9,00 EUR.

09/03 Lateinamerika und Europa. Perspektiven der wirtschaftlichen, politischen und kulturellen Beziehungen
Hrsg. v. Hans-Peter Burmeister und Joachim Lange, Rehburg-Loccum 2003, ISBN 3-8172-0903-7, 256 Seiten, 14,00 EUR.

70/02 Stolperstein oder Meilenstein.
Die EU-Osterweiterung und die Zukunft der EU-Agrarpolitik
Hrsg. v. Joachim Lange, Rehburg-Loccum 2003, ISBN 3-8172-7002-X, 180 Seiten, 12,00 EUR.

55/02 Regionen aktiv gestalten
Hrsg. v. Kerstin Lanje, Rehburg-Loccum 2003, ISBN 3-8172-5502-0, 196 Seiten, 12,00 EUR.

03/02 Verbraucher und Landwirtschaft.
Gemeinsamkeiten, Konflikte, Perspektiven
Hrsg. v. Jan Jarre und Kerstin Lanje, Rehburg-Loccum 2002, ISBN 3-8172-0302-0, 260 Seiten, 14,00 EUR.

72/01 Neue Impulse in der Post-Lomé Ära?
Afrikanisch-deutsche Wirtschaftsbeziehungen
Hrsg. v. Joachim Lange und Lawford Imunde, Rehburg-Loccum 2002, ISBN 3-8172-7201-4, 204 Seiten, 12,00 EUR.